教育部人文社会科学研究一般项目
"基于循环经济的西部承接国内外产业转移研究"
(项目号:12YJA790043)资助

Zhongguo Xibu Diqu Chengjie Guoneiwai Chanye Zhuanyi Yanjiu
Jiyu Xunhuan Jingji Shijiao

中国西部地区承接国内外产业转移研究

——基于循环经济视角

何龙斌 著

中国社会科学出版社

图书在版编目（CIP）数据

中国西部地区承接国内外产业转移研究：基于循环经济视角/
何龙斌著．—北京：中国社会科学出版社，2015.5
ISBN 978 - 7 - 5161 - 6121 - 0

Ⅰ.①中…　Ⅱ.①何…　Ⅲ.①西部经济—区域经济发展—产业
转移—研究—中国　Ⅳ.①F127

中国版本图书馆 CIP 数据核字(2015)第 099801 号

出 版 人	赵剑英	
责任编辑	卢小生	
特约编辑	林　木	
责任校对	周晓东	
责任印制	王　超	

出　　版	中国社会科学出版社	
社　　址	北京鼓楼西大街甲 158 号	
邮　　编	100720	
网　　址	http://www.csspw.cn	
发 行 部	010 - 84083685	
门 市 部	010 - 84029450	
经　　销	新华书店及其他书店	

印　　刷	北京市大兴区新魏印刷厂	
装　　订	廊坊市广阳区广增装订厂	
版　　次	2015 年 5 月第 1 版	
印　　次	2015 年 5 月第 1 次印刷	

开　　本	710×1000　1/16	
印　　张	16	
插　　页	2	
字　　数	270 千字	
定　　价	55.00 元	

凡购买中国社会科学出版社图书，如有质量问题请与本社发行部联系调换
电话：010 - 84083683
版权所有　侵权必究

序 言

产业转移是全球经济一体化推动下不可逆转的发展趋势，是市场经济规律作用下优化区域产业分工格局的必然要求，也是我国经济新常态下实现经济结构调整的必然选择。近年来，我国区域经济发展格局正在发生深刻的调整，不仅有大量的国外产业向我国转移，也有大量的国内产业由东部发达地区向中西部地区转移。进入"十一五"计划以后，产业转移已经成为国家五年规划纲要中的一项重要内容。2010 年 9 月，国务院及时出台了《国务院关于中西部地区承接产业转移的指导意见》，明确指出："引导和支持中西部地区承接产业转移，是深入实施西部大开发和促进中部地区崛起战略的重大任务。""十二五"计划后，中央政府更加重视国内产业转移工作。李克强总理指出，"引导国内产业有序转移对于促进区域梯度、联动、协调发展，带动中西部新型城镇化和贫困地区致富，拓展就业和发展新空间，推动经济向中高端水平跃升，具有重大意义"。当前，许多内地地方政府，特别是广大西部地区政府，都把承接国内外产业转移视为一次实现经济赶超的重大战略机遇，甚至视为"一把手工程"。但是，对产业转移与承接绝对不能理想化、简单化。目前，我国产业转移与承接中存在许多问题，如产业转移拦截、污染产业转移、圈地造园运动、招商恶性竞争等乱象环生。特别需要指出的是，随着西部承接国内外产业转移的增加，工业的快速发展，也带来了环境污染和资源利用问题，对我国生态文明建设构成了严重威胁与挑战。因此，迫切需要对西部地区承接国内外产业转移进行全面、深入、系统的研究，为西部地区科学地承接国内外产业转移提供必要的理论指导和实践探索。

鉴于上述背景，笔者从 2008 年起开始关注国内产业转移与承接问题，并陆续发表了近 20 篇相关学术论文。2012 年，又有幸获得教育部人文社科基金项目"基于循环经济的西部承接国内外产业转移研究"（项目号：12YJA790043）经费资助，使笔者对这一问题的研究更具信心和动力，也使笔者萌发了出版专著的想法。可以说，本书既是教育部项目的最终成果，也是笔者多年来对产业转移问题研究的心血。通览全书，笔者认为，本书在学术和实践方面有以下几点创新：

一是全面系统地分析了国内外产业转移的规律与趋势。不仅定性分析了国内产业转移趋势呈现的四大特点，即向有一定配套能力的地区转移、以劳动密集型产业转移为主、省内转移或就近转移较多和受制于资源与环境约束的被动转移；而且定量分析了我国东西部产业转移的基本规律，通过对 2000—2012 年我国东部、西部各省（市、自治区）主要工业品产量面板数据的研究，揭示东西部地区 13 年来产业转移的一些基本规律，并由此得出一些有益的结论。研究表明，对东部而言，电子信息产业、无机化工产业、白色家电产业及水泥工业由东部强势转出，能源产业等从东部明显转出；纺织工业、汽车工业及黑色家电产业向东部强势转入，部分有机化工产业等向东部明显转入。对西部而言，能源、化工、建材及电子信息产业向西部强势转入；轿车、电力及部分食品和家电产业向西部明显转入；纺织、钢铁和部分家电和造纸产业从西部微弱转出。而且表现出一定的地域规律。

二是研究了西部地区承接产业转移的生态环境效应。通过对 2000—2011 年国内污染密集型产业相关工业产品产量面板数据的研究，揭示国内东部、中部、西部及东北部四大区域污染密集型产业的转移路径。从全国来看，西部地区成为污染密集型产业的净转入区。转入的主要是资源和能源类产业，无产业转出。主要原因是西部地区招商引资的环境门槛过低，导致发达地区的一些污染产业转移到了西部，使国内"污染避难所假说"成立。在上述实证研究的基础上，对西部地区承接产业转移的生态环境效应进行了分析。研究认为，就西部地区经济发展的状况和产业承接态势而言，该地区的产业承接处于初期至中期阶段，12 个省（市、自治区）中，有些省（市、自治区）由于人均 GDP 仍较低，存在明显的生态环境规模负效应，但也有个别省（市、自治区）接近环境库兹涅茨曲线的拐点。由于西部地区尚处于工业化阶段，产业转移对西部地区存在明显的生态环境结构负效应。而由于政策引导，产业转移对西部地区生态环境的技术效应基本上是正面的。

三是以国家主体功能区规划为背景，结合西部地区优势产业对西部地区承接产业转移空间分布进行了研究。结合西部主体功能规划，综合各区域的自然资源和社会经济资源状况，从区域比较优势和竞争优势出发，分别从整体和部分两个方面划分出西部各地区承接产业转移的竞争力空间分布和承接产业转移的类型空间分布。研究认为，产业转移的承接地必然是资源环境承接能力较强的"优先开发区"和"重点开发区"、西部各省（市、区）的大中城市尤是以省会城市为中心的都市圈、城市群成为产业转移的优选地。具体来看，西部产业转移承接地主要分布在成渝经济圈、关中城市群、呼包鄂城市群、滇中城市群、南宁经济圈、兰西银经济圈、天山北坡经济圈、贵阳经济圈等。

四是提出了西部地区承接产业转移的有效载体——循环经济产业园区。研究认为，产业转移为发展循环经济模式提供了宝贵契机，而循环经济产业园区是承接产业转移的重要平台。建设循环经济产业园区，关键在于形成企业集群、产业集群，循环经济产业园区建设的难点是内部企业关系的处理。研究还认为，从承接产业转移角度出发，西部地区循环经济产业园区可尝试四种建设模式，即以承接产业转移为契机改造现有传统工业园区、围绕核心企业承接产业转移构建循环经济产业园、以承接产业转移为目的规划新型循环经济产业园和通过承接产业转移构建虚拟循环经济产业园区。

五是提出了西部地区承接国内外产业转移的基本逻辑思路。不仅系统地提出了西部地区承接国内外产业转移的六大原则，而且基于循环经济提出了西部地区承接产业转移的主要领域与区域以及主要途径与方式。同时，还从国家统筹管理、建设产业集群、产业结构调整和打造循环经济产业园区四大方面提出了一些可操作的对策建议。

诚然，本书也存在一些不足和缺憾，并非一部完美之作。可是，鉴于国内产业转移相关文献多关注于国际产业转移与东部地区承接，而针对西部地区承接国内外产业转移的专著比较少，特别是从循环经济角度研究西部承接产业转移更为少见。因此，在当前西部地区承接产业转移迫切需要理论指导的情况下，本书也算是探索西部地区承接国内外产业转移的一部"接地气"之作。笔者衷心希望专著能对西部经济发展和生态文明建设起到推动作用，也希望能引起更多学者的关注，对相关学科的发展起到一定的推动作用。

本书在写作过程中，得到了课题组成员的积极配合，得到了陕西理工学院有关领导的热心鼓励和大力支持，还得到了西部地区部分市、县、区政府部门的热情帮助，特别感谢教育部社会科学司为笔者提供了必要的研究和出版经费，没有他们，专著难以按时完稿，项目也难以按时结题。本书在出版过程中，得到了中国社会科学出版社卢小生老师的大力帮助，他不仅对书稿提出来很多宝贵的修改意见，而且认真审校，精益求精，令人感动万分。另外，本书在完成过程中查阅了大量的学术专著和文献资料，参考和借鉴了许多专家学者的研究成果和学术观点。在此，一并表示最诚挚的感谢！

　　囿于笔者学术水平和时间仓促，书中难免存在疏漏和欠妥之处，恳请各位读者不吝指正。

何龙斌

2015 年 5 月于汉中

目　　录

第一章 绪论

第一节 研究背景

区际产业转移与产业升级是中央和沿海地区写入"十二五"规划的一项重要内容，也是西部广大地区"十二五"期间经济工作中的头等大事，是扩大开放的重中之重。温家宝总理在《关于深入贯彻落实科学发展观的若干重大问题》中指出，"促进区域协调发展的一个重要方向，就是加快东部沿海产业向中西部的梯度转移，形成更加合理、有效的区域产业分工格局"。而 2007 年以来的全球金融危机极大改变着世界经济格局和中国经济发展趋势，改变着我国欠发达地区承接产业梯度转移的方式和步伐，也促使加工贸易、万商西进等国家一系列支持西部政策措施的逐步出台和陆续到位。据有关部门测算，2010 年，仅广东、上海、浙江、福建四省市需要转出的产业产值达到 1.4 万亿元。① 据商务部政研室沿海地区传统产业转移课题组的调研，2008—2012 年，仅珠三角地区 6 个产业转出传统企业 6000 多家，东部地区近 70% 的纺织服装企业发生过转移或有转移意愿，珠三角 40% 左右的企业发生转移。② 基于此，目前许多内地地方政府，特别是广大西部地区，都把承接东部沿海地区产业转移视为一次实现经济赶超的重大战略机遇，要求各级政府高度重视承接东部沿海地区产业转移工作。如四川省在 2008 年制定了 5 年 17000 亿元的省外到位资金、220 亿美元外商投资金额的承接产业转移目标。为确保工作有效推

---

① 樊纲等：《东部产业转移的趋势与湖北产业承接的机遇研究》，《湖北日报》（特刊）2009 年 10 月 10 日。

② 商务部政研室沿海地区传统产业转移课题组：《沿海地区传统产业转移进入新阶段》，《经济日报》2013 年 10 月 15 日第 15 版。

进，各项工作已分解细化到人头。省建立了督察督办考核机制，把承接产业转移工作成效纳入各级政府和部门目标考核范围。① 2008 年 8 月，陕西省政府也做出了加强承接产业转移工作的重大决策，要求经过 3—5 年努力，全省累计承接产业转移项目 5000 个，引进省外资金突破 3000 亿元，初步形成 20 个工业产业集群，100 个具有一定规模、产业协作配套、基础设施完善的工业园区，形成具有较强竞争力的产业体系。②

但是，对产业转移与承接绝对不能理想化。目前，在我国，不管是东部及国外的产业转移，还是西部对产业转移的承接均面临诸多问题。

一是转出地的产业拦截阻碍产业结构升级。由于产业转移必然伴随GDP 转移、财政收入和就业岗位等转移，加之东部各省区地域辽阔且自身发展不平衡，同一省区不同地区之间经济发展水平差异很大，因此，在"肥水不流外人田"的地方保护主义思维下，东部发达地区往往会对一些拟转劳动密集型产业进行拦截，转出地的地方政府，要么希望企业留下，要么希望在省内转移。例如，自 2005 年始，广东开始在省内推进产业转移战略，在 2008 年，建设了 26 个经省政府认定的产业转移工业园。到2010 年 3 月，广东在省内推进建设的产业转移园已经达到 34 个。其他如浙江、江苏、福建等东部省区内部也同样存在此类拦截转移的情况。这种拦截现象滋生了东部地区的产业结构升级惰性，阻碍了产业结构的优化和产业竞争力的提升，也是其产业转移黏性的形成原因之一。

二是承接地的恶性竞争导致国有资产流失。为了引来东部的产业转移，中西部许多地方政府往往从本届政府政绩角度出发，在土地、税收等方面制定一些优惠政策，进行恶性竞争。如土地政策，一些地方政府往往以极低甚至"零地价"给出企业用地，但很多企业圈一块地之后几年都不投资，任地荒废，等待升值，几年后随便出手，即可赚得高额差价。据估计，这种企业在全国圈地至少超过 10 万亩，还不包括中西部地区一些政府自己建设的产业园区闲置占地。再如税收政策，据《新世纪》周刊报道，2009 年 8 月，重庆市为了吸引惠普落户，其优惠政策为惠普项目建成投产十年之内，不仅对地方财政无任何所得税、营业税等税收贡献，

---

① 四川省省委、人民政府：《中共四川省委四川省人民政府关于加快推进承接产业转移工作的意见》（川委发〔2008〕6 号），2008 年 4 月 8 日。

② 陕西省人民政府：《关于加强承接产业转移工作的通知》（陕政办发〔2008〕88 号），2008 年 8 月 6 日。

地方政府还必须列支大量财政资金，用于返还惠普公司所缴纳的国税部分所得税。① 恶性竞争的后果不仅造成国有资产大量流失和地方财政收入的减少，还会严重侵害农民的利益，妨碍当地企业在市场中的竞争。

三是承接地的饥不择食加剧生态环境恶化。研究表明，东部地区优先转出的企业往往是吃干榨尽没有多少油水的高耗能和高污染企业。如广东省政府在连续多年限制高耗能、高污染产业发展之后，又在 2008 年年初通过了一份产业结构调整指导目录，明确将影响环保及节能节水的火力发电、纺织、石油化工、造纸等落后产业列入转出清单。而西部地区招商的饥不择食又为这些企业提供了生存空间，许多西部地区招商人员在东部地区排队争抢污染企业的报道屡见不鲜。2007 年 7 月，国家环保总局对 11 省区 126 个工业园区进行检查，结果发现，竟然有 110 个工业园区存在环境违法问题，占检查总数的 87%。在产业转移的浪潮中形成的工业园区，有些正在变成"污染园区"或已经变成了"污染园区"。② 产业转移等于污染转移，其结果是中西部承接地生态环境恶化加剧，可持续化发展能力下降。

四是国家管理缺失影响区域经济协调发展。从国家整体层面看，当前国内产业转移自由化直接影响区域协调发展。首先，由于国家统筹管理缺失，在东、中、西三类地区承接产业转移中，因产业转移黏性、"马太效应"和"羊群效应"的存在，西部地区将处于最不利的位置，这将直接妨碍东西部经济差距的缩小，影响全国经济的均衡发展。其次，与中西部相比，由于东南亚国家存在物流优势、政策优势和人力资源优势，如果国家不对国内产业转移统筹管理，按照市场规则，一些企业可能会放弃国内而选择到这些国家投资，从而造成资本流失。最后，由于国家统筹管理缺失，一些转移的产业可能会与承接地功能定位不一致，从而破坏全国性的主体功能区规划。

特别需要一提的是，随着西部承接国内外产业转移的增加，工业的快速发展，也带来资源利用问题。陈耀（2011）研究表明，从各区域的能耗数据来看，西部地区尤其是单位规模以上工业增加值能耗、单位 GDP 电耗、单位 GDP 能耗都远远高于东部发达地区，从单位规模以上工业增

---

① 安卓：《产业转移乱象》，《第一财经日报》2010 年 10 月 21 日第 6 版。
② 中国政府网：环保总局检查 126 个工业园区发现 110 个环境违法，http://www.gov.cn/jrzg/2007-08/02/content_704550.htm，2007 年 8 月 2 日。

加值能耗看，中部地区为 2.49 吨标准煤/万元，西部地区最高，达到
3.13 吨标准煤/万元，西部能耗分别为东部的 1.76 倍和 2.21 倍，可见西
部地区的生产方式相比沿海地区的粗放型特征更为显著。①

　　国内外历次产业转移实践证明，凡是能耗大、污染重的企业和产
品，都是急于转移的重点。由于资本的趋利性，在利润保障与生态环境
和节能降耗发生矛盾时，转移产业选择的往往会是前者，因此，产业转
移往往伴随着"污染转移"、"高能耗转移"等。而在广大西部欠发达
地区，由于"项目饥渴症"加上现行政绩考核体系存在缺陷，部分地
区甚至有意识地以"环保洼地"作为招商引资卖点，使国内产业转移
变成污染转移成为可能。因此，从某种程度上讲，产业转移与生态和谐
具有一定矛盾。

　　西部地区是我国重要的生态安全屏障。我国重要的水源区和水源涵养
区、水土保持和防沙治沙重点区、生物多样性保护区等，大多位于西部地
区，因此，保护西部生态环境的责任重大，在承接产业转移时必须考虑产
业对生态环境的影响，一方面，对于国家淘汰的"三高"型落后产业要
坚决执行禁入制度；另一方面，要考虑到西部经济发展的迫切性，对于非
国家淘汰的传统产业要积极进行技术性承接，降低对生态环境的不利影
响。而 21 世纪兴起的循环经济本质上就是一种生态经济，要求运用生态
学规律指导人类社会经济活动，是一种能够改善地球生态系统自我调节能
力的可持续性很强的经济。因此，以循环经济指导西部地区承接国内产业
转移，是破解产业转移与生态和谐矛盾的有效手段。从国家层面看，如果
不能利用国内产业转移的大好契机，变不可持续的线性经济发展模式为可
持续的循环经济发展模式，则必将使高耗能高污染产业在国内反复转移；
反之，通过循环经济开展产业转移，则可彻底改变这一局面而一劳永逸。

　　因此，在上述背景下，西部地区要想科学、高效地承接国内外产业转
移，实现经济突破与可持续发展，必须坚持循环经济理念，认真研究国内
外产业转移规律，认真分析自身承接条件，认真总结当前经验教训，认真
规划产业转移承接，认真制定科学合理的承接思路与对策。

---

　　①　陈耀等：《我国工业布局调整与产业转移分析》，《当代经济管理》2011 年第 10 期。

第二节 研究目的与意义

研究西部地区承接国内外产业转移不仅意义重大,而且时间迫切。它不仅关系西部地区承接产业的数量与规模,更关系质量与方向、大局与未来。这正是本书研究的本意。

(1)通过研究国际产业转移及区域产业转移的基本理论,结合我国沿海地区产业经济的演变背景,揭示东部沿海地区产业转移的动力机制与基本规律。

(2)通过分析西部承接国内外产业转移的内外部环境以及带来的生态影响,依照科学的承接原则,客观评估西部地区承接产业转移的现实条件。

(3)在认清沿海地区产业转移的规律和西部地区具备的承接条件的基础上,从循环经济角度出发,提出一套促进西部地区承接国内外产业转移的对策与建议。

从应用角度看,本书的研究对于指导西部地区制定科学的产业承接对策,促进西部经济突破发展和可持续发展,贯彻国家经济结构调整方针和实施西部大开发战略均有重要意义;同时与中央提出的生态文明建设和科学发展观相契合,对于其他地区承接国内外产业转移也有很强的借鉴意义。

从理论研究角度看,通过运用产业结构理论、区域经济理论和循环经济理论,对国内区际产业转移相关命题、机理、机制和发展趋势的研究、探讨和综合分析,有助于深化交叉和边缘学科的理论研究,为区域经济学、产业经济学、生态经济学、发展经济学和经济地理学研究提供多学科理论支持,对于丰富和完善区际产业转移的理论体系以及促进研究方法创新具有重要意义。

第三节 国内外研究现状

区际产业转移(Intersectional Industrial Shift)是由于资源供给或产品需求条件发生变化后,某些产业从一个区域(国家或地区)转移到另一个区域(国家或地区)的经济行为和过程,它是一个具有时间和空间维度的动态过程,是区域之间因投资、贸易等导致的综合要素流动过程。区际产业转移,不仅有利于发达地区产业升级换代,而且有利于欠发达地区加快产业结构调整,缩小同发达地区的差距。

国外学者对国际产业转移问题的研究比较早。早期的产业转移理论多是以经济发达国家为视角,主要研究经济发达国家的产业向其他国家转移的经济动因、产业转移的客体演化模式、产业转移的效应等问题。其典型的国际产业理论主要有:赤松要(Akamatsu,1935)提出的"雁行模式"产业转移理论,以及在此基础上,20世纪70年代小岛清(Kiyoshi Koiima)提出的"边际产业转移理论"。另外,弗农(Vernon,1966)提出的"产品生命周期理论"和刘易斯(Lewis,1977)提出的劳动密集型产业转移理论也被公认为早期的经典产业转移理论。20世纪80年代随着发展中国家的经济崛起,国际经济舞台上出现了发展中国家向发达国家进行小规模的产业转移现象,而以发达国家为研究对象的产业转移理论无法解释这种现象。因此,很多学者提出了以发展中国家为视角的新理论来分析产业转移现象。普雷维什(Prebisch,1981)用依附理论分析了中心——发达资本主义国家和外围——发展中国家——之间的经济关系,提出了著名的中心—外围理论。除此之外,其他较有影响的理论有威尔斯(Wells,1983)的小规模技术理论、拉尔(Lall,1983)的技术本地化优势理论、坎特威尔和托伦蒂诺(Cantwell,Tolentino,1990)的技术创新升级理论以及利柯鲁(Lecraw,1993)运用产品生命周期理论变型来解释发展中国家对外产业转移的行为等。

国外对一国区域之间产业转移的研究相对国际产业转移要少很多,但仍有一些非常有价值的研究成果。韦伯(A. Weber,1909)较早地研究了一国工业的区域布局问题,并提出了工业区位论,他认为,最佳工业区位是运费、工资和集聚三者作用下的最佳。因此,随着运费、工资等要素的变化,区际产业转移应运而生。对此,马歇尔(A. Marshall,1920)还从需求和供给两个方面分析了专门工业为何集中于特定地区。汤普森(Thompson,1966)从"人性化"的角度提出了"区域生命周期论",他认为,从一个工业区建立开始,即经历一个有规律的发展过程,这个过程像一个生命体一样,可以划分为年轻、成熟、老年等不同阶段,各个阶段有其各自的特征。在区域工业发展至成熟期,区域内部工业相当发达,为寻求进一步发展,区内产业开始向外扩张,其中一些在区外找到了更适合自己发展的区位,从而开始进行产业转移。

国内对区际产业转移理论研究较晚，而且在部分观点上尚有一定的争议。张可云（2001）认为，区际产业转移是区际产品和要素流动之外的另一种区际经济联系的重要方式。从某种程度上来说，区际产业转移既是对区际商品贸易与要素流动的一种替代，又会促进劳动力、资本与技术等要素在区域间的流动。魏后凯（2003）认为，区际产业转移是企业与转入区和转出区政府之间的动态博弈过程，也是各地方政府之间的环境竞争过程。产业转移一旦实现，将会对企业、转入区和转出区的竞争力产生不同的影响。这种影响既可能是有利的，也可能是不利的。这样，从政府干预的角度看，就需要进行必要的引导和调节，以尽可能减少各种不利影响，充分利用各种有利因素，从而实现"三赢"的结果。刘世锦（2003）认为，由于产业聚集等因素的影响，区际产业转移未必会发生。当前我国正进入一个地点和优惠政策的重要性明显下降的阶段，而产业聚集起着更为重要的作用。如产业聚集使东南沿海地区形成了一个非常重要的"后天优势"，即高度专业化分工基础上的产业配套条件。这一条件一旦形成并趋于成熟后，再转向其他地区的成本就大大提高了。陈建军（2002）从企业开放发展战略角度对产业转移进行了研究。他认为，浙江企业产业区际转移的目标模式以市场开拓型和综合资源利用型为主；在转移方式上主要采取中小规模对外投资、建立营销点和营销网络等手段；在产业转移方向上主要集中在中西部地区、国内沿海发达地区、海外地区及省内地区。张秀君、史耀媛（2005）认为，西部地区产业结构调整和升级过程同时也是其承接转移产业的过程。在这一过程中要解决国际转移产业与东部地区转移产业的关系及本地区城乡产业转移的问题。

现有文献仅有几篇涉及区际产业转移与生态问题，代表性文献如张菊梅等（2008）认为，产业转移是地区分工的客观要求，但由于环境外部性内在化程度在地区间存在差异以及地方政府追求特定目标动机的存在，使得污染问题伴随产业转移而影响了转入地的生态环境。谢丽霜（2009）认为，西部地区在承接东部产业转移中，容易出现低端产业锁定、过度依赖资源、忽视技术创新、引进污染产业等问题，对这种潜在的产业梯度转移风险，西部地区应保持警惕并制定防范对策。何龙斌（2010）认为，中西部的生态困境和发达地区的省内拦截成为当前区级产业转移的制约因素，而通过发展循环经济是破解生态与资源约束的有效途径。

20世纪60年代，循环经济思想和概念开始出现，到90年代已经成为国际社会的发展趋势，进入新世纪，发展循环经济更被写入我国国家发展战略。循环经济作为一门既有理论性又有应用性的新兴科学，已经日益为世人注目，国内外学者从循环经济的内涵、特征与层次结构、发展的意义和必要性、发展的方法与模式、原则与技术支撑、评价指标体系等方面进行了广泛研究，并出现大量研究成果。但是，国内外将其与产业转移结合研究的文献仍比较少见。根据对 2000 年以来有关"产业转移"的国家社科基金项目和教育部人文社科研究项目统计发现，截至 2013 年现有立项课题 27 项，没有一项与"循环经济"有关，而通过中国学术期刊网检索也发现，有关产业转移的 2276 条文献中，仅有 7 篇与"生态"或"循环经济"有关。可见，从循环经济视角研究产业转移问题在我国尚处于空白。

综上所述，国内外关于区际产业转移的理论研究虽然已形成一些体系和观点，但仍存在许多不足。西方学者对于国际产业转移问题研究的较多，区域间产业转移问题研究的相对较少；对区际产业转移的影响因素侧重于经济要素，而制度与环境方面较少涉及。而国内对区际产业转移的理论研究多是沿袭国外的研究成果，是基于成熟的市场经济运行机制的基础上进行的，而对于市场机制尚未完善的欠发达区域，相关的研究则较少。在对产业转移应用的研究中，多以发达区域为研究对象，以欠发达区域为研究主体的较少。特别是随着形势（如气候与环境污染）的发展变化，我国发达地区向欠发达地区转移的往往是一些高能耗、高污染产业，产业转移与生态环境矛盾突出，而通过何种方式解决这一难题，国内研究很少。而这些不足恰是本课题要研究的重点。

第四节　研究内容与方法

一　研究内容

全书共包括十章，并附研究报告一份。

第一章是本书绪论部分。首先介绍了本书的研究背景，区际产业转移与产业升级是中央和沿海地区写入"十一五"规划的一项重要内容，也是西部广大地区"十一五"期间经济工作中的头等大事，扩大开放的重中之重。其次介绍了研究目的与意义。从现实应用角度看，本书的研究对于指导西部地区制定科学的产业承接对策，促进西部经济突破与可持续发展，贯彻国家经济结构调整的方针和实施西部大开发战略均有重要意义。从理论研究角度看，对于丰富和完善区际产业转移的理论体系以及促进研究方法创新具有重要意义。再次对区际产业转移的国内外研究现状和发展趋势做了述评。最后介绍了本书的研究内容、研究思路与方法以及创新点与不足。

第二章旨在对有关产业转移和循环经济的国外经典理论和国内研究进行回顾，并将二者结合，以期提炼出与本书具体研究对象有重叠和可运用的相关理论及规律，探讨其在中国特定区域经济背景下应用的可行性。

在对产业转移经典理论的回顾中，本书选取了刘易斯的劳动力密集型产业转移理论、小岛清的边际产业转移理论、弗农的产品生命周期理论、邓宁的国际生产折中理论和赤松要的"雁行模式"理论五大经典理论作具体回顾，探讨了运用这些理论分析中国区域产业转移动力机制及影响因素的可行性和可能遇到的现实问题。在对国内产业转移相关研究的回顾中，本书有重点地选择了两次具有较强代表性的学术争论进行回顾，一个是比较优势战略理论与逆比较优势战略理论之争，另一个是梯度理论与反梯度理论之争。比较优势理论对经典产业转移理论具有重要的影响，因此前者的争论实质上也体现了各派学者对中国作为一个落后国家或地区承接产业转移问题的不同态度；后者的争论则直接围绕国内区域产业转移模式和落后地区产业发展路径的取舍问题展开，而这种取舍又和现实国情紧密联系，与本书研究问题有着高度相关性。

在对循环经济理论的回顾中，本书主要选取循环经济基本理论和生态工业园区理论，前者包括循环经济的起源与发展、循环经济的定义与内涵以及循环经济和传统经济的比较，后者包括生态工业园的定义、形成机理和运营的驱动与阻碍因素等。

第三章从国内外产业转移的历程出发，研究了国内外产业转移的动力与模式，揭示了国内外产业转移的基本规律与趋势。

国际产业转移经历了四次浪潮，分别为18世纪末至19世纪上半叶，从英国向欧洲大陆和美国转移；20世纪五六十年代，从美国向日本和原联邦德国转移；20世纪七八十年代，东亚地区产业转移；20世纪90年代至今，产业向中国转移。而国内产业转移也大体经历了三个阶段，第一阶段，1979—1991年，是我国承接国际产业转移的起步阶段。第二阶段，

1992—2001 年，是我国承接国际产业转移的快速发展阶段。第三阶段，2001 年至今，是我国国内产业业转移的快速发展阶段。

产业转移存在相应的动力机制，一般认为产业转移存在的基础是产业级差，产业转移发生的必要条件是生产要素流动和产业竞争，产业转移的动力是产业利益差，产业转移的诱因是成本压力和市场拉力。而国内产业转移的动因多为市场扩张的需要、产业分工的需要、综合利用资源的需要、企业重组的需要以及政策性的产业转移。

总结我国国内产业转移的模式，主要包括成本导向型转移、追求规模经济型转移、市场开拓型转移、多元化经营型转移、竞争跟进型转移、供应链衔接型转移和政策导向型转移。而产业转移承接的模式主要有以直接投资为主的要素注入式、企业内部一体化模式、企业虚拟一体化模式和"产业转移园区"模式。

当前，国内产业转移趋势呈现四大特点：一是向有一定配套能力的地区转移；二是以劳动密集型产业转移为主；三是省内转移或就近转移；四是受制于资源与环境约束的被动转移。而国际产业转移也呈现新的趋势，包括国际产业转移的主体更多、层级更高、规模更大、周期更短，国际产业转移的目标更加满足新兴经济体市场需求，国际产业转移途径更突出获取技术和科研成果，新兴产业成为国际产业转移的新焦点，项目外包成为国际产业转移的新主流，服务业成为国际产业转移中的新热点，中国成为国际产业转移地的新重点。

第四章通过对 2000—2012 年我国东部、西部各省（市）主要工业品产量面板数据的研究，揭示东西部地区 13 年来产业转移的基本规律，并由此得出一些有益结论。

第一部分通过对 2000—2012 年我国东部 11 省（市）主要工业产品产量面板数据的研究，揭示了东部地区工业产业转移的一些基本规律。研究表明，电子信息产业、无机化工产业、白色家电产业及水泥工业由东部强势转出，能源产业等从东部明显转出；纺织工业、汽车工业及黑色家电产业向东部强势转入，部分有机化工产业等向东部明显转入。产业转出的原因在于东部出现原材料约束、节能减排约束和人力因素约束，转入的原因在于东部具有产业集群优势、消费市场优势以及地方政府作用。最后从国家总体发展战略角度提出一些建议。

第二部分通过对 2000—2012 年我国西部 12 省（市、区）主要工业产品产量面板数据研究，揭示西部地区工业产业转移的基本规律。从行业上看，能源、化工、建材及电子信息产业向西部强势转入，轿车、电力及部分食品和家电产业向西部明显转入，纺织、钢铁和部分家电和造纸产业从西部微弱转出。而且表现出一定的地域规律。产业转入的原因在于西部的资源禀赋、政府作用和区外的"污染避难"，转出的原因在于缺少产业集群优势。建议西部承接产业转移时要重视生态环境和产业集群，同时可以考虑反梯度承接产业转移。

第五章对西部地区承接产业转移的生态环境效应进行分析和研究。

首先通过对2000—2011年国内污染密集型产业相关工业产品产量面板数据的研究，揭示国内东部、中部、西部及东北四大区域污染密集型产业的转移路径。从全国整体看，西部地区成为污染密集型产业的净转入区。转入的主要是资源和能源类产业，无产业转出。东北地区成为污染密集型产业的净转出区。除水泥外，所有污染密集型产业均向区外转移。东部、中部地区成为污染密集型产业的选择性转移区。东部地区一方面转入钢铁等产业，另一方面转出化工等产业；而中部地区一方面转入部分化工产业，另一方面转出能源产业等。建议从国家层面对西部污染产业转移以及东北工业振兴予以高度重视，从承接地的环境承载力、工业区位因素以及污染排放控制技术三方面统筹国内污染密集型产业转移。

在上述实证基础上，对西部地区承接产业转移的生态环境效应进行了分析。研究认为，产业转移对生态环境质量有三方面的影响，即产业转移的规模效应、产业转移的结构效应以及产业转移的技术效应，并且产业转移通过上述三种效应来综合影响产业承接地的生态环境质量。结合产业转移的三种效应，不难发现产业转移对产业承接地的生态环境效应影响是复杂的，是积极影响和消极影响交织在一起并共同起作用的，最终影响结果将取决于三种效应影响的合力。而就西部地区经济发展状况和产业承接态势而言，该地区的产业承接处于中期阶段，即产业转移对西部地区生态环境的影响凸显为结构效应。

第六章对西部地区承接产业转移的现实基础进行了全面分析。

首先，对西部地区承接产业转移进行了SWOT分析。分析认为，西部地区具有资源、政策和潜在市场优势，但同时，具有产业配套能力差和物流成本高、认识不到位三大劣势；面临东部沿海地区因环境承载力、企业成本攀升和加速推进本地产业结构的升级换代，迫使劳动密集型加工制造业向外转移，以及国家实施新的差别化的加工贸易政策，强力推进传统加工制造型企业向中西部地区转移三大机遇，但也同时面临沿海的省内产业转移政策和东南亚国家的竞争两大威胁。

其次，将状态空间法和生态足迹法中的供需比较理念与多指标综合评价法结合，对西部地区资源环境承载力进行评价。研究认为，西部地区资源环境承载力得分顺序分别为西藏、内蒙古、云南、四川、陕西、青海、广西、甘肃、重庆、贵州、新疆、宁夏。综合来看，西部地区资源环境承载力总体发展形势不容乐观，薄弱的生态基础和有限的环境保护能力阻碍资源环境承载力的提升，资源的短缺使西部部分省份的资源环境承载力受到较大影响。

最后，还通过构建以产业吸引力、产业选择力、产业支撑力、产业发展力为一级指标的西部产业转移承接力评价体系，对西部地区产业转移承接力进行评价。研究认为，按照综合得分排序，西部地区 12 个省（市、区）的产业转移承接力可以分为三个层次：第一层次为产业承接力较强的四川、重庆、陕西、广西；第二层次为产业承接力一般的内蒙古、云南、新疆、甘肃；第三层次为产业承接力较弱的贵州、宁夏、青海、西藏。

第七章结合西部主体功能规划，综合各区域的自然资源和社会经济资源状况，从区域比较优势和竞争优势出发，从整体和部分两个方面划分出西部各地区承接产业转移的竞争力空间分布和承接产业转移的类型空间分布。研究认为，产业转移的承接地必然是资源环境承接能力较强的"优先开发区"和"重点开发区"、西部各省（市、区）大中城市尤以省会城市为中心的都市圈、城市群成为产业转移的优选地。具体来看，西部产业转移承接地主要分布在成渝经济圈以及关中城市群、呼包鄂城市群、滇中城市群、南宁经济圈、未来的兰西银经济圈、天山北坡经济圈、贵阳经济圈等。

综合西部 12 省（市、区）自然资源和社会经济资源丰度，可以得出西部承接产业转移竞争力空间分布，即优先承接区为内蒙古、四川、重庆、陕西、广西；一般承接区为新疆、甘肃、云南、宁夏；承接障碍区为青海、贵州、西藏。

从承接产业转移类型看，成渝经济圈在承接面向国内需求市场的劳动密集型产业方面具有比较优势，南宁经济区在承接面向国外市场特别是东南亚市场的一般加工贸易的劳动密集型产业方面也具有比较优势。承接资源密集型产业的主要区域：一是天山北坡经济圈；二是关中城市群；三是内蒙古的呼包鄂城市群;四是成都经济圈。而四川、重庆和陕西构成的"西三角"在一定程度上承接起发达国家和地区技术、知识密集型产业的转移,构筑西部地区经济发展的增长极。

第八章研究西部地区承接产业转移的有效载体:循环经济产业园区。

循环经济产业园区是以循环经济理念为指导,建立在一块固定地域上的由若干具有循环经济产业链关系的企业或产业形成的经济社区。它具有高集成的循环系统、高效益的生产系统和高效率的支持系统三大特点。产业转移为发展循环经济模式提供了宝贵契机,而循环经济产业园区是承接产业转移的重要平台,因此,一定要抓住当前国内产业转移的大好契机,利用好循环经济产业园区这一有效平台,改变西部不可持续的线性经济发展模式为可持续的循环经济发展模式。

建设循环经济产业园区,关键在于形成企业集群、产业集群。循环经济产业园具有形成企业集群的优越条件,而循环经济产业园区的持续发展也有赖于共生企业集群的形成。但是,当前我国循环经济产业园区培育企业集群中的存在产业定位不清、产业链多而短、产业关联度不高、技术创新严重不足、产业共生配套薄弱等主要问题。产业集群生态化是循环经济产业园实现产业集群重要方式。具体包括平等型产业集群生态化的模式和依托型产业集群生态化的模式两种模式。两种产业集群生态化模式通过内外部生态网链的构建在获得经济效益的同时也实现了环境效益。

循环经济产业园区建设的难点是内部企业关系的处理。为此,西部循环经济产业园区企业间关系应该表现为三种模式:一是横向一体化模式。即使用同种原料(如上游企业的产品或废料)的下游企业间的关系以及排放相同废料的上游企业之间的协作关系,具体表现在信息和技术的共享、基础设施的共享。二是纵向一体化合作模式,即企业与其上游供应商和下游客户之间的合作。三是网络组织模式,即企业既与上下游企业合作,又与竞争者和互补者合作。网络组织模式具体分为平等型共生网络、依托型共生网络和嵌套型共生网络三类。

研究还认为,从承接产业转移角度出发,西部地区循环经济产业园区可尝试四种建设模式。一是以承接产业转移为契机改造现有传统工业园区;二是围绕核心企业承接产业转移构建循环经济产业园;三是以承接产业转移为目的规划新型循环经济产业园;四是通过承接产业转移构建虚拟循环经济产业园区。

第九章研究了西部地区承接产业转移的基本思路与对策。

西部地区要按照科学发展观和主体功能区的要求,抓住东部沿海发达地区产业转移的机遇,坚持市场导向与政府推动相结合,坚持突出特色、发挥优势与互利共赢相结合,坚持产业承接与可持续发展相结合,坚持承接产业转移与培育内生动力相结合,坚持产业承接与产业结构升级和布局优化相结合,以及坚持承接产业转移与促进就业增长相结合六大原则。积极承接劳动密集型产业、能源矿产开发和加工业、农产品加工业、装备制造业、现代服务业、高技术产业和加工贸易等。西部吸纳东部地区产业转移示范基地的建设包括如下四个层次,第一层次是环北部湾、成渝、关中—天水三大重点经济区,第二层次是中心城市及其附近区域,第三层次是自然资源富集区,第四层次是沿边发展条件较好的口岸。其承接的方式可以为产业集群式、单一产业链式和循环经济式。主要对策建议如下:

一是国家统筹管理国内产业转移。成立国家产业转移管理专职机构,尽快制定国家产业转移布局规划,尽早制定国内产业转移管理条例,定期出台国内产业转移指导目录,并且通过考核管理全国产业转移。

二是以建设产业集群为抓手,促进西部地区承接国内外产业转移。要高度重视产业集群战略,认真规划集群产业;要制定产业集群政策,稳步实施集群创导计划;要认真贯彻产业链招商的思路,引进集群产业链上的企业;要认真规划产业园区,打造有效的产业集群平台;要创新产业转移与集聚思路,积极探索飞地经济模式;要积极发展中介机构,创造产业集群"生态圈"。

三是以促进产业结构调整承接产业转移。以承接产业转移推动第一产业的现代化、第二产业结构优化、第三产业量和质的提升;以承接产业转移推动产业集群的形成,战略性新兴产业的培育和发展;以承接产业转移推动科技自主创新能力的增强,主导产业和优势产业的发展壮大和产业结构生态化水平的提升。

四是以循环经济产业园区为平台承接产业转移,为此,要高度重视战略规划,积极提供政策支持,加强企业信任合作,突破循环技术"瓶颈"以及加强基础设施建设。

第十章对西部地区两个著名的生态产业园区进行了研究。

贵港国家生态工业(制糖)示范园区是我国首个批准建设的国家级生态工业(制糖)示范园区。贵港国家生态工业(制糖)示范园区由蔗田系统、制糖系统、酒精系统、造纸系统、热电联产系统和环境综合处理系统 6 个系统（或称为单元）优化组成。目前已形成以贵糖集团、贵港电厂为代表的制糖、食糖深加工、酒精、造纸产业链，培育糖纸产业集群和能源、造纸、生物化工等各类产业集群 16 个。

包头国家生态工业（铝业）示范园区是继经济技术开发区和高新技术开发区之后发展起来的第三代工业园区，其对西部地区以循环经济理念承接产业转移具有示范意义。该园区主要特点为横向耦合、区域整合以及区域的柔性结构。其主要经验为：一是做好前期规划是基础；二是政府高度重视支持是保障；三是加大宣传力度积极引导；四是推进清洁生产，完善产业链网。

研究报告为《基于循环经济的陕南地区承接国内产业转移研究》。

报告认为，从循环经济角度出发，陕南承接产业转移要以减量化、再利用、资源化为原则，以项目为载体，以园区为平台，以形成产业链为目的，逐步构建循环经济产业体系。并从两个层面提出对策建议。中央及省级政府层面：一是加大南水北调中线工程生态补偿；二是给予陕南国家级生态建设示范区政策；三是加大陕南循环经济资金支持；四是支持陕南交通体系建设。地方政府和企业层面，要大力解放思想观念，加大招商引资力度；提前做好生态规划，从源头上杜绝生态污染；根据"关中—天水经济区"及"成渝经济区"规划，提前布局产业承接；加大生态性招商宣传力度，以生态环境吸引投资；争取成为国家级绿色产业示范区，获得国家优惠招商政策；构建和谐生态产业园区，发展循环经济；建立和完善技术承接机制，为产业转移提供生态技术支撑；注重培育生态性产业集群，建设产业配套体系；落实环境责任，强化环境问责；主动邀请沿海地区陕南老乡，回乡访问、投资、引资。

二　研究思路与方法

本书研究的基本思路是：首先，深入调查研究，掌握第一手资料和查阅大量文献资料，然后在对国内外产业转移理论和循环经济理论进行回顾的基础上，反复分析、比较、综合，力求找到国内外产业转移的特征、内在规律、发展趋势和西部承接产业转移的生态效应；其次，通过研究西部地区的内外部环境以及产业转移承接力和生态承载力，结合西部地区的现实基础条件和西部地区承接国内外产业转移的几个关键问题，如产业集群、循环经济产业园区、产业空间分布等，并从循环经济角度确定出西部地区承接东部地区产业转移的基本原则、主要领域与区域、主要途径与方式；最后，提出一些有针对性的对策和建议，并以一些典型的地区和产业园区为例进行实证研究。本书研究路线如图 1-1 所示。

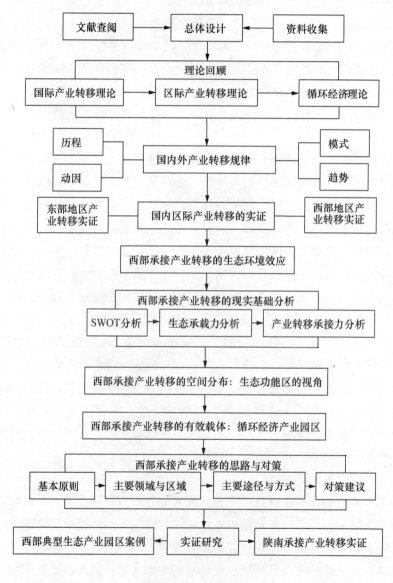

图 1-1　研究路线

本书采用了跨学科、多角度的综合研究方法，具体运用了产业经济学、生态经济学、经济地理学、区域经济学及计量经济学等学科的研究方法，诸如定性和定量相结合的方法、系统分析方法、SWOT 分析方法、层次分析法、相关性分析等分析方法来分析研究国内外产业转移机理与规律，西部地区承接东部产业转移的条件与影响，并在此基础上，提出西部地区承接国内外地区产业转移应采取的思路与对策。

第五节　创新与不足

一　创新点

本书研究成果在学术价值、实践意义上，具有以下创新：

（一）全面系统地分析了国内外产业转移的规律与趋势

一是定性分析了国内产业转移趋势呈现的四大特点：向有一定配套能力的地区转移；以劳动密集型产业转移为主；省内转移或就近转移较多；受制于资源与环境约束的被动转移。二是定量分析了我国东西部产业转移的基本规律。通过对 2000—2012 年我国东部、西部各省（市）主要工业品产量面板数据研究，揭示东西部地区 13 年来产业转移的基本规律，并由此得出一些有益结论。研究表明，对东部而言，电子信息产业、无机化工产业、白色家电产业及水泥工业由东部强势转出，能源产业等从东部明显转出；纺织工业、汽车工业及黑色家电产业向东部强势转入，部分有机化工产业等向东部明显转入。对西部而言，能源、化工、建材及电子信息产业向西部强势转入，轿车、电力及部分食品和家电产业向西部明显转入，纺织、钢铁和部分家电和造纸产业从西部微弱转出。而且表现出一定的地域规律。

（二）研究了西部地区承接产业转移的生态环境效应

通过对 2000—2011 年国内污染密集型产业相关工业产品产量面板数据的研究，揭示国内东部、中部、西部及东北四大区域污染密集型产业转移路径。从全国看，西部地区成为污染密集型产业的净转入区。转入的主要是资源和能源类产业，无产业转出。主要原因是西部地区招商引资的环境门槛过低，导致发达地区的一些污染产业转移到了西部，使国内"污染避难所假说"成立。在上述实证的基础上，对西部地区承接产业转移的生态环境效应进行了分析。研究认为，就西部地区经济发展的状况和产业承接态势而言，该地区的产业承接处于初期至中期阶段，12 个省（市、自治区）中，有些省份由于人均 GDP 仍较低，存在明显的生态环境规模负效应，但也有个别省（市、自治区）接近环境库兹涅茨曲线的拐点。由于西部地区尚处于工业化阶段，产业转移对西部地区存在明显的生态环境结构负效应。而由于政策引导、产业转移对西部地区生态环境的技术效应基本上是正面的。

（三）以国家主体功能区规划为背景，结合西部地区优势产业，对西部地区承接产业转移空间分布进行了研究

结合西部主体功能规划，综合各区域的自然资源和社会经济资源状况，从区域比较优势和竞争优势出发，分别从整体和部分两个方面划分出西部各地区承接产业转移的竞争力空间分布和承接产业转移的类型空间分布。研究认为，产业转移的承接地必然是资源环境承接能力较强的"优先开发区"和"重点开发区"、西部各省（市、区）的大中城市尤以省会城市为中心的都市圈、城市群成为产业转移的优选地。具体来看，西部产业转移承接地主要分布在成渝经济圈、关中城市群、呼包鄂城市群、滇中城市群、南宁经济圈、兰西银经济圈、天山北坡经济圈、贵阳经济圈等。

（四）提出了西部地区承接产业转移的有效载体——循环经济产业园区

本书认为，产业转移为发展循环经济模式提供了宝贵契机，而循环经济产业园区是承接产业转移的重要平台。建设循环经济产业园区，关键在于形成企业集群、产业集群，循环经济产业园区建设的难点是内部企业关系的处理。本书还认为，从承接产业转移角度出发，西部地区循环经济产业园区可尝试四种建设模式：一是以承接产业转移为契机改造现有传统工业园区；二是围绕核心企业承接产业转移构建循环经济产业园；三是以承接产业转移为目的规划新型循环经济产业园；四是通过承接产业转移构建虚拟循环经济产业园区。

（五）提出了西部地区承接国内外产业转移的基本逻辑思路

不仅系统提出了西部地区承接国内外产业转移的六大原则，而且基于循环经济提出西部地区承接产业转移的主要领域、区域、途径与方式。还从国家统筹管理、建设产业集群、产业结构调整、打造循环经济产业园区四大方面提出了一些可操作性的对策建议。

二　研究的不足

本书尽管有一些创新之处，但由于各种条件限制，如笔者的研究水平有限、部分资料获取存在难度以及时间紧迫，仍存在一些不足和缺憾：

（1）对国内产业转移规律研究较为宏观，没有按区、行业分类研究。如珠三角、长三角与京津唐地区的产业转移实际上是有一定区别的，分区分类研究可能更有现实意义。

（2）对利用循环经济理念与模式指导西部地区承接国内外产业转移未做深入研究。如生态产业链的构建、循环经济产业集群模式的设计以及推动西部按照循环经济承接国内产业转移的动力机制与保障机制构建等。当然，由于这一研究内容有一定的前沿性，计划在另一专著中专门进行研究。

（3）部分思路与对策还比较宏观，缺乏可操作性。西部地区 12 个省市区的优势产业是不一样的，每一种产业的承接思路与对策也不尽相同，若能分行业研究则会有较强的指导性，但本书没有针对西部地区某一产业的具体承接对策做深入研究。

（4）对西部承接产业转移的效果没有评价研究。西部地区实际已有十年左右的产业转移承接历史，目前迫切需要建立一套科学合理的评价指标体系对现有承接产业转移的效果、效益做一定量评价研究。

（5）定量研究略显不足。因我国还没有将国内投资纳入统计体系，部分地区、部分年度产业转移相关资料难以获取，加之时间关系，导致定量研究较为薄弱。

第二章　产业转移与循环经济理论回顾

国外对产业转移现象研究较早，但直到 20 世纪 30 年代后才形成系列研究成果。典型的如刘易斯（1978）的劳动力密集型产业转移理论、小岛清（1970）的边际产业转移理论、弗农（1966）的产品生命周期理论、邓宁（1977）的国际生产折中理论、赤松要（1935）的"雁行模式"理论等。相对于产业转移理论，循环经济理论的形成时间晚很多。尽管学界普遍认为 1966 年美国经济学家肯尼思·E. 鲍尔丁（Kenneth E. Boulding）提出了"宇宙飞船理论"是循环经济的起源，但循环经济理论的正式形成则是 20 世纪 80 年代后期。目前，不仅形成了完整的理论框架，还延伸到企业、产业、区域、社会各个领域。为便于对后续章节的理解与分析，本章对产业转移与循环经济有关理论进行回顾。

第一节　国际产业转移理论

一　劳动力密集型产业转移理论

刘易斯的劳动力密集型产业转移理论观点非常清晰且易于理解。1978年，他在《国际经济秩序的演变》一书从发展经济学的角度分析了发达国家与发展中国家的劳动力密集型产业跨国转移现象，提出催生产业转移的主要动因是发达国家人口自然增长率的下降，导致非熟练劳动力供给出现短缺、劳动力成本显著攀升，因此在降低成本的利益刺激下，这些产业被转移到劳动力要素更为充裕的发展中国家。[①]

劳动力密集型产业转移理论与传统的比较优势理论有着最为直接和紧密的联系，可以说前者是对后者理论内涵的一个推论：发达国家的要素禀

---

① ［英］阿瑟·刘易斯：《国际经济秩序的演变》，乔依德译，商务印书馆 1984 年版。

赋资源发生了数量与结构上的变化，与发展中国家相比逐渐失去了在劳动力密集型制造业上的比较优势（既可以是绝对的比较优势丧失，也可以是相对的比较优势丧失）。按照比较优势理论观点，发达国家将向发展中国家进口这些其自身具有比较劣势的劳动力密集型产品。

由于之前发展中国家并不具备生产这些产品的完全能力，并且发达国家劳动力密集型制造业的资本也有向外扩张的要求，因此由发达国家向发展中国家进行的劳动力密集型产业转移自然而然就展开了，并成为前述国际贸易（发达国家向发展中国家进口劳动力密集型产品）开展的前提。劳动力密集型产业转移理论只是比较单一地回答了劳动力密集型产业进行跨国转移的动因，其对产业转移问题的整体解释力度必然是有限的。但是，劳动力密集型产业转移一直是产业转移内涵下最重要的组成部分，而该理论所点出的产业转移动因，仍然是今天我们分析产业转移问题时所必须依循、最重要的基础性规律：在禀赋条件相对优劣势发生改变后，发达国家或地区产业为了谋求更低成本而投资于相对落后国家或地区，是产业转移开展的最重要动因。

在这一点上，区域经济问题具有区别于国际经济问题的特殊性，并且中国独特的现实国情也对中国区域产业转移中该规律效应的体现造成了影响。其典型之一就是区域经济条件下劳动力要素流动性增强后，对发达地区和落后地区禀赋优劣势对比带来的新变化。

二　边际产业转移理论

与刘易斯理论只关注劳动力密集型产业转移不同，小岛清的边际产业转移理论阐述了一套产业转移的一般性规律，其解释对象也不再仅仅局限于个别产业。他在研究日本20世纪70年代经济实践基础上提出，一国对外直接投资应当从本国（投资国）处于或即将处于比较劣势的产业（将其定义为边际产业）开始依次进行，而不是从本国尚具有比较优势的产业开始。[①]

所以要选择从边际产业开始进行对外直接投资，小岛清的理由主要有：一方面，在这些边际产业中，投资国与被投资国之间技术差距较小，较易实现技术输出和产业转移；另一方面，从已不具备比较优势的边际产业开始对外转移，可以避免对外直接投资对投资国优势产品出口贸易的替代，反而可以拉动投资国相关设备制造业的出口。

---

① ［日］小岛清：《对外贸易论》，周宝康译，南开大学出版社1987年版。

他认为，作为投资国的发达国家，在这些边际产业上，由于自然资源短缺、劳动力不足等原因，其生产成本会高于作为被投资国的发展中国家；与此同时，发达国家企业仍然具有一定的技术领先优势和管理经验。倘若能通过对外直接投资将这些技术、管理优势应用到发展中国家，将把发展中国家在资源、劳动力方面的潜在禀赋比较优势发挥出来，进一步降低生产成本。而发达国家则可顺势淘汰这些边际产业，通过从发展中国家进口产品而节约成本。

通过以上简述不难发现，边际产业转移理论和劳动力密集型产业转移理论一样，都是建立在比较优势理论根基之上的。后者所解释的劳动力密集型产业转移问题可以被视作前者观点的一个具体体现——在大多数发达国家，劳动力密集型产业正是首先沦为边际产业的典型。

尽管具有一些局限性，但边际产业转移理论对第二次世界大战后几十年来国际产业转移的主流现象能够做出比较有力和充分的解释。而在将该理论运用到我国国内区域产业转移问题中时，则会出现一些与国际经验和规律相逆的新情况：在中国东部发达地区与中西部落后地区的对比中，东部地区边际产业的判定并非如发达国家与发展中国家那样清晰。换句话说，东部发达地区在相对高端产业上并不具有明显的比较优势，而中西部落后地区在劳动力密集型产业等一些相对低端产业上，潜在的比较优势也并不突出。

因此，从边际产业开始依次实现产业转移的一般规律，与当前东西部工业部门结构现状特点相结合，会对我国国内区域产业转移动力机制造成特殊影响。

三　产品生命周期理论

如果说刘易斯的劳动力密集型产业转移理论和小岛清的边际产业转移理论都是从行业或产业整体阐释产业转移动因，那么弗农的产品生命周期理论则从相对微观的产品角度分析了某种产品的生产在什么样的条件下会从发达国家转移到发展中国家。

弗农在研究美国国际贸易与对外投资基础上提出，产品生命周期性变化规律是催生产业转移的根本原因，发达国家企业顺应这种规律，为了规避自身在某些产品生产上的比较劣势而向国外投资并转移。[1] 一个产品从

---

① Vernon, R., "International Investment and International Trades in the Product Cycle", *The Quarterly Journal of Economics*, Vol. 80, No. 2, 1966.

诞生到衰退主要会经历创新、成熟和标准化生产三个阶段。企业生产经营这种产品能否取得市场成功，在三个阶段所需要依托的主要竞争优势不同。

产品创新阶段，产品的市场竞争更多是技术竞争而非价格竞争。发达国家凭借技术垄断在这一阶段具有明显的竞争优势，再加上发达国家对新产品的市场消费能力也较强，因此创新阶段的产品一般在发达国家内部生产并对外出口；产品成熟阶段，产品的市场竞争是技术竞争和价格竞争的综合。技术垄断局面被打破，越来越多的国外同业竞争者出现使得发达国家企业开始有了降低生产成本、提高价格竞争力的动机，并且产生了带有市场拓展性质的扩张性产业转移；产品标准化生产阶段，技术已完全不具垄断性，价格竞争取代技术竞争成为市场竞争的主流。发达国家由于劳动力等要素成本高昂，使产品居于这一阶段的本国企业向国外进行衰退性产业转移，发达国家从发展中国家进口该类产品。

产品生命周期理论与前述边际产业转移理论有着很大的共通性。前者所描述的处于标准化生产阶段的产品，与后者所描述的边际产业具有共同特点——都是发达国家不具备优势的产品或产业。产品生命周期理论更加强调一国（或一国企业）在不同时期比较优势与竞争优势的动态转化特点：虽然发达国家与发展中国家各自的比较优势在很长一段时间内相对固定（前者具有技术优势，后者具有成本优势），但在产品生命周期不同阶段，由于产品市场竞争侧重点不同，在某一具体产品领域各自比较优势向竞争优势转化的程度也会所不同。

产品生命周期理论在中国区域产业转移中的运用同样会受到一些特殊条件的影响。对我国而言，一些已经明显处于标准化生产阶段的产品，由于国外需求占据了其市场需求的相当大部分，为了降低出口物流成本，这些产品的生产仍然会停留于已经丧失了成本竞争优势的东部沿海地区。地理条件的先天差异成为影响发达地区与落后地区在标准化产品生产上竞争优劣势的重要因素。

四　国际生产折中理论

劳动力密集型产业转移理论、边际产业转移理论和产品生命周期理论集中阐述了产业转移发生的必要性，虽然具体观点有差异，但归根结底都指出：发达国家的条件与环境不再具备某些产业发展的要求，因此这些产业需要向更符合其发展条件的发展中国家转移。但是，有了必要性，并不意味着一定有可行性——只有当企业具备某些特定条件时，它才能够将原先位于本国境内的产业向国外进行转移。否则，产业转移即便存在现实迫切性，也不一定能在实际经济运行中充分开展。

邓宁的国际生产折中理论对产业转移在发达国家企业主导下开展的可行性进行了阐释。严格地讲，该理论并不是一种专门的产业转移理论，而是一种国际直接投资理论，并且是对此前该领域有关理论的综合（因此叫作"折中理论"）。但是，它所分析的跨国公司国际生产方式选择问题，包括产业转移相关内容，并弥补了其他产业转移理论较少涉及的一些内容。该理论认为，跨国公司之所以能对外直接投资是基于三大优势：公司自身具备的所有权优势和内部化优势，以及公司能够享有的投资目的地（东道国）的区位优势。①

所有权优势主要是指发达国家企业相较于他国企业而言，独占的技术优势、规模经营优势、管理经验优势和其他无形资产优势等，这是其对外直接投资的基础。内部化优势是跨国公司将所有权优势通过内部化过程带来的，是企业内部交易相对于外部市场交易所具有的优势。若一公司具有该优势，则意味着它将资产通过对外直接投资方式内部转让给其国外子公司，能够获取比通过市场交易转移给其他公司更多的收益。区位优势则是指一国在特定资源、政策、基础设施、社会风俗等方面所具有的优势，这些优势只能由直接投资于其国内、在该国境内进行生产的企业享有。

三种优势中，区位优势对国际产业转移产生的影响与前述三种理论的观点类似，是在特定产业上发展中国家相对于发达国家的比较优势，客观上促使了产业转移开展。而发达国家企业在所有权优势和内部化优势上的兼具，特别是后者，为这些企业对外直接投资、进行跨国产业转移提供了可行性。

倘若只有所有权优势而没有内部化优势，即便发展中国家具有吸引产业转移的区位优势，发达国家企业也只能采取资源转让的外部市场方式（如对外技术转让）对发展中国家本国企业进行技术输出。只有当三种优势齐备的前提下，发达国家企业才能直接在国外投资，通过企业内部市场

---

① Dunning, J. H., "Trade Location of Economic Activities and the MNE: A Search for an Eclectic Approach", *Journal of International Business Studies*, Vol. 26, No. 3, 1977.

将国内产业转移到国外。

该理论对分析国内区域产业转移具有同样明显的适用性。东部沿海发达地区企业能向中西部落后地区投资、转移，必然要以所有权优势和内部化优势为前提。但是，在区位优势方面，中西部地区则受到一些特殊影响。东部地区长期以来积淀形成了一些特殊的经济、社会和文化基础，这是其产业集群等经济现象蓬勃发展、对经济繁荣产生正面推动作用的根基。中西部地区由于各方面条件所限，在此方面难以复制东部地区的有利环境，导致其在吸引东部企业投资的区位优势方面的欠缺。

五　"雁行模式"理论

日本学者赤松要于 20 世纪 30—70 年代提出并不断完善的"雁行模式"理论对 19 世纪末期至第二次世界大战后日本、东亚国家和地区的产业发展及梯度转移历程进行了高度概括，以一种形象的"雁行形态"刻画出几十年来东亚地区在产业发展内在规律作用下的产业转移形态。① 相比于前述几种主要阐述产业转移动因的理论，"雁行模式"理论更有助于我们对国际产业转移全景的整体把握。

"雁行模式"理论最基础的含义是，后进国家在赶超先进国家过程中，落实到具体产业层面，会遵循一种"进口—国内生产—出口"的模式。第一阶段，后进国家该产业发展薄弱，大量进口并消费国外产品，形成了一个进口高潮；第二个阶段，后进国家通过引进学习国外技术，逐渐将这一产业本地化，通过国内生产替代进口，达到国内生产的高潮；第三个阶段，后进国家该产业发展已经较为成熟，并且利用自身的劳动力和资源优势，反而向国外出口产品，形成一个出口的高潮。

从较长时间范围来看，这一产业在后进国家的进口、国内生产、出口先后达到高潮，体现在"时间—数量"二维坐标体系中就构成了三条先后继起的曲线，类似于雁阵中三只飞翔的大雁，因此称为"雁行模式"理论（见图 2 - 1）。

---

① 车维汉：《"雁行形态"理论研究评述》，《世界经济与政治论坛》2004 年第 3 期。

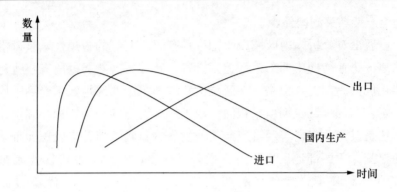

图 2 – 1 "雁行模式"

"雁行模式"在应用于国际产业转移研究中有一个重要变形：倘若把图 2 – 1 中一国的进口、国内生产、出口三条曲线替换为不同国家的生产曲线，那么不同发达程度国家在产业发展上的先后递起同样可以体现为一种"雁行"。例如第二次世界大战后的东亚地区，率先发展的日本将其不具比较优势的产业转往亚洲"四小龙"，而亚洲"四小龙"发展起来后又将其转往东南亚国家和中国大陆沿海地区，各国国内生产和对外出口先后达到高潮。

"雁行模式"理论与其他以比较优势理论为基础的产业转移理论具有紧密的联系，它所勾勒的产业转移"雁行"形态同样基于发达国家与发展中国家比较优势的差异性产生。值得注意的是，由于国际产业转移与区域产业转移相比，更多体现的是经济规律的自发作用，而没有太多政策因素的外在影响，因此"雁行模式"的出现并非一种人为导致的结果，而是对国与国之间产业转移客观实际的经验总结。

在区域产业转移中，倘若把"雁行模式"作为一种国家高度、战略层面的区域协调发展模式选择，必然会面临这样一个疑问：在产业转移的"雁行"形态中，居于雁阵之首的东部发达地区始终处于产业分工的高级地位、有利地位，而居于雁阵之尾的中西部落后地区始终处于被动承接低级别产业转移的不利地位。"雁行模式"的推行，并不能最终实现缩小地区差距、填平区域发展鸿沟的战略目标。

本书认为，一个固化的"雁行模式"显然不能从根本上实现区域经济协调发展的国家型战略目标，但该模式所体现的客观经济规律又是区域产业转移实际开展中不能回避的。通过区域产业转移缩小地区差距的关键，在于如何缩短发达地区与落后地区在"雁行"形态中"雁"与"雁"之间的距离，以及递起时间的间隔。因此，"雁行模式"的动态变化程度决定区域产业转移战略目标的实现。

第二节　区际产业转移理论

一　工业区位论

产业布局往往会影响一个地区的发展，区际产业转移一直都是现代经济学研究的重要问题。韦伯较早地研究了工业的区域布局问题，并提出了工业区位论。他认为：理想的工业区位应考虑三个主要因素，即运费、工资和集聚因素。其中，运费是对工业布局起决定性作用的因子，对工业的基本定向起最重要的作用，工资影响可引起运费定向区位产生第一次"偏离"，集聚作用又可使运费、工资定向区位产生第二次"偏离"，因此，最佳工业区位是运费、工资和集聚三者作用下的最佳。当企业属于生产成本导向型企业时，体积与价值比率较低，运费就不重要，如芯片制造业；当企业属于运输成本导向型企业时，体积与价值比率很高，运费就非常重要，如钢铁厂。[①]

1920 年，马歇尔从需求和供给两个方面分析了专门工业为何集中于特定地方。地方需求的扩大和需求的不同特点导致了产业的集中，"聚集在宫廷的那些富人，需要特别高级品质的货物，这就吸引了熟练的工人从远道而来，而且培养了当地的工人"[②]，"……以上从生产经济的观点研究了地区分布问题，但是对于顾客的便利也要加以考虑。顾客为了购买零碎东西会到最近的商店；但要购买重要的东西，到他所认为对他的目的特别好的商店去。因此，经营高价和上等物品的商店，就会集中在一起；而供应日常家庭必需品的商店则不如此"。[③] 从供给方面来看，空间集聚会导致外部规模经济。马歇尔认为，"当一种工业已这样选择了自己的地方时，它会长久设在那里的。因此，从事同样的需要技能的行业的人，互相从邻近的地方所得到的利益是很大的。行业的秘密不再成为秘密，而似乎

---

① 阿尔弗雷德·韦伯：《工业区位论》，李刚剑等译，商务印书馆 1997 年版。
② 马歇尔：《经济学原理》上卷，商务印书馆 1964 年版，第 282 页。
③ 同上书，第 286 页。

是公开了……优良的工作受到正确的赏识，机械上以及制造方法和企业的一般组织上的发明和改良之成绩，得到迅速的研究。如果一个人有了一种新思想，就为别人所采纳，并与别人的意见结合起来，因此，它就成为更新的思想之源泉"。[①]

二 区域生命周期论

1966 年，汤普森从"人性化"的角度，提出了"区域生命周期论"。他认为：从一个工业区建立开始，它将经历一个有规律的发展过程，这个过程像一个生命体一样，可以划分为年轻、成熟、老年等不同阶段，各个阶段有其各自的特征。在区域工业的年轻期，由于市场的不断扩张和要素的集中，极化效应明显，区域显示出强大的竞争力，并进入正的循环累积过程，区域具备了继续创新的条件，继而发展至成熟期，区域内部工业相当发达，为寻求进一步发展，区内产业开始向外扩张，其中一些在区外找到了更适合自己发展的区位，从而开始进行产业转移。产业的扩张和转移，一方面在加剧市场竞争，另一方面也在减少本区域内原产业所占用的生产要素份额。总之，成熟期的区域对其他区域的扩散效应占主导地位。最终，由于原工业区域内部竞争和技术进步，以及固定资本的高额折旧，此区域不再是工业生产的理想区位，区内产业规模减小，种类减少，区域进入老年期。进入老年期的区域要想重新获得工业发展，唯有通过再次创新，从而进入新一轮的生命周期循环。[②]

三 "新经济地理学"理论

20 世纪 90 年代，以克鲁格曼（P. Krugman）为首的一批经济学家，将地理学引入区域产业布局研究，提出了"新经济地理学"理论。克鲁格曼（1990）提出了一个两地区、两部门的一般均衡区位模型。农业产品区位是固定的，而垄断竞争的制造业选择它们的区位实现利润最大化。如果运输成本高，规模报酬小，制造业产品支出比重低，靠近市场的动机等将导致制造业在区域间平均分布。具有较低的运输成本，更大的规模经济或更高的制造业比重，相应的结果是：制造业在一个区域分布越多，该

---

① 马歇尔：《经济学原理》上卷，商务印书馆 1964 年版，第 284 页。

② J. H. Thompson，"Some Theoretical Consideration for Manufacturing Geography"，*Economic Geography*，No. 3，1996，p. 127.

区域需求的比重越大，使得更多的制造业集中到那儿。[1] 1997 年，唐纳德·R. 戴维斯和大卫·E. 温斯坦（Donald R. Davis and David E. Weinstein）利用一个带有"国内市场效应"和 H－O 模型特征的报酬递增的经济地理模型研究了日本的区域产业结构，发现 8/19 的制造业部门的经济地理效应十分明显，其包括运输设备、钢铁、电器等。这与他们对 OECD 国家的研究发现（经济地理对产业结构并没有多少经济意义）刚好形成对照。于是，他们得出结论，当经济地理对国际产业结构的解释非常有限时，它对于理解区域产业结构是非常重要的。[2] 还有学者通过分析波兰 1925—1937 年产业区位的动态演化过程，提出了一个考虑地理因素和比较优势以确定它们各自影响的模型。他们发现，熟练劳动力对产业区位起到了决定性作用且不断增强；市场潜力也起了一定的作用，但它的作用随时间递减。根据"新经济地理学"，资本外部性的相对规模、劳动力迁移的动力和交通成本将决定经济活动和财富在空间配置上的区域整合程度。该理论认为，经济活动的空间集聚主要是由于报酬递增，且报酬递增会呈现出不同的形式。如在克鲁格曼和维纳布尔斯（Krugman and Venables）的模型里，集聚的动力主要是马歇尔提到的三个外在因素，即劳动力市场共享、中间产品的供求关系和技术外溢。而在更大的空间尺度上，克鲁格曼强调"资本外在性"（市场规模效应）对于形成国家内部经济发展在空间上的不平衡分布的重要性。在传统经济学中，"技术"和"资本"这两种外在性长期存在分界。相对于"技术外部性"而言，克鲁格曼更关注"资本外部性"。与这些向心力相对应，也存在如租金和工资成本等离心力使产业活动趋向分散。但总体上说，运输成本和劳动力的可移动性是决定产业空间集聚和转移的关键因素。运输成本越低，产业空间集聚的力量就越大；劳动力的可移动性越差，产业转移的力量越大。[3]

四 产业转移的中国特色理论

国际产业转移是第二次世界大战后世界经济特别是东亚经济发展的一

① Paul Krugman, "Increasing Returns and Economic Geography", *NBER Working Paper*, No. 3275, 1990.

② Donald R. Davis and David E. Weinstein, "Economic Geography and Structure: An Empirical Investigation Regional Production", *NBER Working Paper*, No. 6093, 1997.

③ Paul Krugman and Anthony Venables, "Integration, Specialization, and the Adjustment", *NBER Working Papers* No. 4559, National Bureau of Economic Research, Inc., 1993.

个重要主题。20 世纪五六十年代是战后第一次国际产业转移高潮，主要是由美国转移到日本、联邦德国等有一定工业基础的新兴发达国家；七八十年代的第二次国际产业转移高潮主要是由已经发展起来的日本转移到亚洲"四小龙"国家；而从 80 年代末 90 年代初一直持续到 21 世纪初的第三次国际产业转移高潮中，中国大陆特别是东部沿海地区扮演了最为重要的产业承接地角色。与此同时，中国国内学术界对产业转移理论和现实问题的研究成果日趋丰富。

产业转移是一个具有国际普遍性的经济现象，而国内学术界对产业转移的研究与国外经典产业转移理论有着相当程度的延续性。但由于中国无论从禀赋条件、经济体制还是经济基础方面都有独特的现实国情，因此国际规律、一般经验在中国的应用存在着许多值得探讨之处。这一特点体现在学术研究中的明显表现就是，近二十余年来围绕中国经济崛起战略选择和区域协调发展模式选择等问题，出现了若干次参与广泛且较为热烈的学术争论。

本书选择了两次具有较强代表性的学术争论进行重点回顾，一个是比较优势战略与逆比较优势战略之争，另一个是梯度理论与反梯度理论之争。前者虽然并非直接以产业转移为关注对象和纷争焦点，但由于比较优势理论在国际主流产业转移理论中毋庸置疑的基础性地位，因此这场争论实质上也体现了不同学者对落后国家或地区承接产业转移问题的不同态度和看法；后者的争论则直接围绕着国内区域产业转移模式和落后地区产业发展路径的取舍问题展开，这种取舍和现实国情紧密联系，与本书的研究焦点有着高度的相关性。

（一）比较优势战略与逆比较优势战略之争①

1. 主要学术观点回顾

将比较优势战略理论系统运用于中国经济发展问题上的学者首推林毅夫。他在《中国的奇迹：发展战略与经济改革》（1994）一书中将新中国成立后改革开放前中国计划经济时代，宏观政策环境、资源计划配置制度和毫无自主权的微观经营机制"三位一体"的传统体制归结于优先发展重工业的"赶超战略"带来的内生结果。他认为，改革开放之后中国所

---

① 江霈：《中国区域产业转移的动力机制及影响因素分析》，博士学位论文，南开大学，2009 年。

取得的经济增长奇迹是在微观经营机制和资源配置制度方面进行改革创造的，今后改革的中心将是被扭曲的宏观政策环境。这些改革措施都是围绕一个主题展开的——抛弃"赶超战略"，加快向比较优势战略的转变。此后在《对赶超战略的反思》（1994）、《赶超战略的再反思及可供替代的比较优势战略》（1995）、《比较优势与发展战略——对"东亚奇迹"的再解释》（1999）、《经济发展的比较优势战略理论——兼评对中国外贸战略与贸易政策的评论》（2003）等一系列论文中，他继续强调并细化了自己从中国实际出发的比较优势战略理论。

比较优势战略理论在国内提出后受到了另一些学者的强烈质疑，并导致了一场著名的学术讨论。刘力群（1994）反驳了林毅夫对中国计划经济时代赶超战略的非议，指出根据中国作为后起大国的具体国情，要实现现代化只有赶超战略一条路可走，而只有实行重工倾斜政策才能实现赶超战略。洪银兴（1997）强调了竞争优势的重要性，指出单纯的比较优势不一定能成为竞争优势，注重质量和效益的对外贸易不能仅仅停留在现有的比较优势上，需要将这种比较优势转化为竞争优势。左大培（2000）则指出，落后国家经济发展的根本途径是围绕产业结构升级这一目标选择外贸政策，放弃不惜代价扩大出口的政策取向，对具有发展潜力的幼稚产业（主要是一些具有较高技术含量的重化工业部门）进行保护。此外，杨帆（2001）提出中国的发展战略应该立足于动态比较优势，国家应有意识地支持企业创造新的比较优势。郭克莎（2003，2004）也集中阐述了动态比较优势与静态比较优势的区别，指出实行静态比较优势战略的劳动力密集型产业过度发展将使发展中国家处于不利地位。

2. 分歧实质与观点述评

传统发展经济学中的"大推进"、重工业优先发展战略和进口替代战略等理论认为，落后国家与发达国家的根本差别是产业结构和技术结构的差异，它从根本上决定了一个国家的发达与落后；产业和技术结构的升级是经济发展中的外生变量，不受经济发展过程本身的影响。与之相反，比较优势战略理论则认为落后国家与发达国家之间的根本差别是要素禀赋结构的差异；产业和技术结构则是经济发展中的内生变量，是经济发展的结果。随着一国经济发达程度的提高，产业和技术结构将随之升级。

比较优势战略理论认为，出于最优投入产出比的考虑，一国的产业、技术结构必须与相应的要素投入结构一致，进而要与该国的要素禀赋结构一致，才能保持更高的经济增长速度、创造更多的经济剩余。落后国家遵循由其自身要素禀赋结构决定的要素市场竞争价格，在利率传导下，其储蓄率、资本积累率将维持在一个较高水平之上，从而可以更快地改变要素禀赋结构，进而导致比较优势变化，最后产业和技术结构也将自然升级。

通过回顾不难发现，比较优势战略理论并不否认发展中国家经济发展的最终目标是要实现产业和技术结构的升级。但在实现这一最终目标过程中所应选择的路径问题上，该理论坚持，应以本国该阶段要素禀赋结构为制定发展战略的外生变量，将产业和技术结构的升级内生于经济发展的动态过程之中，而不能将这种升级本身作为制定战略的直接出发点。

而逆比较优势理论持有者则认为，比较优势战略并不能为发展中国家带来实质的经济腾飞；相反，应采取逆比较优势战略。该理论对比较优势战略的反驳集中在这样一个焦点之上：遵循要素禀赋结构、从比较优势出发的产业发展战略是否真的能保证落后国家内生性的产业和技术结构升级？围绕此焦点，该派学者进行了以下批驳：

一是"比较优势陷阱"的存在，使得发展中国家运用比较优势战略存在巨大的风险。所谓"比较优势陷阱"，是指发展中国家若完全按照本国禀赋比较优势，生产并出口初级产品和劳动力密集型产品，那么在与以技术和资本密集型产品生产为主的发达国家的国际贸易中，虽然能获得利益，但贸易结构不稳定，总是处于不利地位，从而落入"比较优势陷阱"。其具体体现在以下方面：首先，由于中国是世界上举足轻重的贸易大国，因此面临的是一条向下倾斜的国际市场需求曲线，中国的出口增加必然使该产品在世界市场上的价格下降，导致贸易条件的恶化（王允贵，2001）；其次，在劳动力密集型产品市场上，面对发达国家资本对劳动的替代，中国的劳动力密集型产品不具有竞争优势（胡汉昌、郭熙保，2002）；最后，发达国家面对国内充分就业的压力，会以各种壁垒阻碍廉价的中国劳动力密集型产品进口（洪银兴，1997）。

二是比较优势战略会导致国际分工格局的固化，不利于发展中国家的产业和技术结构升级。比较优势有静态与动态之分，前者指的是现时的比较优势，后者指的是转换中的、未来某一时点的比较优势，它相对现时而言有可能是比较劣势。逆比较优势论者认为比较优势论者所倡导的实际上是静态比较优势战略。如果中国大力发展劳动力密集型产业将加强既有国际分工格局和产业专业化水平,并影响处于静态比较劣势地位的资本和技术密集型产业发展,拉大与发达国家的差距,阻碍动态比较优势的转换。[①]

三是中国不具备运用比较优势战略的有利国际环境。亚洲"四小龙"等国家和地区实行比较优势战略时,大多数发展中国家尚未真正参与国际分工;而当中国运用劳动力成本低廉的比较优势发展出口导向型经济时,需要与印度、越南等其他发展中国家展开竞争,竞争的结果将导致贸易条件的进一步恶化。比较优势战略与逆比较优势战略之争,很大程度上也可被视为对依循现有模式承接国际产业转移的支持与反对者之争。这场争论的高潮期是20世纪90年代中后期至21世纪最初几年,这一阶段中国东部沿海地区以承接跨国产业转移为特征、通过推动劳动力密集型产业生产与出口拉动经济增长的发展道路正处于上升阶段。

而最近几年,在内外部环境发生剧变背景下,这一道路的弊端更多显现出来。但是,我们不能就此判定这是比较优势发展战略的失败,也不能由此得出依循传统模式承接产业转移不符合中国发展实际,因为每一发展战略都有其特定的适用阶段和应用条件。

(二)梯度理论与反梯度理论之争

1. 主要学术观点回顾

梯度理论在西方经济学界已有百余年发展历史,该理论的核心思想是认为国家与国家、地区与地区之间存在着产业发展水平、技术先进程度或要素禀赋结构等方面的梯度差异,产业发展会遵循先在高梯度地区发展、再逐次转移到低梯度和更低梯度地区的内在规律。

梯度理论于20世纪80年代初期被引入中国,并被应用于中国国内区域经济发展问题分析。与比较优势战略一样,该理论在中国的发展同样有着深刻的历史背景,也是建立在对改革开放之前计划经济时代我国经济发展战略的反思基础之上,对特殊政治条件背景下"重内地、轻沿海"的生产力布局提出不同看法。

何钟秀(1983)、夏禹龙等(1983)首先提出由于中国地区经济发展

---

① 郭克莎:《对中国外贸战略与贸易政策的评论》,《国际经济评论》2003年第5期。

不平衡的特点，形成经济和技术力量的三个梯度：内地和边远地区资源丰富但技术力量薄弱，大片地带处于"传统技术"和经济落后的水平；大多数地区处于"中间技术"梯度，具有一般的经济发展水平；沿海一带则具有"先进技术"，拥有雄厚的经济力量。因此，我国应该自觉按照梯度规律，让一些有条件的地区首先掌握世界先进技术，然后逐步向较落后和更落后的地带转移，通过转移的加速逐步缩小地区差距。

该观点提出后，在学术界引起了强烈的反应，刘国光（1984）、刘再兴等（1985）都表达了与其相近的观点，主张正视沿海与内地间的经济技术梯度，实行一种沿海与内陆地区有先后、有层次、有梯度、有推移的发展战略。进入 20 世纪 90 年代后，我国改革开放的局面已经基本打开，中国经济已经驶上了一条高速发展的"快车道"。在此背景下，周炼石（1998）对改革开放十余年来中国区域发展政策的实践效果进行了总结，特别是对事实上已经被应用了多年的梯度理论的实践效果进行了评价。她既概括了十几年来沿海地区在梯度理论倾斜性政策支持下率先腾飞所取得的巨大经济成就，又总结了东西部地区经济差距正在扩大的客观事实，指出梯度理论及其为基础的经济政策，虽然会带来一定时期的地区分化现象，但是从长期来看，是一种有利于全局、符合全国整体利益的政策。

梯度理论提出后，对其批驳与质疑之声也层出不穷。反对者在批驳梯度理论的同时也提出了大同小异的各种反梯度理论，两种理论的激烈碰撞催生了一次较为激烈的学术大讨论。

郭凡生（1984、1985）首先对梯度理论发难，指出该理论把现代科学技术"三个基本走向"之一的"向资源丰富地区转移"忽略掉了。他以中东石油输出国和苏联远东地区为例说明，资源丰富但相对落后的地区在开放的国际经济环境内可利用资源优势吸收国际先进技术和资金，实现跳跃式的发展。现代技术转移有两种类型：一种是按现有生产力水平实施推移，另一种是超越现有生产力水平的转移，前者按照梯度推移经济效益高，而后者在转移中需要跳跃。

这一观点得到了蒋清海（1988）的赞同，他认为，有着强烈自然资源或原燃料地指向的"指向性技术"没有必要也不可能经过没有这些资源和原燃料的较发达地区中转后再向落后地区转移。王至元（1988）通过统计分析指出，我国现代经济与传统经济并存的双重结构并不主要表现为沿海经济与内地经济之间的所谓梯度差别，而是首先表现为沿海与内地各自内部，区位现代经济与非区位传统经济的差别，从而否定了梯度理论成立的前提。夏友富（1989）的研究也证明了东部、中部、西部三大地带内部差异远远超过了它们之间的差异，他进而提出了集中与分散相结合的区位开发战略，即现代工业首先集中于若干重点区位优先发展（这些区位适当分散于全国各个区域之中，主要不是按东部、中部、西部三大地带关系形成，明显区别于梯度理论），而在非区位上则实行相对缓慢发展，然后通过区位经济带动非区位经济，逐步完成全国工业化。

此前陈家泽（1987）主张的发展极—增长点理论与该战略有异曲同工之处，也十分重视中、西部若干"发展极—增长点"的作用，即技术层次从中心城市向外的逐圈扩散和市场半径的伸展。魏敏（2005）、白小明（2007）、黄福才等（2007）则对区域推移梯度黏性及形成机理进行了研究。魏敏（2005）的研究认为，发达地区由于具有优良的区位条件，因而大量的要素资源会被吸引去，从而在高梯度地区形成资本、劳动力和技术三个引力场，对梯度推移的正常开展产生"黏性"，并造成东、西部地区经济差距的日益扩大。白小明（2007）指出，产业区域转移黏性由劳动力成本因素、行政因素、产业集群效应、文化、技术与体制等因素形成。黄福才（2007）则解释了这种黏性的形成机理，是由于经济区位中心沿海化和市场化、要素流动的空间集中、技术与制度创新的路径依赖性、梯度扩散转移成本四方面关键因素导致。

近年来产业集群理论的迅速走热对梯度转移理论构成了又一质疑和挑战。刘艳（2004）、谢丽霜等（2005）均表达了同一观点：东部发达地区产业集群化的发展，大大提高了当地劳动力密集型产业的竞争力，经济发展极化效应不断加强，形成产业的区域黏性，因此沿海地区劳动力密集型产业经历20多年快速发展后仍未出现向内陆地区成规模转移的趋向。

2. 分歧实质与观点述评

通过综合比较与回顾可以发现，反梯度理论持有者对梯度理论的批驳主要集中在三个方面：首先，梯度理论忽视了中西部落后地区在自然资源、能源等方面的禀赋优势，并忽视了这种禀赋优势为其超越发达地区接受国际先进技术转移所带来的有利条件。其次，梯度理论对东、中、西三大地带的划分并不符合新中国成立以来我国区域经济特别是区域工业化进程的实际，中部、西部地区某些中心城市、工业集聚区在改革开放前的几十年中受惠于倾斜性政策支持，已经具备相当程度的工业化基础和接受国际先进技术的必要条件；最后，梯度理论所勾勒的产业区域推移在实际开展中会受到一系列因素阻碍，因此其所设想的通过梯度转移逐渐缩小区域差距的过程在现实中并不成立。对于反梯度理论的第一类批驳观点，本书认为，其具有一定的时代局限性，并未反映出产业、技术转移的本质性规律和主流趋势。梯度理论与反梯度理论的争论主要流行于 20 世纪 80 年代，那个时代世界产业发展的部门体系尚不丰富，以采掘业、能源工业为代表的原材料工业、重工业在工业化进程中的地位较如今更加重要。但在信息技术革命席卷全球的 90 年代之后，以信息产业为核心的一系列新兴产业部门迅速崛起，原材料工业在国民经济体系中的地位有所下降。在此背景下，资源优势对一个地区承接技术转移的意义被削弱了，因为绝大部分或者说主流的技术转移并不发生在具有资源依赖特征的原材料工业部。现在来看，从这个角度对梯度理论进行质疑是站不住脚的。

第二类批驳观点的不合理性则主要源于技术转移和产业转移的差异。国内学术界的梯度理论和反梯度理论之争一开始是以"技术转移"为研究对象的，但是，改革开放 30 多年的实践显示，单纯的技术转移在实际经济中并不广泛，更多是依附于产业一起进行转移。中部、西部地区在改革开放前形成的既有工业体系，或许能为其消化吸收相关产业先进技术带来便利，但却无法为其直接承接国际产业转移创造更多优势。因为，中国作为一个发展中国家在国际产业转移格局中所处的地位，决定了中国所承接的转移行业（劳动力密集型产业）与中、西部地区原有优势行业（如军工、重工业等）没有太大的技术关联性。

第三类批驳观点则与本书研究的主要内容之一非常接近，都是聚焦于产业转移在实际开展过程中遇到和将遇到的影响因素，特别是阻碍因素（即黏性）。虽然该类观点对梯度理论提出了现实层面的质疑，但并不能将其简单划归于"反梯度理论"行列。探讨梯度转移、区域产业转移实际开展中的阻碍因素和承认梯度转移、区域产业转移的内在规律性、必然性，二者并不矛盾。

本书认为，现有关于梯度转移影响因素的研究在空间地理、要素流动、产业集群等几方面虽都有涉及，但是对于这些影响因素内在机理、演变特征和未来走向等，现有文献研究得并不深入，也不够全面，还需要进一步深入研究。

第三节 循环经济理论

一 循环经济基本理论

（一）循环经济起源与发展

循环经济与环境保护一脉相承，其思想萌芽可以追溯到20世纪60年代。1962年美国生态学家卡尔逊发表了《寂静的春天》，指出生物界以及人类所面临的危险。1966年，美国经济学家肯尼恩·E. 鲍尔丁提出了"宇宙飞船理论"，该理论认为地球就像是翱翔于太空中的一艘宇宙飞船，飞船上的资源十分有限，人口增长却一直持续，如果继续这样发展下去，人类不但会消耗掉地球上所有的资源，还会被人类自身排放的污染而毒害。因此，为了避免这种悲剧的发生，人类必须改变传统的线性经济增长方式，必须善待地球，善待人类自己。[①] 这一理论在当时具有相当的超前性，被认为是循环经济理论的起源。

1972年，美国生态学家巴里·康芒纳（Barry Commoner）出版了《封闭的循环：自然、人和技术》一书。他认为人类是地球生态圈的有机组成部分，人类的发展必须遵循生态学的基本法则，不能过度开采自然资源，不能随意向自然界排放废弃物。他强调人类应该建立"封闭的循环式生产机制"，减少生产活动对自然的破坏和污染。[②] 该理论是对"宇宙飞船理论"的进一步阐述和深化，但这种封闭循环的思想在当时并未引起重视。一直到20世纪80年代后期，当可持续发展理念成为世界各国的共识以后，循环经济理论才正式出现。

1989年，英国环境经济学家大卫·W. 皮尔斯（David W. Pearce）和R. 凯利·特纳（R. Kerry Turner）在《自然资源与环境经济学》一书中构建了以"循环经济"命名的分析模型，这是循环经济（Circular Econo-

---

① Deese, R. S., "The Artifact of Nature Spaceship Earth and the Dawn of Global Environment Alism", *Endeavour*, Vol. 33, No. 2, 2009.

② Commoner, B., *The Closing Circle: Nature Man and Technology*, New York: Random House Inc., 1971.

my）一词第一次正式出现。该模型由自然循环和工业循环两部分组成，自然循环是指经济系统产生的废弃物经自然系统消化后，转化为可用的材料以后又回到经济系统；工业循环是指再生产过程中减少资源和能源的消耗，同时加强废弃物的利用。很显然，这两种循环都有助于减少原始资源的消耗，减轻环境压力。而为了使这两个循环更有效运行，人类应该遵循两项原则，一是可再生资源的开采速度不能大于其再生速度，二是排放到环境中的废弃物要小于环境的净化能力。[①]

1994 年，德国率先制定了《循环经济与废弃物管理法》，这是世界上第一部关于循环经济的法律，同时也是循环经济从理论走向实践的标志。这部法律以珍惜自然资源为核心，要求发展循环经济，强化废弃物的无公害处置。该法律提出了对待废弃物的基本原则，首先，应尽量避免废弃物的产生；其次，在废弃物产生不可避免的情况下，强化废弃物的回收利用，提取次生原材料或热能；最后，对剩余的无法利用的废弃物，采取与环境相容的方式对废弃物加以处理。这三个原则后来被概括为 3R 原则，即减量化（Reduce）、再利用（Reuse）、再循环（Reeyele）。由于 3R 原则具有高度的概括性、指导性和可行性，很快便成为各国所公认的循环经济基本原则。

1998 年，同济大学的诸大建和上海社会科学院的吴绍中正式将循环经济引入我国。诸大建连续发表了《循环经济：上海跨世纪发展途径》、《循环经济的崛起与上海的应对思路》、《可持续发展呼唤循环经济》和《循环经济与上海可持续发展》4 篇论文，详细介绍了德国循环经济的发展历程、循环经济的内涵、3R 原则以及发展思路，并结合上海市的实际情况提出了对策建议。与此同时，吴绍中撰写了《环经济是经济发展的新增长点》一文，建议从加强废弃物管理入手，促进循环经济的发展。这些论文的发表标志着循环经济正式进入我国。[②]

2000 年以后，循环经济在德国、日本以及中国得到了长足发展。德国和日本将循环经济视为后工业化时期治理废弃物的主要方法，是后工业化道路的自然延续。而我国则将循环经济看作新型工业化的高级形式，政府对循环经济积极倡导并寄予厚望，所关注的领域也从产业层次上升

---

① Pearce, W., Turner, K., *Economics of Natural Resources and the Environment*, Baltimore: Johns Hopkins University Press, 1989.

② 吴绍中：《循环经济是经济发展的新增长点》，《社会科学》1995 年第 10 期。

到国民经济整体层次，并进一步扩大到社会整体层面。另外，美国、加拿大、澳大利亚等国家不使用"循环经济"这个词汇，但是也在开展类似的工作，主要是实施清洁生产，建设生态工业园区，还构建了比较完善的社会层面废弃物回收利用体系，实际上涉及循环经济从微观到宏观的各个层面。

(二) 循环经济的定义与内涵

1. 循环经济定义

目前，学术界对于循环经济定义的看法比较一致，强调循环这一特征，比较有代表性的定义主要有：诸大建（1998）认为，循环经济是一种善待地球的新型发展模式，它要求把经济活动组织成为"自然资源—产品—再生资源"的封闭式循环模式，使所有原料和能源都能在这个经济循环中得到最充分的利用，从而将经济活动对自然环境的影响程度到最低。这是从循环经济表现形式的角度所给出的定义。曲格平（2000）认为，循环经济是把清洁生产和废弃物综合利用融为一体的经济模式，它要求运用生态学的基本规律来指导人类的经济活动。人类应该按照自然生态系统物质循环和能量流动的形式重新构建经济系统，使经济系统能够与自然生态系统相融合。这是从循环经济内在机理的角度加以定义。全国科学技术名词审定委员会定义循环经济是指人类模仿大自然的整体、协同、循环以及自适应的特征，去规划、组织和管理人类社会的开采、生产、消费、流通、回收和调控活动的简称，是融自生、共生和竞争经济于一体、具有高效的资源代谢过程、完整的系统耦合结构的复合生态经济。这是从系统论的角度进行定义。国家发展和改革委员会定义循环经济是一种以资源的高效利用和循环利用为核心，以"减量化、再利用、再循环"为原则，以低消耗、低排放、高效率为特征，符合可持续发展理念的新型经济增长模式，是对"大量生产、大量消费、大量废弃"的传统线性增长方式的根本变革。这是从循环经济特征角度提出的定义。当前，社会上采用最多的是《中华人民共和国循环经济促进法》中的定义，即循环经济是指在生产、流通和消费等领域中进行的减量化、再利用、资源化活动的总称。这一定义同时包含了循环经济的基本原则和主要内容，最为精练。

2. 循环经济本质

段宁（2001）认为，循环经济的本质是清洁生产，清洁生产强调的是源削减，重点削减废弃物的源头产生量，这与循环经济减量化原则优先的思路高度一致，因此循环经济可以看作清洁生产的延伸。冯之俊（2004）认为，循环经济的本质是生态经济，循环经济要求用生态学规律而不是机械论规律来指导人类社会的经济活动。传统经济是单向流动的线性经济，循环经济倡导的是一种与环境和谐的反馈式、循环型经济发展模式。

3. 循环经济核心

左铁墉（2006）认为，循环经济的核心是资源的高效利用和循环利用，应在科学发展观的指导下，优化资源利用方式，加强技术创新，完善法制建设和政策措施，形成具有中国特色的循环经济发展模式。陆钟武（2003）认为，循环经济的核心是物质的循环和能量的循环。发展循环经济，就是要使各种物质循环利用起来，提高资源效率和环境效率。循环效率越高，资源和能源的效率也就越高。冯良（2002）认为，循环经济的核心是废弃物的回收和资源的综合利用，但循环经济中的回收与利用与传统经济不同，传统经济中的回用是为了缓解供应短缺，而循环经济的回收利用是为了提高资源效率，降低环境影响。这些观点说明，学术界对于循环经济的核心的认识还是比较一致的。可以说，循环经济的核心就是通过资源的循环利用和高效利用来提高资源的综合效率。

4. 循环经济特征

解振华（2004）认为，循环经济有四大特征：一是提高资源利用效率，主要是减少生产过程的资源和能源消耗；二是延长以及拓宽生产链，把污染物尽可能在生产过程中处理掉；三是对废弃产品进行全面回收，从而减少对原始资源的开采；四是对生产企业自身无法处理的废弃物进行集中回收和处置，从而发展环保产业的和资源再生产业。曲格平（2001）认为，循环经济的特征是低开采、高利用、低排放，所有物质和能源都要在"资源—产品—再生资源"的经济循环中得到合理和持久的利用，以把经济活动对自然环境的影响降低到尽可能小的程度。陈德敏（2004）认为，循环经济的特征是客观性、科技性、系统性、统一性、能动性，循环经济是人类社会发展进程中必然出现的一种社会生产和再生产方式，是人类对客观世界认识的进一步深化。王青云（2004）认为，循环经济的特征是对资源的节约、对环境的保护。循环经济强调的是在生产活动之初尽可能减少自然资源的投入，生产活动之中尽可能减少资源的消耗，生产活动之末尽可能减少废弃物的排放。

本书比较认同赵家荣的观点，赵家荣（2004）认为，循环经济的特征是低消耗、低污染、高效率。因为循环经济能够提高资源生产率和降低污染物最终处置量，即单位资源消耗所产生的经济价值大幅提高，单位经济价值所排放污染物大幅降低。

5. 循环经济基本原则

1990 年，美国生态学家赫曼·E. 戴利（Herman E. Daly）提出了有利于实施可持续发展的"戴利三原则"，一是可再生资源的开发水平不能超过该资源的再生能力，二是所有的污染排放都要小于生态系统的净化能力，三是开发非可再生资源所获得的收益应当拿出部分投入具有替代作用的可再生资源中。① 1994 年，德国制定的《循环经济与废弃物管理法》中，提出对待废弃物的原则是减量化、再利用、再循环，由于英文中三个词汇依次为 Reduce、Reuse、Recycle，因此被简称为 3R 原则。减量化是指减少源头的资源消耗，减少末端的废弃物产生；再利用是指尽可能地多次或多方式利用产品，延长产品使用期限，避免产品过早地成为废弃物；再循环是指通过废弃物回收和综合利用，使废弃物重新转变为可用的资源，因此再循环也被翻译成"资源化"。循环经济引入我国以后，吴季松、李兆前等学者在3R 原则的基础上，加入了重组化（Reorganize）、替代化（Replace）、再生化（Regeneration）、再思考（Rethink）、再修复（Repair）、再配置（Relocate）、无害化（Restore）等原则，构成 4R 或 5R 等原则体系，从不同角度丰富了循环经济的内涵。尽管如此，学界普遍认为 3R 原则最为基础。

6. 循环经济实施层面

目前，循环经济主要在三个层面实施，微观层面主要指企业的循环经济，中观层面主要指园区的循环经济，宏观层面主要是指社会的循环经济。企业层面比较有代表性的是美国杜邦化学公司和我国的广西贵糖股份有限公司，园区层面比较有代表性的是丹麦卡伦堡生态工业园和我国的天津经济技术开发区，社会层面比较有代表性的德国的双元系统和加拿大的蓝箱回收系统。

综合上述分析，循环经济的内涵可归纳如表 2 - 1 所示。

---

① Daly, H. E., "Toward Some Operational Principles of Sustainable Development", *Ecological Economics*, Vol. 2, No. 1, 1990.

表 2 - 1　　　　　　　　　　　循环经济的内涵

类别	属性
本质	清洁生产、生态经济
核心	通过资源的循环利用和高效利用来提高资源的综合效率
特征	低消耗、低污染、高效率
原则	减量化、再循环、再利用
运行	企业层面、园区层面、社会层面

7. 循环经济与传统经济的比较

循环经济是对传统经济发展模式的变革，是实现可持续发展战略的最优途径。传统经济是一种由"资源—产品—废弃物"单向流动的线性经济，其特征是高开采、低利用、高排放。传统经济发展模式中，人们高强度地把地球上的物质和能源提取出来，又把污染和废弃物大量排放到环境中，对资源的利用是粗放的和一次性的，通过把资源持续不断转变成产品和废弃物来实现经济的数量型增长。其直接后果，一是造成自然资源供不应求而趋向枯竭；二是环境质量急剧恶化而难以消纳污染物，最终导致自然资源与环境难以支撑经济的进一步发展，使人类生存与发展陷入难以为继的困境。①

循环经济是针对传统经济发展模式的不足而提出的一种与环境和谐的经济发展模式。它要求把经济活动组织成一个"资源—产品—再生资源—再生产品"的反馈流程，其特征是低开采、高利用、低排放。所有的物质和能源要能在这个不断进行的经济循环中得到合理和持久的利用，以把经济活动对自然环境的影响降低到尽可能小的程度。循环经济为工业化以来的传统经济转向可持续发展的经济提供了战略性的理论范式，从根本上消解长期以来环境与发展之间的尖锐冲突。循环经济和传统经济的比较见表2 - 2。

二　生态工业园区理论

生态工业园是中小型区域循环经济的一种形式。最先提出生态工业园概念的是美国英迪格发展研究所的欧内斯特·A. 劳（Ernest A. Lowe）。他认为，生态工业园是一个由制造业企业和服务业企业共同组成的企业群落，

---

① 张爱文等：《循环经济与传统经济理论比较研究》，《经济问题》2004 年第 10 期。

表2－2　　　　　　　　　循环经济和传统经济比较

比较项目	传统经济	循环经济
运行方式	物质单向流动的开放性线性经济（资源—产品—废弃物）	能量梯级利用、物质循环使用的反馈式环状经济（资源—产品—再生资源—再生产品）
经济要素	劳动、土地、资本、资源等	劳动、土地、资本、资源、环境等
增长方式	数量型增长	内涵型增长
本质	非生态经济	生态经济
目标	最大限度地使用资源，转化为现实生产力，获得经济利益最大化	追求经济利益的同时兼顾环境利益，获得社会持续发展
特征	"两高一低"，即高消耗、低利用、高污染	"两低两高"，即低消耗、低污染、高利用率和高循环率
表现形式	大量生产、大量消费、大量废弃	限量生产、持续消费、再生利用
结果	创造的财富越多，消耗的资源就越多，产生的废弃物也越多，在促进经济社会发展的同时带来环境污染、生态破坏等灾难	充分利用资源，实现资源的循环利用，促进社会、经济与生态的可持续发展
对环境的影响	废弃物高排放，成本外部化，与环境相冲突	废弃物零排放或低排放，与环境和谐
环境治理方式	末端治理	预防为主，全过程控制
技术的作用	主要用于经济的增长	既用于经济的增长，又用于环境的改善
企业间的关系	竞争至上	共生与竞争关系
评价指标	第一经济指标（GDP、GNP等）	绿色核算体系（绿色GDP）

园区系统地管理水资、能源和原材料，使园区生态环境与经济效益实现双赢，使园区的总体收益最大化。[①] 加拿大戴豪斯大学的雷蒙德·P. 科特（Raymond P. Cote，2003）和 E. 科恩·罗森塔尔（E. Cohen Rosenthal）认为，生态工业园是一种新型的园区，它能够储存自然资源和经济资源，减少物质和能源的消耗，降低生产风险和产品成本，提高生产效率和产品质量，同时，从废弃物的利用和销售中获得经济效益。

美国环保局提出了更为详细的定义，认为生态工业园是由制造业和服

———————————

① ［美］劳爱乐等：《工业生态学和生态工业园》，化学工业出版社2003年版。

务业共同组成的社区，社区内的企业之间开展环境管理和资源循环合作，将原材料开采、产品生产、产品消费、废弃物处置利用等各个环节融为一体，构成一个封闭循环系统，使整个社区的总体收益超过各个企业单独行动所获得的收益总和。由于工业共生关系主要表现为资源和能源的流动，因此这种协作需要各参与方在地理位置上彼此相邻。但是耶鲁大学马里安·R. 切尔托（Marian R. Chertow）持不同的观点，并提出了虚拟生态工业园（Virtual Eco‐industrial Park）的概念。她指出，生态工业园内的企业不一定需要聚集在相邻的地理区域范围内，只要企业按照工业共生思想进行组织和运行，它们就组成了一个"事实上的"生态工业园。至此，生态工业园不再局限在单个园区之内，而是转向了开放空间。[①] 生态工业理论提出以后，引起了世界各地的广泛重视。1992 年，加拿大在新斯科舍省的哈利法克斯市率先启动了伯恩赛德（Burnside）生态系统与工业园区建设项目，对生态工业园的特征和功能进行了初步探索。此后，加拿大又陆续建立了 40 余个生态工业园，除了最大的伯恩赛德工业园之外，比较知名的园区还有不列颠哥伦比亚省的温哥华（Vancouver）工业园、安大略省的康沃尔（Cornwall）工业园、魁北克省的东蒙特利尔（East Montreal）工业园等。

1994 年，美国环境保护局和总统可持续发展委员会一起选定了 4 个地区作为生态工业园的示范点，包括马里兰州的费尔菲尔德（Fairfield）、弗吉尼亚州的开普查尔斯（Cape Charles）、得克萨斯州的布朗斯维尔（Brownville）和田纳西州的查塔努加（Chattanooga），分别作为原有园区改造、新园区创建、虚拟园区和综合园区的示范。目前，美国的生态工业园区已经达到 20 多个，涉及生物能源开发、废弃物处理等多个行业。日本从"零排放"的构想出发，建设生态型工业园区，并将其作为循环型社会的重要组成部分。1997—2006 年，日本共批准了 26 个国家生态工业园区，采取政府主导、学术支持、民众参与、企业化运作的方式，重点发展静脉产业。其中，比较有代表性的园区有北九州（Kitakyushu）生态工业园、山梨（Yamanashi）生态工业园区、藤泽（Fujisawa）生态工业园区等。各园区基本以废弃物的再生利用为主要内容，包括处理报废汽车、

① Marian R. Chertow, Rachel, L., Quantifying Economic and Environmental Benefits of Colocated Firms [J]. *Environmental Science & Technology*, 2005, 39 (17): 6535–6541.

废旧家电、建筑混合废弃物、纸张木材等。[①]

与清洁生产一样，关于生态工业园的驱动和障碍因素的研究也很多，结果表明，生态工业园的发展动力来自多个方面。首先是经济利益的驱动，园区内企业之间的副产品和废弃物交换机制，不但能够降低下游企业的原材料采购成本，还能节约上游企业的废弃物处理费用，这种共生关系具有明显的经济价值，对企业有着很强的吸引力。其次是竞争压力带来的动力，多伦多大学皮埃尔·德罗什（Pierre Desrochers，2004）认为，竞争的压力会促使企业想办法降低废弃物排放量或者从废弃物中发现经济价值，生态工业园能为企业带来创新的机遇和新的市场机会。再次是政策法规的影响，以卡伦堡生态工业园为例，它的迅速发展完全得益于丹麦政府的政策支持，丹麦以政府补贴的形式鼓励企业采用清洁生产和循环利用技术，极大地调动了企业的参与热情。最后是社会公众的影响，社会公众与企业之间存在着环境利益的博弈，生态工业园拥有良好的社会形象，企业出于社会效益的考虑，也会主动参与生态工业园。

发展生态工业园能带来多方面收益，但是生态工业园在运行过程中，也面临着很多障碍。一是系统不稳定。企业的生态网络通常是很脆弱的，小型生态网络的稳定性更差，任何企业的变化都会影响到整个系统，因此科霍宁（Jouni Korhonen，2005）建议适度增加供应商的数量，并实施资源多元化的战略，从而增强生态网络的应变能力和修复能力。二是信息不对称。园区企业成分往往比较复杂，不同类型的企业之间信息传播和交流经常出现困难，同类企业之间由于商业机密等因素，也无法实现信息的完全共享。三是评价困难。安东尼等（Anthony S. Chiu，2004）认为，每个生态工业园都有各自的特色，现有的评价体系还不能准确地评估所有类型园区的发展水平。四是本地认知不足。罗伯茨（Brain H. Roberts，2004）认为，生态工业园成功离不开当地社区和企业的理解，澳大利亚早期的生态工业园未能成功的主要原因就是缺乏当地公众的支持。五是地区差异，由于各国政治、经济、资源及环境方面存在很大差异，生态工业园模式不能简单复制，各园区必须结合本地条件，构建独具特色的发展模式。

---

① 赵立祥：《日本的循环型经济与社会》，科学出版社 2007 年版。

第四节　本章小结

　　本章旨在对有关产业转移和循环经济的国外经典理论和国内研究进行有侧重的回顾，并将二者结合，以期提炼出与本书具体研究对象有重叠和可运用的相关理论及规律，并探讨其在中国特定区域经济背景下应用的可行性。

　　在对产业转移经典理论回顾中，本书选取了刘易斯的劳动力密集型产业转移理论、小岛清的边际产业转移理论、弗农的产品生命周期理论、邓宁的国际生产折中理论和赤松要的"雁行模式"理论五大经典理论作具体回顾，探讨了运用这些理论分析中国区域产业转移动力机制及影响因素的可行性和可能遇到的问题。在对国内产业转移相关研究的回顾中，本书有重点地选择了两次具有较强代表性的学术争论进行回顾，一个是比较优势战略理论与逆比较优势战略理论之争，另一个是梯度理论与反梯度理论之争。比较优势理论对经典产业转移理论具有重要的影响，因此前者的争论实质上也体现了各派学者对中国作为一个落后国家或地区承接产业转移问题的不同态度；后者的争论则直接围绕国内区域产业转移模式和落后地区产业发展路径的取舍问题展开，而这种取舍又和现实国情紧密联系，与本书研究问题有着高度相关性。在对循环经济理论回顾中，本书主要选取了循环经济基本理论和生态工业园区理论，前者包括循环经济的起源与发展、循环经济的定义与内涵以及循环经济和传统经济的比较，后者包括生态工业园的定义、形成机理和运营的驱动与阻碍因素等。

　　循环经济兴起于 20 世纪末，其理论的出现晚于产业转移理论，因此，将二者结合起来进行研究的成果十分少见。由于当前承接产业转移的一个主要载体是工业园区，生态工业园区相关理论一定程度可以看作二者的结合。这一理论也因此成为本书的一个主要支撑理论，将广泛应用于后续章节。

第三章 国内外产业转移的发展与趋势

　　近现代，国内外经济的发展总是表现为产业在结构、空间等方面的变化与调整。换言之，经济的发展总是伴随着产业的演变。工业革命以后，世界经济发展史往往就是国际产业转移演变史，而改革开放以后国内经济的发展史某种程度也是国内产业转移的演变史。由此可见，研究产业转移的发展规律与未来趋势，可以进一步揭示经济发展内在规律，这不仅有助于制定区域经济发展政策，也有利于制定产业转移的承接对策。本章将在对国内外产业转移的发展历程进行回顾的基础上，解释国内外产业转移的动力以及我国国内产业转移与承接的模式，最后提出国内外产业转移的趋势。

第一节　国内外产业转移的发展历程

一　国际产业转移发展历程

（一）18 世纪末至 19 世纪上半叶，从英国向欧洲大陆和美国转移

　　第一次科技革命完成后，英国成为当时名副其实的也是第一个"世界工厂"。当时仅占世界人口 2% 的英国，在 19 世纪前 70 年，一直控制着世界工业生产的 1/3—1/2，世界贸易的 1/5—1/4。第一次国际产业转移的输出地是英国，目的地主要是法国、德国等欧洲大陆国家以及北美。美国作为一个新兴国家，是这次国际产业转移的最大受益国。美国作为英国的殖民地，又有良好的自然条件和资源条件，使"工业革命的新技术先在北美殖民地，而后又在美利坚合众国遇到了肥沃的土壤。到 18 世纪 70 年代美国独立战争时，英国在北美殖民地大约有 200 个造铁厂，年产铁约 3 万吨。超过它的只有英国本土、法国、瑞典和俄国"。正是对这次来自英国的国际产业转移的承接，奠定了美国后来领跑第二次科技革命的

物质和技术基础。如果没有美国对英国的产业转移的承接或承接的力度不够大，那么世界第二次科技革命的爆发时间就要推迟，产生的影响力就要大大缩水。美国以承接第一次国际产业转移为历史前提，以领跑第二次科技革命为技术基础，才推动了本国工业的迅速发展，并在19世纪末一跃成为世界第一大工业强国，当之无愧成为世界工业发展史的第二个"世界工厂"。可以说，第一次国际产业转移浪潮推动了"世界工厂"的第一次变迁。①

（二）20世纪五六十年代，从美国向日本和原联邦德国转移

第二次世界大战之后的20世纪50年代，美国在第三次科技革命大背景下，对其国内的产业结构进行了重大调整，将钢铁、纺织等传统产业转移到日本和联邦德国，美国国内主要致力于集成电路、精密机械、精细化工、家用电器和汽车等资本和技术密集型产业的发展。美国之所以将国内的部分产业转移到日本和联邦德国，首先是由处于"冷战"状态下的国际政治格局所决定的。在第二次世界大战期间，虽然日本和德国曾经给美国以及其他国家造成过很大的生命和财产伤害，但冷战格局形成之后，日本成为东亚地区两大阵营的前沿阵地，联邦德国成为欧洲两大阵营的前沿阵地。对日本和联邦德国的支持，符合美国的战略利益。其次是美国国内产业结构调整的需要。与前两次科技革命对产业影响不同的是，第三次科技革命对各国产业的主要影响不是产业的互补，而是产业之间的替代，即新产业的诞生。具有替代关系的新产业的诞生，决定了伴随科技革命的必然是产业结构的重大调整，是传统产业为新产业的发展让路。最后是原联邦德国和日本之所以能够大量承接美国的产业转移，还因为它们具有工业化的历史基础（尤其是人才基础）。战争虽然摧毁了两个战败国的有形设施，但是，曾经培养起来的人才、积淀下来的工业文明，为原联邦德国和日本经济从战争创伤中迅速恢复和发展保留了火种。另外，20世纪50年代，朝鲜战争爆发所带来的"特需经济"加快了美国对日本的产业转移。第二次国际产业转移对世界经济的影响巨大，联邦德国发展成为世界经济强国，日本建成了第三个"世界工厂"。也可以说，第二次国际产业转移，推动了"世界工厂"的第二次变迁。

---

① 孙浩进：《国际产业转移的历史演进及新趋势的启示》，《人文杂志》2011年第2期。

（三）20世纪七八十年代，向东亚地区转移

这次国际产业转移是由日本主导的，日本成为第三次国际产业转移主要的产业输出国，而亚洲"四小龙"是这次国际产业转移的主要承接地。第三次国际产业转移持续时间大约20年。20世纪70年代，已经成为世界制造大国的日本为了应对世界石油危机的冲击和日元汇率升值的影响，选择了一条对外投资、重构国内产业结构的国际产业转移道路。在这一轮产业转移浪潮中，日本产业向外转移经历了三次小高峰。第一次小高峰发生在70年代初，转移的产业主要是劳动密集型的纺织业等轻纺产业，向外转移的目的是确立资本密集型的钢铁、化工、汽车、机械等产业在国内的主导地位，转移主要目的地是亚洲"四小龙"。第二次小高峰发生在70年代第二次石油危机之后，转移的产业主要是资本密集型产业，如钢铁、化工和造船等，转移的目的地仍然是亚洲"四小龙"。第三次小高峰发生在1985年"广场协议"之后，转移的产业不再局限于在国内完全丧失比较优势的劳动密集型产业，而是扩展到包括汽车、电子等在内的已经实现了技术标准化的资本密集型和部分技术密集型产业，转移的目的地既有亚洲"四小龙"，也有东盟四国和中国内地，更有美国等发达国家。由日本所推动的东亚地区的产业转移，也是第三次国际产业转移，引领了东亚崛起的"雁阵飞翔"。20世纪80年代末之前，日本在这一"雁阵"中，无疑处于"雁首"地位。第三次国际产业转移，催生了亚洲"四小龙"的经济发展奇迹。

（四）20世纪90年代至今，产业向中国转移

这一次国际产业转移之所以独立于前一次国际产业转移，是因为这次国际产业转移的输出地、转移的目的地等方面和前次产业转移相比，发生了较大的变化并具备新的特征。20世纪90年代以后国际产业转移的产业输出地，不仅有日本，而且有亚洲"四小龙"，还有美国。产业承接地既有东盟四国，但主要是中国内地地区。在此次转移中，亚洲"四小龙"起到了"二传手"的作用。亚洲"四小龙"通过承接第三次国际产业转移，加上原有的产业发展基础，很快成为东亚地区崛起的一个经济发展群体性明星。但亚洲"四小龙"在经济发展中很快就面临着境内市场狭小与生产能力扩张之间的矛盾、生产要素成本上升与企业追求更多利润的矛盾、产业发展与资源环境"瓶颈"的矛盾。这三大矛盾的存在，催生了20世纪90年代开始的第四次国际产业转移浪潮。亚洲"四小龙"在将其

产业转移到菲律宾等国家的同时，也将很大一部分外移产业转移到中国内地地区。中国内地是第四次国际产业转移的最大受益者。除了对亚洲"四小龙"产业的承接，中国内地还以其广大的市场吸引了日本、美国和欧洲的大量投资，中国内地的制造业得到迅速发展。也可以说，对第四次国际产业转移的承接，奠定了中国作为世界制造大国的国际地位。

二 国内产业转移发展历程

回顾改革开放 30 多年来我国承接国际产业转移的发展历程，过程艰辛、成绩骄人，大体可分为三个阶段。①

第一阶段，1979—1991 年，是我国承接国际产业转移的起步阶段。在此期间，外国企业在华投资还属于试验性投资，规模小、金额少、科技含量低，转移的产业主要是以轻纺工业为代表的轻工业或劳动密集型的下游产业，其中加工贸易是投资企业的重要生产经营方式。

第二阶段，1992—2001 年，是我国承接国际产业转移的快速发展阶段。社会主义市场经济体制的确立，完善了承接国际产业转移的制度基础。外国企业特别是跨国公司开始在我国进行大规模、产业化的投资。我国承接的国际产业转移逐步变为以资本和劳动密集结合的产业为主，承接方式日趋多样化。

第三阶段，2001 年至今，是我国国内产业业转移的快速发展阶段。近年来，随着大规模的产业集聚，珠三角、长三角等地已开始出现能源、电力供应紧张，工业用地不足，劳动力成本不断上涨。在一些沿海城市地区，由于开发强度过高，其资源与环境承载能力呈下降趋势。特别是在当前人民币汇率升值、能源和原材料价格不断攀升的情况下，面对生产成本的全面提高，广东、浙江等地一些劳动密集型企业利润空间大大压缩，部分中小企业停产半停产甚至倒闭，向外转移步伐开始加快。显然，随着经济发展水平的提高，各种要素成本上涨不可避免，沿海企业向西迁移是大势所趋。

可以说，目前我国已经进入从过去的各种生产要素和产业活动高度向东南沿海地区集中，逐步转变为由东南沿海向中西部地区转移扩散的新时期。在这一新时期，采取得力有效的政策措施，积极引导和推进沿海企业向中西部转移，不仅有利于在中西部创造更多的工作岗位和就业机会，推

---

① 李国章：《我国承接国际产业转移的历史变迁》，《经济日报》2009 年 2 月 3 日第 11 版。

动西部大开发和中部崛起，促进区域经济协调发展；而且有利于沿海地区集中精力发展先进制造业和高新技术产业，促进产业结构升级，提高参与国际竞争的档次；同时，还可以避免沿海企业和外商投资转移到东南亚地区。因此，这是一项值得关注的国家战略。

第二节　产业转移的动力

一　产业转移的动力机制

（一）产业转移存在的基础是产业级差

世界经济发展史表明，各国与地区经济的发展实质是产业结构的升级和优化。从各国经济发展普遍经验看，产业的演变经历技术水平从低到高的历程。具体到产业来说，工业革命以来，各国经济发展中的主导产业一般经历纺织工业、钢铁工业、汽车工业、电子工业、生物工程工业，产业演进则相应经历劳动密集型产业、资本密集型产业、技术密集型产业、知识密集型产业。全球经济发展的不平衡性，导致各国与地区之间经济技术水平存在差异，发达国家和地区与发展中国家和地区的主导产业不同，存在明显的产业级差。正如水从高处向低处流动，产业转移的发生也是因为两地存在产业级差。从 20 世纪的全球产业大转移看，像美国、日本等发达国家对亚洲新兴工业化国家和地区的产业转移，都是在存在着明显产业级差的国家和地区间进行的。

（二）产业转移发生的必要条件是生产要素流动和产业竞争

不同区域间存在产业成长差，只是表明各地产业成长水平不同，但产业级差的存在，并不一定会发生产业转移。因为产业转移总是遵循产业转移的阻力最小方向移动。产业转移的主要形式是企业对外投资，通过投资实现资本、技术、劳动力等生产要素的跨地区流动，生产要素的重新组合形成新的生产能力和产业规模，最终导致产业转移。因此，生产要素能否流动，流动的自由度，决定着产业转移的阻力大小。假定两地间发生产业转移，表明产业移入地和移出地之间生产要素是可以流动的，即便是生产要素是从移出地向移入地的单向流动。没有流动，则不会发生产业转移。生产要素能否流动取决于经济制度。世界经济的融合，主要形式表现为跨国之间的投资。20 世纪以来，为促进本国经济发展，各国相继加大对外开放，减少生产要素在国际流动的障碍。

产业竞争是产业转移的另一个条件。就某一产业而言，产业所在区域因技术、政策、自然资源等因素形成垄断，则产业不会发生转移，产业会通过垄断来实现高额利润。相反，产业在不同区域间形成竞争，这种竞争可来自产业转移的移入地，也可来自其他区域，只要产业间的竞争存在，产业转移就有存在可能。总之，区域间生产要素流动和产业竞争的存在是产业转移的必要条件，但非充分条件。

（三）产业转移的动力是产业利益差

不同区域间有了产业级差，生产要素在区域间自由流动，是否两地产业转移就发生呢？不一定，因为在开放式区域经济系统中，产业转移存在选择，产业向哪个区域转移，取决于产业转移相互比较中的利益导向，而这个利益导向来自产业转移带来的利益差。正如经济学"理性人"假说，企业作为产业转移的主体，在产业转移过程中追求自身利益的最大化。而不同的经济体系，由于资源禀赋、市场规模、技术水平等不同，产业成长的利益格局会不一致。产业利益差正是通过产业转移实现更多的利益。这种利益差，主要是比较利益，因为这种不同区域的同一产业间的利益差，实际上只有通过"比较"才能获得。

（四）产业转移的诱因是成本压力和市场拉力

产业利益差是产业转移的动力，产业利益差的产生来自两方面的诱导因素，一方面是成本压力，另一方面是市场拉力。一是成本压力。产业转移区域间由于经济发展水平不同，产业成长相异，这种差异决定了区域间要素价格的差异，即产业经营的成本不同，这是推动产业转移的最主要的诱因。具体来说，作为经济发展水平较好的产业移出区，随着其产业集聚，必然出现土地、劳动力等生产要素成本、基础设施如水、电使用成本和环境保护政策成本等产业经营成本的上升。当产业在区域间存在较强的竞争时，这种成本的上升会使区域一些产业或产品的竞争优势逐渐丧失，这种产业逐步走向衰退，面临巨大的调整压力。相反，产业移入地由于经济发展水平较低，生活指数较低，产业经营成本就低，由于成本差异形成竞争优势，出现潜在的产业利益差。二是市场拉力。市场需求是产业形成、发展的最根本的动力，追求市场扩张是扩张性产业转移的最主要的诱因。扩张性产业转移往往是区域间存在贸易壁垒，通过产业贸易难以实现市场扩张，只有通过直接投资才能绕开壁垒，从而形成产业转移。在现实的产业运动中，市场需求成为产业转移的拉力。产业的市场需求由于各区域经济发展水平的不同而有差异，取决于区域的人口规模和购买力水平。扩张性产业转移通过扩大市场容量，最终形成产业利益差。

二　国内产业转移的动因

我国是一个社会主义市场经济体制国家，产业在国内转移，既有基于企业利益的市场因素，也有基于国家战略的制度因素。综合已有的产业转移实例，产业从转出区转移的动因可以归结为以下方面：

（一）市场扩张的需要

随着经济的发展，沿海发达地区的市场需求结构会发生变化，市场总需求中，类似食品、纺织、一般机械等低加工型的劳动密集产业的产品需求的份额将会减少，而对家电设备、交通通信设备、电脑及其软件、医疗及保健产品、住房等的需求份额将会迅速增长。正是这种需求结构的变化，带来了产业结构调整压力。这种压力是通过低技术的劳动密集型产业产品的市场竞争日趋激烈反映出来的。因此，本地企业会趋向于通过一定规模的对外投资，对外建立生产加工点，对外建立销售网点等多种形式，扩大市场空间，改善企业的经营状况，增强企业的市场竞争能力。在适应市场需求变化的过程中，那些市场需求萎缩的产品和产业会被逐步转移到落后地区，移出地的产业结构得到优化。对企业外迁原因，有机构的问卷调查显示，排在第一位的是沿海地区的房地产价格、房租价格明显提升，占57.8%。第二个因素是想拓展内地市场，占54.6%。目前，中西部地区经济总量虽然只占全国的40%左右，但承载人口占全国比例却达到60%左右，经过改革开放30多年的发展，2005年，中西部地区城镇居民可支配收入已突破万元大关，到2012年突破17000元，是一个巨大的潜在市场。因此，2008年金融危机之后外需市场急剧萎缩的情况下，沿海出口企业可以通过产业转移把目光瞄向国内市场，特别是中西部地区。

（二）降低成本的需要

通过降低成本追求利润最大化是企业的本能。中西部地区不仅有廉价的原材料和劳动力资源，而且还有国家鼓励到中西部投资的政策。如根据国家税务总局2007年5月公布的《中部地区扩大增值税抵扣范围暂行办法》决定，自2007年7月1日起，国家将在中部地区六省份的26个老工业基地城市的八个行业中进行扩大增值税抵扣范围的试点。① 据了解，相关八大行业的生产成本可下降 1/6—1/7。此次中部地区增值税改革将令纺织服装企业受益，最主要原因在于纺织服装行业的梯度转移趋势明显。因此，将这些产业向中西部地区转移，可以摆脱东部地区土地、劳动力、能源等要素的制约，降低企业成本，化解金融危机的影响。

（三）产业分工的需要

市场经济条件下，分工是市场各参加者发挥各自比较优势、参与竞争的结果。一定范围内的分工体现了各参与方的相对优势和实力对比。由于各参与方的相对优势和实力对比会发生变化，分工也处于不断演进之中，分工在地区间的调整形成了产业转移。在近中期，产业转移的最大作用在于完善产业分工。在市场经济条件下，合理的产业分工的形成，取决于贸易和要素流动，取决于产业转移。产业转移不仅可以促进和完善垂直分工，也可以促进和完善水平分工，包括同产业内部、企业内部不同工序之间的分工。

（四）综合利用资源的需要

通过产业转移，在全国和全世界范围内综合利用各种资源对区域产业结构升级具有关键的作用。如为了吸引人才，可以将企业的研究开发部门、发展企划部门转移到社会基础设施相对完善的大城市和中心城市，甚至是海外发达国家或地区；为了加强市场销售、拓展市场，可以将产品销售部门转移到商业中心城市或地区；为了降低劳动力成本，可以将劳动力使用密集的生产部门转移到生活费用相对较低档、劳动力较为丰富、成本较低而交通又比较便利的地区，部分污染性企业的转移是为了利用承接地的环境容量等。通过产业转移，实行跨区域的要素资源的综合利用，对优化区域产业结构，增强企业竞争能力具有重要意义。

（五）企业重组的需要

以跨区域的企业兼并、重组等方式进行产业转移，实现产业结构优化。发达地区的资源优势主要是企业家资源优势，充分利用这种优势，进行跨区域甚至跨国企业并购活动，实行低成本扩张，是一种理想的产业转移方式。如杭州化立集团对重庆电表厂的兼并，主要就是利用华立集团在

---

① 《中部地区扩大增值税抵扣范围暂行办法》，http：//govinfo. nlc. gov. cn/gtfz/zfgb/gjsw/200705/201010/t20101012_ 454942. html? classid = 363，2007 年 5 月 11 日。

经营资源上的优势，进行了一次成功的企业重组。这种以产业转移为特征的企业重组对沿海发达地区产业结构优化起了积极的作用。

（六）产业升级的需要

沿海地区过去被动接受国际产业分工，导致产业被挤压于国际产业链低端，面临不可持续危机，因此将沿海地区的夕阳产业或者不适宜继续发展的产业转移到欠发达地区，为朝阳产业和适宜在本地区继续发展的产业提供了发展空间，从而为本地区产业结构调整创造了契机。可以充分利用产业转移对人才、自然资源、资金等要素的重新配置作用，服务于新产业的引进、扶持以及主导产业的巩固。最终实现产业升级，有利于东部地区保持竞争优势。

第三节　我国国内产业转移与承接模式

一　产业转移模式

（一）成本导向型转移

成本导向型转移，指的是以降低成本为目标的一种产业转移模式。企业在进行转移决策时，往往考虑转移前后的成本变化情况，主要涉及土地、劳动力、资本和技术等具有不同流动性的要素成本。假设劳动力可以自由流动，成本导向因果循环将这样进行：产业进行转移时，劳动力就业就会跟着转移，消费也就会相应转移；随着消费的转移势必导致更多企业的迁移，因而就会有更多的产业进行转移。与此同时，企业迁移使得目标区位的价格下跌，转出区位的价格上涨；相关产业的名义工资在目标区位就会下降，这种成本变化将鼓励更多的产业移向目标区位。

（二）追求规模经济型转移

追求规模经济型转移，是指产业转移以获得产业集群的外溢效益为目标的一种产业转移模式。随着经济全球化步伐的加快，区域经济增长也呈现出突飞猛进态势，而区域经济增长的"引擎"便是特定区域的产业集群。在产业集群研究方面，波特提出的国家竞争优势的"钻石模型"最具影响力。他认为，国家或地区在国际上具有竞争优势的关键是产业的竞争优势，而产业竞争优势源于彼此相关的产业集群。在波特看来，产业集群是集中在特定地域的，在业务上相互联系的一群企业和相关机构，由共同性和互补性联系在一起。伴随产业集群的出现，很多企业都有迁进、迁出相关产业集聚区的趋势，其原因在于企业可获得区位的聚集效应，即有关生产和服务职能在地域上集中产生的经济和社会效果。其中，规模经济是实现聚集效应的主要途径：包括企业间的横向联系而形成的集聚，企业间的纵向关联而形成的集聚，共享基础设施和公共服务产生的外部经济，搜寻成本的降低，代理成本的降低等。

（三）市场开拓型转移

市场开拓型转移，指的是以接近市场为目标的一种产业转移模式，也被称为扩张型转移。企业在成长过程中必须扩大现有市场，开拓新的市场。可以说，市场开拓型转移的主要目标是扩大销售和扩大出口。市场开拓型转移目标区位的决定因素是：存在大规模市场；市场信息便利；规避贸易壁垒。陈建军（2002）的研究表明，浙江省有65%以上的样本企业把扩大市场销售份额作为其对外扩张和产业转移的主要动机和目标，除了大量的规模以下的中小企业，包括中小个体私营企业和个体商人早已在全国范围内展开他们的经营活动外，一些规模较大的大中型企业向内地、中西部地区和东部地区的扩张都带有明确的扩大市场份额的动机，如娃哈哈集团在重庆地区的投资活动，充分体现了市场导向的浙江经济发展的特点；有38%以上的样本企业把扩大出口作为产业转移的主要动机和目标，这和近年来浙江企业"走出去"进行海外扩张的战略密切相关。

（四）多元化经营型转移

多元化经营型转移，指的是某些大企业出于战略上的考虑，进行空间多元化（市场多元化）而出现的一种产业转移模式。国际产业转移从某种意义上讲是跨国公司全球化策略的具体体现。多元化经营型转移主要有两大类。

一类是市场区域多元化。即对市场区域进行重大调整，从而改变产业原来的市场布局。这也是企业常用的一种战略转移类型。如德国企业贝塔斯曼出版社经过多年的扩展，已成为一个全球性传媒集团，其业务范围广及图书、工业、报纸杂志、娱乐、电台电视和多媒体等领域。

另一类是经营领域多元化。这主要体现在以下三个方面：保留原行业，着重拓展新行业；逐步退出原行业，着重拓展新行业；迅速退出原行业，集中力量拓展新行业。这是一个跨度较大的战略转移，很多企业因此而走向多元化经营。如浙江台州的民营企业——吉利集团——最开始从事的是制冷行业，20 世纪 80 年代末转入装潢材料制造行业，90 年代初在发展装潢材料的同时进入摩托车制造业，并很快就取得了巨大的成功，吉利成为我国最早试制成功豪华型踏板式摩托车企业，并开始崭露头角。1997年吉利集团正式涉足汽车制造业，开始汽车产品的研制和开发。经过多年的发展，吉利集团已拥有包括上海杰士达在内的 4 大生产基地和 15 万辆整车生产能力，取得了不凡的业绩。

（五）竞争跟进型转移

竞争跟进型转移，是当一些产业转移到某一地区后，其竞争对手为了保持原来竞争状态而移入同一目标区位的一种产业转移模式。这一提法源于尼克博克（1973）提出的"寡占反应论"。所谓"寡占反应"行为，就是指在由少数几家大企业构成的行业或市场结构中，由于每一企业的任何行动都会影响其他几家企业，因此任何一个大企业都对其他几家企业行动很敏感，并针对某一企业率先采取的行动而随后纷纷采取类似行动。这种产业转移中的跟进现象，也被称为产业转移的"蜂拥效应"。"蜂拥效应"是指同类产业中的主要竞争者之间互动而出现的一窝蜂现象，即竞争对手转移到哪儿，自己就转移到哪儿。造成"蜂拥效应"的原因主要在于企业尽量避免不确定性和减少风险的动机。同类行业中的寡头公司最关心的是市场占有率和增长，当某一寡头采取行动，想要通过推出新产品、进入新市场或开发原料新资源来获得竞争优势时，其他寡头将被迫跟进，否则将会有丧失市场地位或增长机会的风险。为此，在寡头竞争中，竞争寡头为了防止在竞争中被竞争对手因开辟新领域而占了先机，便采取相同的竞争策略：紧跟跟随者。这样，就能避免在新领域寻求机会、获得成功时被竞争对手超过。

（六）供应链衔接型转移

供应链衔接型转移，指的是当某个产业转移到目标区位后，其产品供应链也会随其移入目标区位的一种产业转移模式。"供应链"是通过计划、获得、存储、分销、服务等一系列活动而在顾客和供应商之间形成的一种衔接，从而使企业能满足内外部顾客的需求。它是从"扩大的生产"概念发展而来的，将企业的生产活动进行前伸和后延，对上游的供应者（供应活动）、中间的生产者（制造活动）和运输商（储存运输活动）以及下游的消费者（分销活动）同样重视。在产业转移中所产生的产品供应链迁移现象，我们称为"头羊效应"。企业从原材料和零部件采购、运输、加工制造、分销直至最终送到顾客手中的这一过程是一个环环相扣的链条，这就是供应链。比如，日本丰田公司的精益协作方式中就将供应商的活动视为生产活动的有机组成部分而加以控制和协调，这就是向前延伸；向后延伸是指将生产活动延伸至产品的销售和服务阶段。

（七）政策导向型转移

政策导向型转移，指的是在政府政策影响下的一种产业转移模式。政府通过制度和政策安排，利用法律和经济手段影响人们的经济关系，从而达到促进经济增长、公平分配、增加就业以及保护创新、激励发明等各种目的。作为一种重要的制度安排，政府的政策导向对产业转移的形成具有重要的影响。首先，产业转移的目标区需要有交通、通信、治安、教育等公共产品的保障，而这些公共产品的建设在绝大多数情况下仍然需要依靠政府。其次，产业转移需利用产业政策来推进，如同办开发区一样，政府可以通过激励性的产业政策改变一些企业投资的区位选择，把同行业的企业聚集在同一个地方。这种激励性的产业政策既可以是税收上的减免优惠，或土地价格的低廉，也可以是政府在营造产业环境上的投入，从而吸引更多的企业向这里进行转移。

二 产业转移承接模式

（一）要素注入式

产业转移发生的主要形式是跨区域直接投资（包括对外直接投资）。跨区域直接投资是指企业跨越区域界限到其他区域投资设厂，进行生产和销售。在运行上表现为国际、东部沿海地区企业对西部地区直接投资行为。直接投资能够使西部地区迅速积累资金，为区域经济起飞创造条件，产生要素注入效应。伴随直接投资的产业转移过程中，输出的先进技术被消化吸收并导致技术进步，在技术转移过程中带动输入方的经济增长。

（二）企业内部一体化

企业内部一体化模式主要设想是对西部地区发展面临困境的国有企业通过要素嫁接实现存量激活。主要形式是企业间股份购买、收购和兼并，然后对其进行改造或提高装备水平或加强管理等，从而提高企业的竞争力。西部地区可以引进东部能够跨区域投资的大企业集团，甚至是跨国公司来达到承接产业转移的根本目的。通过存量激活挽救部分国有企业，这对西部地区经济发展意义重大。相对于直接投资，降低了东部地区企业的投资风险，是较为实用的一种手段。

（三）企业虚拟一体化

西部地区承接东部产业转移企业虚拟一体化模式主要运用在装备零部件、家用电器以及轻纺工业等劳动密集型产业或生产标准模式化的产业上。实现形式包括来料加工、来样加工、来件装配、转包等。西部地区与东部地区可以采取"东部的中心企业＋西部地区的配套企业"、"东部研制开发＋西部地区生产企业型"以及"西部地区生产企业＋东部营销窗口型"等形式。

（四）产业转移园区

为了推动"两翼"地区有效承接产业转移，促进"两翼"地区经济和城乡统筹发展，可以参考广东省的做法，由西部地区政府牵头，促进都市核心区与"两翼"地区联手推进产业转移，建立"产业转移园区"。产业转移双方按照合作开发协议，"两翼"地区区县在本地开发区、工业园区、高新技术产业开发区和土地利用总体规划确定的建设用地中，整体或部分划出一定面积的土地，设立产业转移园区，由都市核心区负责组织规划、投资、开发、建设和招商引资等工作，并按商定比例在一定时期内进行利益分成。

第四节　国内外产业转移趋势

一　当前我国国内产业转移路线

"十二五"时期是我国产业大规模转移的重要时期。在劳动力成本上升、生产靠消费市场以及促进政策等因素推动下，我国产业转移呈现出向区域外围拓展、沿江和沿交通轴线转移以及由中心城市点状式向外转移趋势。

（一）由"三个三角区域"向"三个泛三角区域"转移

在要素成本上升、资源环境约束压力加大等多重因素影响下，长三角、珠三角和环渤海地区产业转移的步伐将会加快。整体上，将呈现出由"三个三角区域"向"三个泛三角区域"转移的趋势。其中，长三角地区产业转移将加速向泛长三角，主要是苏北、安徽和江西转移。珠三角近期将主要向东西两翼的沿海带和粤北山区梯次转移、低成本扩张，并逐步向华南和"泛珠三角"延伸。在环渤海地区的产业转移中，京津地区产业转移的主要地区是河北的廊坊、保定、唐山、承德等，通过延伸，环渤海地区将有力带动内蒙古、山西、辽宁等周边省份快速发展。

（二）沿交通干线、江河水道呈轴线式转移

交通基础设施条件是影响产业转移的重要因素之一。未来在三大经济圈向外转移产业的过程中，沿交通轴线将形成以产业链、产业集聚带为基础的产业分工和布局。其中，由于长江黄金水道具有运量大、成本低、环保、节能等优势，长江沿线将成为产业转移的主要区域。长三角区域的冶金、电力、石化、钢铁、汽车、造船等适宜临水布点的产业将加快向沿江布局、集聚发展，进而推动沿江地区形成若干有影响力的、向周边腹地辐射能力强的产业群。

（三）由中心城市向周边中小城镇转移

"十二五"时期是我国城镇化加速发展的重要时期，城镇化进程加快，尤其是微型城和中小城镇建设快速发展，将促使城镇空间形态发生深刻变化。一方面，中心城市的扩散效应逐渐显现，更加强烈地产生了资本、技术、人才等要素和产业向周边地区扩散和转移。另一方面，中小城市的聚集效应得到加强，将更多吸引农村非农产业以及农业人口向中小城市和小城镇转移，并形成以中小城镇产业集群为特色的经济现象。

二　当前国内产业转移的趋势

（一）向有一定配套能力的地区转移

在我国沿海地区，传统产业经过多年的发展，已经形成规模较大、配套齐全的产业集群，而产业集聚效应使得在产业链上的有限区域内，各种生产要素的流动更加快速方便，对企业生产环节的配套支持、成本的降低都起到很大的推动作用。因此，中西部能为沿海地区转出产业提供良好协作配套能力的地区，成为产业转移的首选地。比如，从 2005 年开始建设，目前已拥有龙头和配套企业 30 余家，员工 1.8 万余人，目前就引来包括全球最大的制鞋企业——台湾宝成国际集团——在内的一些沿海制鞋企业。再如，山东如意集团收购原重庆海康纺织集团，并计划投入超过 40 亿元人民币的巨资在重庆万州区建设 100 万锭纺织生产基地；广东顺德五家纺织服装企业签约进驻安徽阜阳"中国中部纺织工业城"，都是基于当地的纺织产业配套能力有一定基础。

（二）以劳动密集型产业转移为主

据统计，目前沿海地区向内地转移的产业多集中在纺织、服装、电子元器件、玩具、陶瓷、家具等劳动密集型产业。其原因是东部沿海地区经过 20 多年改革开放与经济高速发展，劳动力、土地、能源与原材料等要素成本有了较大幅度的上升，多数产业尤其是劳动密集型产业的边际收益下降，产业生存发展的压力日益增大。比如劳动力资源，2006 年在广东就算开出 2000 元/月的工资也很难招到工人，但在安徽阜阳，劳动力比较充裕而且付出人均 800 元/月的工资即可；土地费用方面，2006 年在阜阳的"中国中部纺织工业城"内一亩只要 2 万元左右，而在沿海地区的温州却高达 150 万—200 万元，花在土地上的钱在中西部可以连土地、厂房、设备都买齐。因此，降低要素成本成为东部劳动密集型产业向内陆中西部地区转移的主要动力。①

（三）省内转移或就近转移较多

由于东部各省区地域宽阔且自身发展不平衡，同一省区不同地区之间经济发展水平差异很大，近些年东部发达省份为了促进本省地区协调发展，大多出台了一系列政策措施，鼓励本省劳动密集型产业及资本向本省区内不发达地区转移，客观上造成对东西部省区间产业转移的拦截。例如，江苏省虽然 GDP 早已突破 1 万亿元、人均超过万元，但其苏南、苏中、苏北地区人均 GDP 之比却大致为 5:3:1，存在着明显的地区差距，因此省政府鼓励苏南的劳动密集型产业转移到了本省苏中、苏北地区。2005 年 3 月，广东省政府就制定出台了《关于我省山区及东西两翼与珠江三角洲联手推进产业转移的意见》，全省 14 个山区及东西两翼地级市中，有 8 个市已建立产业转移工业园，以承接深圳、广州等地的产业转移。其他如浙江、福建等东部省区内部也都同样存在此类拦截转移的情况。

（四）受制于资源与环境约束的被动转移

经过 30 多年出口导向型工业化进程后，珠江三角洲、长江三角洲等地由于发展初期忽视环境保护，使得资源消耗过度，地表水体、空气等普遍受到严重污染，上海、苏州、广州、深圳、东莞等城市已经面临突出的水质型缺水问题。在这种背景下，沿海地区不得不考虑将一些受制于资源与环境约束的产业转移出去，而一些中西部落后地区对自身环境容量认识不清，对污染后果认识不足，部分地区甚至有意识地以"环保洼地"作

---

① 黄庭满：《沿海劳动密集型产业转移区域分工版图重构》，《经济参考报》2006 年 5 月 29 日第 8 版。

为招商引资的卖点，使得这些产业得以顺利转移。据媒体报道，截至2007年10月底，无锡市已关停582家化工企业，31家"五小"和"三高"企业。其中，228家属于违法违规企业被依法强制关闭，其余的是工艺落后、污染大、安全保障差的企业。[①] 但这些被关停企业却意外成了外地招商引资的"香饽饽"。来自东北、四川、江西等地的招商团队，日夜驻扎在太湖边，招揽被关停企业。一些乡镇和工业园区甚至给出"零地价"的承诺。

三 当前国际产业转移新趋势

国际金融危机爆发后，世界政治、经济格局出现新变化，各经济体处在新一轮经济结构调整过程中，国际产业转移也出现了与以往不同的10个新趋势。[②]

（一）国际产业转移主体更多

随着各国技术进步和产业结构水平的提高，越来越多的新兴经济体在产业升级的同时将原有传统产业转移到更低产业梯度的国家。国际产业转移已不再局限于发达国家，既有美国、日本等发达国家向外进行产业转移，也有韩国、新加坡等新兴经济体的产业外移。新兴经济体在国际产业转移链中往往身兼产业承接方与产业转移方两种角色。由于世界传统制造业成本条件的变化，将呈现从发展中国家再向后发展中国家转移的态势，传统制造业也将呈现出产业向外再次转出的趋势。此外，随着国际产业转移规模和形式多样化的发展，跨国公司扩充了以往的单纯劳动密集型加工、装配业务，将转移范围延伸至开发、设计、销售、服务等一系列环节，跨国公司成为国际产业转移的核心微观主体。

（二）国际产业转移层级更高

发达国家在继续向发展中国家转移劳动密集型产业的同时，开始向发展中国家转移某些资本、技术密集产品的生产，甚至开始向少数发展中国家转移高技术产品生产过程中的某个工序。国际产业转移已进入技术密集型、资本密集型、劳动密集型产业转移并存阶段。特别是受国际金融危机影响，国际产业转移越来越多地考虑产业转移承接国市场与消费者需求，一些公司开始把部分研发工作转移到发展中国家，如微软公司、IBM公司

---

① 姚玉洁等：《东部一些污染项目西进觅"生路"》，《经济参考》2008年1月23日。
② 中国日报网，http：//www.chinadaily.com.cn/hqpl/gjsp/2011-09-20/content_3838974_4.html。

等相继在中国设立研究院。

（三）国际产业转移的规模更大

伴随经济全球化和投资、生产国际化加快的潮流，跨国直接投资的总量不断扩大。2010年，全球外国直接投资达到1.24万亿美元，跨国投资的势头不可阻挡。发达国家为赢得全球竞争优势，进一步加速了国际产业转移；发展中国家也不甘落后，为实现赶超战略，也进一步扩大对国际产业转移的承接，抓住国际产业转移的有利机遇，加速本国产业结构的升级。在规模扩大过程中，中国中西部地区日渐成为国际科技与产业转移的新舞台。中国中西部地区在国家战略指引下，通过政府引导和投资环境改善，不断吸引国外直接投资。2008年，中部地区利用外资的发展速度比全国平均水平高出12.8%，西部地区更是高出56%，中西部地区在国际产业转移中具有巨大潜力。

（四）国际产业转移周期更短

随着世界经济的全球化和新技术革命的发展，各国产业升级步伐加快，国际产业转移进程加速，产业转移的周期也大为缩短。第一次国际产业转移发生在19世纪下半叶到20世纪上半叶，但是后来的三次大范围的国际产业转移都发生在20世纪下半叶，比第一次国际产业转移的周期明显缩短。近年来，以微电子和计算机技术、通信和网络技术、软件和系统集成为代表的信息技术日新月异。传统工业化的生产方式开始向集工业化、信息化于一体的现代生产方式转化，各国产业结构升级步伐加速，促使国际产业转移速度进一步加快，周期进一步缩短。

（五）国际产业转移的目标更加注重满足新兴经济体市场需求

21世纪以来，欧美等发达国家发展债务型经济以及超前消费，带动全球进入新一轮快速经济增长。但在这种消费增长模式下形成的国际产业分工体系，是发达国家把世界作为制造工厂，发达国家跨国公司在全球范围内建立零部件的加工制造网络，自己负责产品的总装与营销。国际金融危机后，发达国家超前消费力量减弱，使世界加工能力过剩。各国纷纷担心本国消费能力被外国占领，占领并扩展消费市场成为各国关注的焦点。中国等新兴经济体由于城市化进程加快，具有庞大的消费潜力和市场规模，因此，在市场引导下，国际产业转移将日益满足新兴经济体的消费市场需求。

（六）国际产业转移途径更注意突出获取技术和科研成果

技术是发达国家能够取得比较利益、超额利润的重要手段。发达国家利用本国技术优势，来获取合作国家的自然资源、人才资源，从而促进本国综合国力的快速增长。世界主要发达国家把科技创新作为重塑竞争优势、走出危机的根本手段。一方面，通过加大研发投入，从而保证了科技创新战略实施。2009年美国、日本和德国的政府财政科技投入预算分别增加了3%、1.1%和8%；另一方面，通过获取和利用技术，加快产业转移的速度，具有高新技术的产业和新兴产业成为外资并购竞相追逐的热点。

（七）新兴产业成为国际产业转移的新焦点

为谋求把科技创新优势迅速转化为经济竞争优势，世界各国都把突破核心关键技术、推动战略性新兴产业发展作为培育新的经济增长点和掌握未来发展的主动权。美国、日本、韩国、欧盟等都确定了新兴产业重点领域。虽然目前很多新兴产业还处于科技突破和推广应用重要阶段，但是，世界围绕新兴产业的国际布局和争夺日趋激烈。各国将战略性新兴产业作为先导产业和支柱产业，是加快转变经济发展方式、抢占世界经济战略制高点的重大战略部署。

（八）项目外包成为国际产业转移的新主流

随着产业分工的不断深化、细化，特别是生产专业化和工序分工的发展，发达国家及其跨国公司控制并专注于研发、营销和服务等具有高附加值的产业链高端环节，将非核心的生产、物流等活动，以项目外包方式分包给成本更低、具有专业能力的发展中国家企业。外包可能伴随着生产资本的直接投资，也可能仅通过外包合同，以非股权方式将业务分解或把非核心业务转移。这种做法对于国际产业转移的输出国而言可以降低生产成本，对于国际产业转移的承接国而言则可以带动国内工业发展，并成为国际产业转移的新主流。

（九）服务业成为国际产业转移新热点

伴随世界产业结构的调整与升级，国际产业转移的重心从制造业向服务业转移。目前，世界范围内制造业的大规模转移已接近尾声，服务业逐渐成为产业转移的新热点。服务业跨国投资增长迅猛，尤其是国际服务外包异军突起。服务业离岸外包和跨国转移势头迅猛发展，欧美一些企业相继把非核心的服务业务转移到成本相对低廉，又具备合格劳动力的国家和地区。其中，金融、保险、咨询、管理和法律等专业服务更是成为产业转移的热点行业。

（十）中国成为国际产业转移地的新重点

中国经济发展突飞猛进，投资环境不断改善，综合国力逐步增强，对国外投资有着巨大吸引力，逐渐成为国际产业转移的主要承接地。目前，中国吸引外商投资额，高居发展中国家和地区实际使用外资金额首位，占发展中国家吸收外资总额的1/4。美国有近90%的企业有在中国扩大投资的愿望，三成左右的跨国公司锁定中国，将中国定为下一个投资目标。中国已成为国际产业转移的重点承接国。

第五节 本章小结

研究国内外产业转移的规律是西部地区科学承接产业转移的前提。本章从国内外产业转移历程出发，研究了国内外产业转移的动力与模式，揭示了国内外产业转移的基本规律与趋势。

国际产业转移经历了四次浪潮，分别是18世纪末至19世纪上半叶，从英国向欧洲大陆和美国转移；20世纪五六十年代，从美国向日本和原联邦德国转移；20世纪七八十年代，向东亚地区转移；20世纪90年代至今：产业向中国转移。而国内产业转移也大体经历了三个阶段，第一阶段，1979—1991年，是我国承接国际产业转移的起步阶段。第二阶段，1992—2001年，是我国承接国际产业转移的快速发展阶段。第三阶段，2001年至今，是我国国内产业业转移的快速发展阶段。产业转移存在相应的动力机制，一般认为产业转移存在的基础是产业级差，产业转移发生的必要条件是生产要素流动和产业竞争，产业转移的动力是产业利益差，产业转移的诱因是成本压力和市场拉力。而国内产业转移的动因多为市场扩张的需要、降低成本的需要、产业分工的需要、综合利用资源的需要、企业重组的需要以及产业升级的需要。总结我国国内产业转移模式，主要包括成本导向型转移、追求规模经济型转移、市场开拓型转移、多元化经营型转移、竞争跟进型转移、供应链衔接型转移和政策导向型转移。而产业转移承接的模式主要有以直接投资为主的要素注入式、企业内部一体化模式、企业虚拟一体化模式和"产业转移园区"模式。当前，国内产业转移趋势呈现四大特点：一是向有一定配套能力的地区转移；二是以劳动密集型产业转移为主；三是省内转移或就近转移较多，四是受制于资源与环境约束的被动转移。而国际产业转移也呈现新的趋势，包括国际产业转移的主体更多、层级更高、规模更大、周期更短，国际产业转移的目标更加满足新兴经济体市场需求，国际产业转移途径更突出获取技术和科研成果，新兴产业成为国际产业转移的新焦点，项目外包成为国际产业转移的新主流，服务业成为国际产业转移中的新热点，中国成为国际产业转移地的新重点。

因此，对于西部地区而言，要认识承接国内外产业转移，既是一种经济发展客观规律决定的发展机遇，同时也要看到由于国内外产业转移的动机与模式不同，也带来了一定的挑战。西部地区要通过研究国内外产业转移规律与趋势，通过大力承接产业转移促进经济发展，还要积极克服承接产业转移带来的不利影响。

第四章 国内工业产业转移规律的实证研究

2000 年以来，伴随第四次国际产业转移发生，我国国内产业转移开始出现。为引导东部产业向内陆地区健康有序转移，国家出台了一系列相关政策和指导意见，许多内地政府高度重视这一机遇，甚至把承接东部产业转移定为"一把手工程"，东部地方政府也借此机遇推动产业结构升级。但十几年来东西部地区产业转移到底按照什么规律发生？东西部都有哪些产业转出？哪些产业转入？转移与承接是否科学合理？从现有文献看，国内学者对这些问题的研究还不够全面和深入，特别是以定量研究方法揭示东西部产业转移规律的研究成果极为少见。本章企图分别通过对 2000—2012 年我国东部、西部各省（市）主要工业品产量面板数据的研究，揭示 13 年来东西部地区产业转移的基本规律，并由此得出有益结论。

第一节 东部地区工业产业转移规律及其解释

一 相关文献综述

国外对于产业转移的研究，最早始于国际产业转移，并且形成了一系列成熟理论。如赤松要（Kaname Akamatsu，1935）的"雁行模式"产业转移理论、刘易斯（Lewis，1954）的劳动密集型产业转移理论、弗农（Vernon，1966）的产品生命周期理论、小岛清（Kojima，1978）的边际产业理论等。对于针对一国之内的区际产业转移，国外研究成果较少，但也有一些非常有价值的研究成果。如韦伯（Weber，1909）较早地研究了一国工业的区域布局问题，并提出了工业区位论。马歇尔（1920）还从需求和供给两个方面分析了专门工业为何集中于特定地方。汤普森（1966）从"人性化"角度，提出了"区域生命周期论"。20 世纪 90 年代，以克鲁格曼（1991）为首的一批经济学家，又将地理学引入区域产业布局研究，提出了"新经济地理学"理论。但针对我国东部地区产业转移问题的研究，国外成果十分少见。

我国最早的产业转移始于东部沿海地区承接国际产业转移，受之影响，我国学者对产业转移的研究最初也多聚焦于国际产业转移，直到新世纪，才出现了越来越多的关于国内区际产业转移的研究成果。从现有研究成果来看，研究主要集中在区际产业转移的机理、区际产业转移模式、区际产业转移效应和区际产业转移对策的研究四个方面，代表性成果如魏后凯（2003）、戴宏伟（2008）、陈刚等（2001）的研究。近年来，又出现了对国内区际产业转移特征与趋势的研究，如贺曲夫、刘友金（2012）运用2000—2010年的统计数据，对我国东中西部地区间工业产业转移的趋势和特征进行了系统研究。何龙斌（2012）通过对2000—2011年我国各省（市、区）主要工业产品产量面板数据的研究，揭示我国四大地区区际产业转移的基本规律。

具体到对东部地区产业转移的专门研究，国内从2007年以后逐步趋热，但绝大多数研究成果集中于从承接地的角度研究东部产业转移，其目的在于提出承接对策。仅有少量成果从东部地区主体出发研究产业转移，其主要内容体现在以下方面。一是对东部地区产业转移趋势与特点的研究。如傅允生（2011）以浙江为例对东部产业转移趋势进行了研究，他认为与广东和江苏劳动密集型制造业主要在省区内地区间转移不同，浙江劳动密集型制造业主要向江西、安徽与河南等相邻的中西部省区转移发展。在产业转移过程中，分离式转移与集群式转移成效最为明显。另外，朱坚真（2009）对我国东部向中部地区产业转移的态势进行了研究，黄钟仪（2009）对我国东部向西部地区产业转移的趋势进行了研究。二是对东部地区产业转移影响因素的研究。如陈计旺（2007）研究认为，影响东部发达地区产业向中西部地区转移的主要因素有，中西部地区劳动力大规模流向东部地区、东部地区参与国际分工以及体制转轨时期东部地区地方政府的保护。张继焦（2011）从"影响东部向中西部产业转移"、"影响中西部承接东部产业转移"两个角度，探讨这两大方面不同的影响因素。三是对东部地区产业转移区位选择的研究。如戴佩华（2011）从关系嵌入这一新的视角分析了东部企业拥有的网络资源对其区位选择的影响，并对中、西部地区如何建立合适的网络资源和加深关系嵌入程度以形成"软件"方面的优势来吸引东部产业转移提出相应的对策。任金玲（2011）根据我国产业集聚形成模式和集聚区内企业之间关系，研究了我国东部地区产业转移中的区位选择。

综上可见，虽然国内外关于产业转移和东部产业转移的成果丰硕，但仍存在一些不足和缺憾。从研究方法上，现有文献多采用定性研究，定量研究方法较少。从研究内容上，现有文献对东部产业转移更多关注承接地对策以及东部产业转移的发展趋势与影响因素，而缺少对东部产业转移规律的深度探究。特别是几乎没有利用工业产品产量面板数据定量方法揭示东部地区产业转移的行业规律以及成因。

二　研究方法与说明

产业转移是指企业将产品生产的部分或全部由原生产地转移到其他地区的现象。产业转移的本质是生产要素的转移，最终表现为企业产能的转移（转出地企业产能下降），或企业生产扩张能力（产能增量）的转移（转出地企业产能不变）。根据产业转移的上述特点，考虑产量是产能的反映以及产品产量数据的可获得性，本书认为，通过计算产业代表性产品的产量在全国的比重变化可以定量研究产业转移的基本变化规律。

本书研究的基本思路是通过对国家统计局公布的 2000—2012 年东部各省（市、区）36 种（类）工业产品产量面板数据，计算出东部地区主要工业品的产量占全国的比重以及 13 年来的变化趋势，据此分析东部工业产业转移的规律，最后得出一些有益结论和启示。其中主要计算公式如下：

（一）产量占比增长幅度

$$M = \frac{A_n - A_0}{A_0} \times 100\% , \quad A_0 = \frac{P_{e0}}{P_{to}} \quad A_n = \frac{P_{en}}{P_{tn}}$$

其中，A_0 为东部某工业品产量期初（本书期初为 2000 年）全国占比，A_n 为期末（本书期末为 2012 年）全国占比。P_{e0} 为东部某工业品期初产量，P_{to} 为全国某工业品期初产量；P_{en} 为东部某工业品期末产量，P_{tn} 为全国某工业品期末产量。

（二）产业转移强度

$$W = A_n \times M = \frac{P_{en}}{P_{tn}} \times \frac{A_n - A_0}{A_0} \times 100\%$$

显然，W 为正值时意味产业转入，为负值时意味着产业转出。这一指标既考虑产业转移强度与产品产量全国占比变化正相关，也考虑与末期的产量占比正相关。本书同时定义，W 的绝对值大于 10% 为强势转移，介于 5%—10% 为明显转移，介于 1%—5% 为微弱转移。

需要说明的是，这种研究方法暗含以下基本假设：一是我国产业转移只在国内进行，向国外转移没有发生；二是国外向国内各地区产业转移是均衡的；三是各产品的全国产量没有下降。显然，这些假设并不完全成立，但作为一种简化的研究方法，其研究结论仍有较强的现实意义。

书中的东部地区为一般经济意义上的区域划分，包括北京、天津、河北、辽宁、上海、江苏、浙江、福建、山东、海南、广东 11 个省级行政区。根据《中国统计年鉴》，2000 年东部地区的面积占全国国土总面积的 11.38%，人口占全国总人口的 38.64%，区内国内生产总值占全国国内生产总值的 58.21%。到 2012 年，人口占全国总人口的 41.44%，区内国内生产总值占全国国内生产总值的 55.06%。书中 36 种工业品包括移动手持机、微型计算机、石油、汽车和纱等（见表 4 - 1），它们是国家统计年鉴中的分省（市、自治区）公布的全部主要工业产品，基本涵盖了我国主要工业领域。

三　东部工业产业转移规律

（一）东部地区工业产量变化的总体特征

如表 4 - 1 所示，根据对东部 36 种产品自 2000 年以来产量在全国的占比变化来看，呈现以下特征：一是大多数产品产量在全国的占比呈下降趋势。计算表明，在统计的 36 种产品中，东部有 22 种产品产量在全国的占比下降，只有 14 种产品上升（其中，原油产量在全国的占比上升幅度仅为 0.29%，基本可以忽略）。其中，有 10 种产品产量占全国比重下降幅度超过 20%，最高下降 53.56%，有 8 种产品下降幅度超过 10%（小于 20%），显然，东部大多数工业产品生产已经呈现向区外转移的趋势。也充分表明，相对其他地区，东部地区工业在 2000 年以后发展速度趋缓。二是仍有相当一部分产品产量在全国的占比超过东部 GDP 在全国的占比。计算表明，在 2000 年东部地区有 20 种产品产量在全国的占比超过东部 GDP 在全国的占比 58.21%，平均占比达 59.88%；但到 2012 年有 22 种占比超过 2012 年东部 GDP 在全国的占比 55.06%，平均占比达 56.59%。这充分表明，东部地区仍然在很多工业产业上具有产业集聚的优势。① 三是工业产品产量在全国的占比变化平均幅度不大。计算显示,东部大多数产品产量在全国的占比变化平均幅度只有 -5.14%,平均转移强度只有 -0.37。这表明,东部地区产业转移有出有入,表现为微弱净流出,对外产业转移总体不太明显。

表4-1　2000年、2012年东部主要工业品产量全国占比及变化幅度　单位:%

序号	产品	2000年	2012年	变化幅度	序号	产品	2000年	2012年	变化幅度
1	布匹	44.13	80.11	81.54	19	啤酒	58.73	52.47	-10.66
2	汽车	36.56	50.83	39.06	20	塑料	72.61	64.86	-10.67
3	焦炭	30.28	36.9	21.87	21	烧碱	63.74	56.78	-10.91
4	纱	56.04	68.23	21.75	22	移动手持机	100	86.95	-13.05
5	彩色电视机	71.85	85.15	18.51	23	发电量	49.24	42.56	-13.58
6	平板玻璃	56.99	65.51	14.96	24	家用洗衣机	78.44	67.46	-13.99
7	纸及纸板	65.32	72.64	11.2	25	拖拉机	78.05	66.52	-14.77
8	化纤	83.41	91.85	10.12	26	家用电冰箱	64.64	54.65	-15.45
9	生铁	55.35	60.63	9.53	27	原盐	68.49	54.31	-20.7
10	卷烟	29.65	32.38	9.18	28	化肥	33.98	25.36	-25.38
11	乙烯	70.57	76.6	8.54	29	水泥	52.19	38.7	-25.86
12	粗钢	58.62	62.35	6.37	30	微型计算机	102.36	74.07	-27.64
13	钢材	63.75	65.68	3.03	31	纯碱	68.25	49.19	-27.92
14	原油	42.7	42.82	0.29	32	房间空调器	86.64	61.97	-28.47

---

① 产业集群的程度通常用区位商指标来衡量,区位商指标是指某一地区某一产业的产值在这个地区全部产业产值的百分比与整个国家范围内这一产业的产值在整个国家全部产业产值的百分比之比。大于1说明这个产业是研究区域的专业化部门。值越大,说明这个产业在研究区域中专门化程度即产业集群程度越高。本书以东部工业产品产量全国占比与东部GDP的全国占比相比较,与区位商的计算结果异曲同工。

续表

序号	产品	2000 年	2012 年	变化幅度	序号	产品	2000 年	2012 年	变化幅度
15	轿车	61.33	58.79	-4.15	33	成品糖	20.3	14.25	-29.78
16	机床	80.35	76.38	-4.94	34	水电	18.28	12.68	-30.66
17	农药	69.34	65.54	-5.48	35	硫酸	40.28	22.64	-43.81
18	集成电路	96.2	86.79	-9.79	36	天然气	26.95	12.51	-53.56

资料来源：根据《中国统计年鉴》（2013）计算整理。按占比变化幅度由大到小排序。

（二）东部地区工业转移的产业规律

1. 电子信息产业、无机化工产业、白色家电产业及水泥工业由东部强势转出

计算表明，13 年来，36 种主要工业产品中，东部有 8 种转出产品的转移强度大于 10%，表现为强势转出。如图 4-1 所示，8 种产品主要表现为四大产业。一是电子信息产业，以微型计算机、移动手持机、集成电路代表，前两种产品转移强度分别为 -20.47%、-11.35%，产量占比降幅达到 27.64%、13.05%。二是无机化工产业，以纯碱、原盐、硫酸、烧碱为代表性产品，前三种产品转移强度分别为 -13.73%、-11.24% 和 -10%，产量占比降幅达到 27.92%、20.70% 和 43.81%。① 三是白色家电产业，以房间空调器、家用洗衣机和家用电冰箱为代表，前两种产品转移强度为 -17.64% 和 -10%，产量占比降幅达到 28.47%、13.99%。② 四是水泥工业，水泥产品的转移强度达到 -10.01%，产量占比降幅达到 25.86%。

2. 能源产业、装备制造产业、农用化工产业、食品产业等从东部明显转出

计算还发现，13 年来，36 种主要工业产品中，东部有 14 种产品转出强度小于 10%，其中 8 种产品大于 5%，表现为明显转出，如图 4-2 所

---

① 本书对化学工业的分类采用传统分类法。按此分类化学工业部门分为无机化学和有机化学工业两大类，前者主要包括酸、碱、盐、硅酸盐、稀有元素、电化学工业等；后者主要包括合成纤维、塑料、合成橡胶、化肥、农药等工业。

② 家电行业通常把家电分为三类：白色家电、黑色家电和小家电。白色家电指可以替代人们进行家务劳动或改善生活质量的产品包括洗衣机、冰箱、空调、电暖器等；黑色家电是指可提供娱乐的产品，如 DVD 播放机、彩电、音响等。

示。去除强势转出产业所包含的集成电路、家用电冰箱 2 种产品，剩余 12 种产品主要表现为四大产业。一是能源产业，代表性产品为天然气和发电量，转移强度分别为 -6.70% 和 -5.78%。二是装备制造业，代表性产品如拖拉机和机床，转移强度为 -9.83% 和 -3.77%。三是农用化工产业，代表性产品如农用化肥和农药，转移强度为 -6.44% 和 -3.59%。四是食品产业，代表性产品如啤酒和成品糖，转移强度分别为 -5.59% 和 -4.24%。

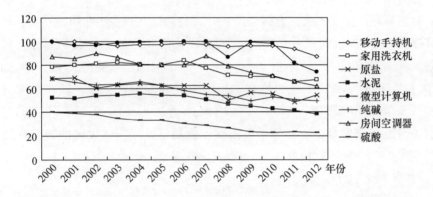

图 4-1　8 种由东部转出强度大于 10% 的产品产量全国占比变化趋势

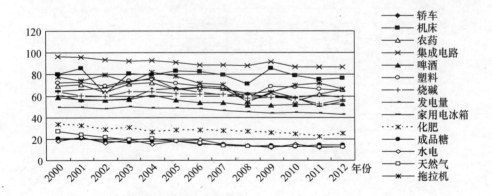

图 4-2　14 种从东部转出强度小于 10% 的产品产量全国占比变化趋势

3. 纺织工业、汽车工业及黑色家电产业向东部强势转入

根据对各种产品产业转移强度计算可以发现，13 年来，有三大产业向东部地区强势转入，转移强度均在 15% 以上，如图 4-3 所示。一是以

布和纱为代表产品的纺织产业，转移强度分别为 65.32% 和 14.84%，产量占比增幅达到 81.54% 和 21.75%。二是汽车产业，转移强度为 19.85%，产量占比增幅达到 39.06%。三是以彩色电视机为代表的黑色家电产业，转移强度为 15.76%，产量占比增幅达到 18.51%。特别是布的产量 13 年来产量全国占比增长近乎 1 倍，高达 80.11%，居 36 种产品之首。

4. 部分有机化工产业、钢铁产业及玻璃、焦炭、造纸等工业向东部明显转入

东部地区除了三大产业强势转入外，另外还有一些产业明显转入，转移强度大于 5%。如图 4-3 所示。一是以化纤和乙烯为代表的部分有机化工产业，转移强度分别为 9.30% 和 6.54%，产量占比增幅达到 10.12% 和 8.54%。二是以生铁、粗钢为代表的钢铁工业，转移强度分别为 5.78% 和 3.97%，产量占比增幅达到 9.53% 和 6.37%。三是玻璃、造纸、焦炭等工业，如平板玻璃、机制纸及纸板、焦炭的转移强度分别为 9.80%、8.14% 和 8.07%，产量占比增幅达到 14.96%、11.20% 和 21.87%。

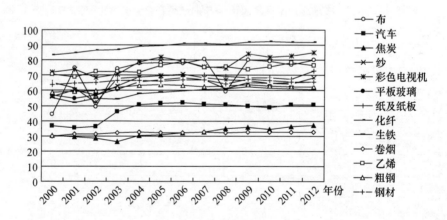

图 4-3　13 种向东部转入的产品产量全国占比变化趋势

四　对东部产业转移规律的解释

(一)　对东部产业转出规律的解释

1. 基于原材料约束转出

东部地区有一部分工业转出是受制于东部原材料供应的约束。典型的

有无机化工、能源、食品等产业。如无机化工产业，该产业是以天然资源和工业副产物为原料生产硫酸、硝酸、盐酸、磷酸等无机酸、纯碱、烧碱、合成氨、化肥以及无机盐等化工产品的工业。无机化工产品主要原料是含硫、钠、磷、钾、钙等化学矿物和煤、石油、天然气以及空气、水等。而煤、石油、天然气这些资源恰是东部地区的劣势。根据 2013 年《中国统计年鉴》，东部地区石油、天然气、煤炭储备量只占全国的 29.65%、2.81% 和 7.61%。另外，以成品糖为代表的食品产业从东部转出，也归咎于原材料约束。制糖业是利用甘蔗或甜菜等农作物为原料，生产原糖和成品食糖及对食糖进行精加工的工业行业。而我国甘蔗糖的主产区集中在南方的广西、云南、广东湛江等地，甜菜糖主产区集中在北方的新疆、黑龙江、内蒙古等地。

2. 基于节能减排约束转出

迫于节能减排压力是东部地区产业转出的另一动力和原因。从国际产业转移规律看，发达国家往往优先将高污染、高能耗产业转移出去。如从 20 世纪 80 年代开始，美国、日本等国家的化工、电镀、冶金、制革、漂染等严重污染行业，相继转入到我国的珠三角和长三角地区。在我国同样存在这一规律，随着东部地区产业升级和北京、上海、广州等一线城市的污染治理，绝大多数高排放、高污染企业要么关闭，要么直接向经济不发达的中西部地区转移。典型的如农用化工、无机化工和水泥建材等高污染、高耗能产业。杨蓓蓓（2011）利用 2000—2008 年我国 30 个省（市、自治区）的面板数据对环境管制约束下我国污染产业空间转移问题进行了研究，结论也表明，在东部环境管制加强的情况下，由于中西部地区环境管制宽松，导致部分污染产业从东部转移到中西部。

3. 基于劳动力因素约束转出

东部地区劳动力短缺以及人力资源成本攀升也是促使一部分劳动密集型产业转出的原因。典型的如电子信息、白色家电、装备制造等产业。这些产业往往需要大量劳动力，但近年来，由于中西部发展加快，吸引民工返乡就业，导致"民工荒"的出现。国家统计局数据显示，从输入地来看，2009 年，在东部地区务工的外出农民工为 9076 万人，下降 8.9%，占全国外出农民工人数的 65%，比上年降低 8.5 个百分点。相比之下，尽管中西部所占总数比例低，但中部和西部增幅分别为 33.2% 和 35.8%，所占整体的比重，分别比上年提高 3.8% 和 4.8%。中国人力资源市场信息监测中心数据也显示，与 2012 年同期相比，2013 年第四季度东部城市求职人数减少 22.4 万人，降幅 9%，且求职人数减少的数量，大于职位减少数量。① 劳动力短缺也必然带来工资成本的上升，这些都会推动东部劳动密集型产业转出。

（二）对东部产业转入规律的解释

1. 基于产业集群优势转入

产业集群是东部地区最大的工业优势。我国产业集群主要分布在东部沿海地区，尤其是在浙江和广东两省，产业集群分布最为密集，特点也最鲜明，发展速度和水平也要高于其他地区的同类集群。产业集群实际上是把产业发展与区域经济，通过分工专业化与交易的便利性，有效地结合起来，从而形成一种高效的生产组织方式。我国劳动密集型产业的国际竞争力，主要来自东部地区的产业集群。东部地区正是由于具有这一优势，不仅对区内产业转移产生了"黏性"，而且还对一些区外产业形成了吸力。中西部一些产业就是基于这一优势转入东部地区的。如纺织产业、汽车产业等。以纺织产业为例，由于我国纺织产业集群主要集中在东部的江苏、浙江、福建、山东、广东五省，而不具集群优势的西部陕西、新疆等省份的纺织企业就会搬迁到这些地方或自行限产关停。

2. 基于消费市场优势转入

东部地区是我国最大的消费市场，这也是一些产业向东部转移的原因。根据 2013 年《中国统计年鉴》数据，2012 年，人口只有 55850 万，占全国总人口 41.44% 的东部地区，社会消费品零售总额达到 120013 亿元，占全国的 57.06%，人均社会消费品零售额远高于中西部地区。这一优势对于依赖当地社会消费同时可降低物流成本的工业产品会产生较大的吸引力，如汽车、家电等产业。以汽车产业为例，在"三线"建设时期，我国布局于东北长春的第一汽车制造厂和布局于中部湖北十堰的第二汽车制造厂，在改革开放后又纷纷在东部的天津、青岛、大连、无锡、广州等地建厂，就是基于东部地区巨大的市场购买力。

3. 基于地方政府作用转入

东部地区还有些产业的转入与东部一些地方政府意志有关。东部也有

---

① 参见《东部沿海"民工荒"升级》，《赢周刊》第 1937 期，http：//www. dooland. com/magazine/article_ 368010. html。

欠发达地区，这些地区的地方政府出于 GDP 增长、税收与就业的考量，往往会主动招商引资，引进一些大项目，如有机化工、钢铁产业大项目等。如媒体广为报道的广东湛江钢铁基地项目，该项目由宝钢湛江钢铁有限公司建设，总投资 696.8 亿元，形成年产 1000 万吨钢生产能力。该项目地方政府争取了 34 年终于获得国家发改委批复，市长喜极而亲吻批复文件。[①] 再如媒体报道的 2007 年厦门 PX 项目、2011 年大连福佳 PX 项目、2012 年宁波镇海炼化 120 万吨乙烯扩建工程和 2014 年 3 月底广东茂名 PX 项目，都是东部地方政府大力引资的结果。

五　结语

产业转移是优化生产力空间布局、形成合理产业分工体系的有效途径，是推进产业结构调整、加快经济发展方式转变的必然要求。前总理温家宝在《关于深入贯彻落实科学发展观的若干重大问题》中指出，"促进区域协调发展的一个重要方向，就是加快东部沿海产业向中西部的梯度转移，形成更加合理、有效的区域产业分工格局"。但通过本书研究表明，13 年来，东部地区产业转移有转出也有转入，总体上表现为产业转出，但不太明显。转出的多为丧失原材料优势的无机化工产业、丧失劳动力优势的电子信息产业、白色家电产业及迫于节能减排压力的水泥、化工等产业，转入的多为具有集群优势的纺织工业、汽车工业等，但也有政府主导的化工、冶金产业转入。从国家总体战略角度看，这些表现或规律并不完全符合国家产业转移指导意见，甚至有些与之相悖而行。鉴于此，建议从国家总体发展战略角度出发，对东部地区产业转移进行统筹管理。一要积极鼓励东部转出生产优势丧失型产业，通过"腾笼换鸟"实现产业升级，同时缩小东西部差距，促进全国经济协调均衡发展。二要合理引导东部节能减排约束型产业转移，要通过严格执法监管和大力发展循环经济，解决节能减排约束型产业出路，防止污染转移。三要从全国总体角度规划东部产业布局，促进产业科学、合理转移，同时改进对地方政府的考核机制，防止政绩观导向下的产业盲目转移，最终形成有效的国内区域产业分工格局。

---

① 参见《新浪财经》，《湛江钢铁项目获批市长发改委门外亲吻文件庆祝》，http：//finance. sina. com. cn/chanjing/b/20120528/124012161486. shtml。

第二节　西部地区工业产业转移规律及其引申

一　相关文献综述

对西部地区产业转移的研究，国内从 2005 年以后逐步趋热。主要研究成果集中于以下几个方面：一是对西部承接产业转移的意义、影响与效应的研究。如聂华林、赵超（2000）认为，西部承接产业转移对促进西部产业结构调整，推进西部大开发具有重要意义。万永坤（2011）研究认为，西部欠发达地区承接产业转移，一方面优化了产业结构，带动了地区经济快速增长；另一方面个别地区也出现了产业结构效益恶化的现象。关爱萍（2014）通过对西部地区省际面板数据的实证研究发现，国内区际产业转移存在技术溢出及吸收能力"门槛效应"。二是对西部地区承接产业转移条件与能力的研究。如董建蓉、李文生（2011）研究认为，西部地区的资源优势、政策优势和潜在的市场优势为东部产业向西部转移提供了有利的条件。另外，何龙斌（2010）对西部欠发达地区产业转移承接力进行了评价研究，罗哲（2012）对西部地区承接产业转移的能力进行了分析。三是对西部承接产业转移的模式、路径与对策的研究。如陈力勇（2009）研究认为，西部应大力促进内生型经济发展，重点实施以产业链为纽带的产业转移模式。庄晋财、吴碧波（2008）从产业链整合的角度研究了西部地区产业承接模式；成艾华（2011）从大力发展基础设施建设及制定相关配套政策等方面，提出西部地区承接产业转移的路径选择。四是从生态环保角度对西部承接产业转移进行的研究。如谢丽霜（2009）认为，产业转移与环境风险之间存在内在的关联机制，随着东部产业转移的持续进入，西部一些地区已经面临着环境恶化的现实压力。王询、张为杰（2011）还通过比较研究，认为污染密集型产业转移向西部转移趋势明显。五是从西部不同省份进行的实证研究。如黄钟仪（2009）以重庆为例，分析了重庆产业优势，在此基础上，提出了重庆继续承接东部产业转移的产业选择、承接模式等建议。除此之外，郑耀群（2012）、尹秀娟（2009）、罗钰等（2014）分别对陕西、青海、四川承接国内产业转移进行了实证研究。

综上可见，虽然国内外关于产业转移和西部产业转移的成果十分丰硕，但仍存在一些不足和缺憾。从研究方法上，现有文献多采用定性研究，定量研究方法较少。从研究内容上，现有文献对西部地区产业转移更多关注承接条件、影响与对策，而缺少对西部产业转移规律的深度探究。特别是利用工业产品产量面板数据这种定量方法客观揭示西部地区产业转移的行业规律、地域规律以及成因，目前这一方面的成果几乎没有。

二　研究方法与说明

与前文相同，本章的基本思路是通过对国家统计局公布的2000—2012年西部各省（市、区）36种（类）工业产品产量面板数据，计算出西部地区主要工业品的产量占全国的比重、各省主要产品产量占西部的比重以及13年来的变化趋势，据此分析西部工业产业转移的规律，最后得出一些有益结论和启示。其中主要计算公式如下：

（一）产量占比增长幅度

$$M = \frac{A_n - A_0}{A_0} \times 100\% \,, \quad A_0 = \frac{P_{u0}}{P_{to}} \qquad A_n = \frac{P_{wn}}{P_{tn}}$$

其中，A_0 为西部某工业品产量期初（本书期初为 2000 年）全国占比，A_n 为期末（本书期末为 2012 年）全国占比。P_{u0} 为西部某工业品期初产量，P_{to} 为全国某工业品期初产量；P_{wn} 为西部某工业品期末产量，P_{tn} 为全国某工业品期末产量。

（二）产业转移强度

$$W = A_n \times M = \frac{P_{wn}}{P_{tn}} \times \frac{A_n - A_0}{A_0} \times 100\%$$

显然，W 为正值时意味产业转入，为负值时意味着产业转出。这一指标既考虑到产业转移强度与产品产量全国占比变化正相关，也考虑到与末期的产量占比正相关。本书同时定义，W 的绝对值大于 15% 为强势转移，介于 5%—15% 为明显转移，介于 1%—5% 为微弱转移。

需要说明的是，这种研究方法暗含以下基本假设，一是我国产业只在国内转移，没有发生向国外转移；二是国外向国内各地区产业转移是均衡的；三是各产品的全国产量没有下降。显然，这些假设并不完全成立，但作为一种简化的研究方法，其研究结论仍有较强的现实意义。

文中对西部地区的界定按照 2013 年《中国统计年鉴》的划分方法，包括内蒙古、广西、重庆、四川、贵州、云南、西藏、陕西、甘肃、青海、宁夏和新疆 12 省（区、市）。2000 年面积占全国国土总面积的

71.05%，人口占全国总人口的 28.28%，区内国内生产总值占全国国内生产总值的 17.51%；2012 年人口占全国总人口的 27.03%，区内国内生产总值占全国国内生产总值的 19.76%。文中 36 种工业品包括移动手持机、微型计算机、石油、汽车和纱等（见表 4 - 2），它们是国家统计年鉴中的分省（市、自治区）公布的全部主要工业产品，基本涵盖了我国主要工业领域。

三 西部工业产业转移规律

（一）西部地区工业产业发展的总体特征

如表 4 - 2 所示，根据对西部 36 种产品自 2000 年、2012 年产量在全国的占比变化来看，呈现以下特点。

表 4 - 2　　2000 年、2012 年西部主要工业品产量全国占比及变化幅度　　单位:%

序号	产品	2000 年	2012 年	变化幅度	序号	产品	2000 年	2012 年	变化幅度
1	移动手持机	0.17	1.79	952.94	19	家用洗衣机	5.45	7.13	30.83
2	微型计算机	3.35	24.13	620.30	20	化肥	32.2	37.75	17.24
3	拖拉机	0.98	3.65	272.45	21	机床	11.61	13.54	16.62
4	集成电路	3.71	12.96	249.33	22	水电	53.83	59.67	10.85
5	塑料	8.44	22.22	163.27	23	成品糖	75.87	82.65	8.94
6	房间空调器	3.36	6.88	104.76	24	汽车	22.37	24.3	8.63
7	焦炭	14.41	27.99	94.24	25	卷烟	36.67	36.47	-0.55
8	轿车	8.98	16.72	86.19	26	化纤	3.42	3.39	-0.88
9	乙烯	7.01	12.9	84.02	27	平板玻璃	13.36	12.93	-3.22
10	烧碱	14.78	25.03	69.35	28	生铁	15.84	15.22	-3.91
11	原油	19.02	31.31	64.62	29	钢材	14.69	13.73	-6.54
12	硫酸	29.64	47.98	61.88	30	粗钢	16.35	14.22	-13.03
13	纯碱	17.75	27.58	55.38	31	化学农药	10.66	8.64	-18.95
14	水泥	20.69	31.11	50.36	32	家用电冰箱	6.7	5.34	-20.30
15	天然气	57.57	81.64	41.81	33	纸及纸板	11.01	8.67	-21.25
16	原盐	18.18	25.6	40.81	34	彩色电视机	19.4	11.1	-42.78
17	啤酒	13.99	19.64	40.39	35	布	7.67	4.25	-44.59
18	发电量	22.75	31.65	39.12	36	纱	13.02	6.54	-49.77

资料来源：根据 2001—2013 年《中国统计年鉴》计算整理。按占比变化幅度由大到小排序。

一是大多数产品产量在全国的占比呈上升趋势。计算表明，在统计的36 种产品中，西部有 24 种产品产量在全国的占比上升，只有 12 种产品下降。其中有 6 种产品产量占全国比重增长幅度超过 100%，有 8 种产品增长幅度超过 50%（小于 100%），5 种产品增长幅度超过 30%（小于50%），36 种工业产品产量全国占比平均增长幅度达到 82.18%。这充分表明，西部地区在 2000 年以后工业发展迅速，成效显著。二是相当一部分产品产量在全国的占比已经超过西部 GDP 在全国的占比。计算显示，2000 年西部地区只有 11 中产品产量在全国的占比超过西部 GDP 在全国的占比 17.51%，但到 2012 年有 16 种产品占比超过 2012 年西部GDP 在全国的占比 19.76%，其中有 9 种产品产量在全国的占比超过30%，有 3 种超过 50%，2 种超过 80%。这充分表明，西部地区已经在很多工业产业上形成了产业集聚的优势。① 三是有部分产品产量在全国的占比波动较大。计算表明，西部大多数产品产量在全国的占比变化趋势是稳定上升和下降的，但也有电子、家电、汽车等产品的变化趋势存在较大波动，这也表明西部地区有一些产业的发展仍存在一定的不稳定因素。

（二）西部地区工业产业转移的行业规律

1. 能源、化工、建材及电子信息产业向西部强势转入

根据对各种产品产业转移强度的计算，可以发现 13 年来有四大产业向西部地区强势转入，转移强度均在 15% 以上，如图 4 - 4 所示。一是以天然气、焦炭、原油为代表产品的矿物能源产业，转移强度分别为34.13%、26.38% 和 20.23%。二是以塑料、硫酸、烧碱和纯碱为代表性产品的化工产业，转移强度分别为 36.28%、29.69%、17.36% 和15.27%。三是以水泥为代表的建材产业，转移强度为 15.67%。四是以微型计算机、集成电路和移动手持机为代表性产品的电子信息产业，转移强度分别为 149.68%、32.31% 和 17.06%。特别是微型计算机的产量从2011 年开始出现井喷式快速增长。

---

① 产业集群的程度通常用区位商指标来衡量，区位商指标是指某一地区某一产业的产值在这个地区全部产业产值的百分比与整个国家范围内这一产业的产值在整个国家全部产业产值的百分比之比。大于 1 说明这个产业是研究区域的专业化部门。值越大，说明这个产业在研究区域中专门化程度即产业集群程度越高。本书以东部工业产品产量全国占比与东部 GDP 的全国占比相比较，与区位商的计算结果异曲同工。

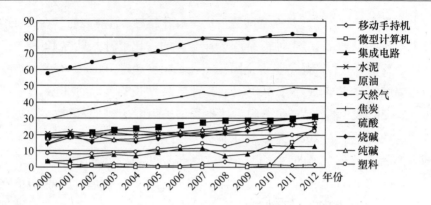

图 4 - 4　向西部强势转入的产业产品产量全国占比变化趋势

2. 轿车、电力及部分食品和家电产业向西部明显转入

计算表明，13 年来，36 种主要工业产品中，西部有 10 种产品的转移强度大于 5%，表现为明显转入，如图 4 - 5 所示。这 10 种产品部分中，有三种属于化工产业，分别为原盐、乙烯和化肥，由于代表化工产业的四种产品已经划为强势转入产业，不再将其划入明显转入产业之列。其余 7 种产品主要表现为四大产业：一是轿车产业，转入强度为 14.41%。二是电力产业，代表性指标为发电量，转入强度 12.38%。三是部分食品产业，代表性产品为啤酒和成品糖，转移强度为 7.93% 和 7.39%。四是部分家电产业，如房间空调器，转移强度为 7.21%。

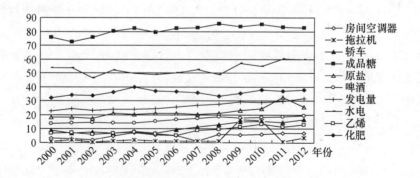

图 4 -5　向西部明显转入的产业产品产量全国占比变化趋势

3. 纺织、钢铁和部分家电和造纸产业从西部微弱转出

计算还发现，13 年来，36 种主要工业产品中，西部有 9 种产品转出，但转移强度小于 5%，大于 1%，属微弱转出。如图 4-6 所示。主要表现为四大产业：一是纺织产业，代表性产品为纱和布，转移强度分别为 -3.25% 和 -1.90%。二是钢铁产业，代表性产品如粗钢，转移强度为 -1.85%。三是部分家电产品，代表性产品如彩色电视机和家用冰箱，转移强度为 -4.75% 和 -1.08%。四是造纸产业，如纸和纸板的转移强度为 -1.84%。

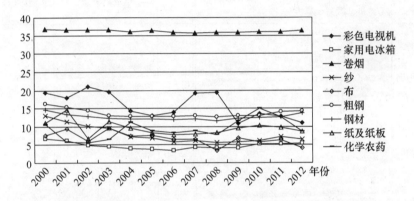

图 4-6　从西部微弱转出的产业产品产量全国占比变化趋势

（三）西部地区工业产业转移的地域规律

在以上揭示的西部地区产业转移行业规律的基础上，再分省（市、区）研究各产品的产量在西部地区的占比变化，就会进一步发现西部地区 13 年来工业产业转移的地域规律。如表 4-3 所示，其规律具有以下特点：一是石油、天然气等能源产业主要向陕西、新疆、四川转入。二是以家用电冰箱、房间空调器、微型计算机和移动手持机为代表的部分家电、电子产业主要向重庆、四川转入，但甘肃的集成电路产业也转入明显。三是汽车（含轿车）产业主要向重庆、广西、陕西转移。四是化工、建材产业除西藏外均有转入。五是以成品糖、啤酒为代表的部分食品产业主要向广西、云南转入。六是以彩色电视机和家用电冰箱为代表的家电产业从陕西转出明显，以布和纱为代表的纺织产业从新疆转出明显。

表 4 - 3   2000—2012 年西部不同省市区明显流入流出工业产业（产品）

省市区	明显流入产业	流出产业	省市区	明显流入产业	流出产业
内蒙古	焦炭、烧碱、农药、塑料、粗钢、发电量	纸及纸板、平板玻璃	西藏	啤酒、发电量	
广西	成品糖、啤酒、生铁、汽车	化纤	陕西	原油、天然气、焦炭、玻璃、机床、汽车、轿车	彩色电视机、家用冰箱、布
重庆	汽车、轿车、家用电冰箱、房间空调器、家用洗衣机、移动手持机、微型计算机	农药、天然气	甘肃	乙烯、塑料、集成电路、原盐、硫酸	玻璃、化纤、纱、纸及纸板
四川	天然气、啤酒、焦炭、硫酸、烧碱、化纤、玻璃、房间空调器、家用洗衣机、移动手持机、微型计算机、集成电路、彩色电视机	成品糖	青海	纯碱、化肥、原盐、焦炭	原油
贵州	卷烟、硫酸、化肥、家用电冰箱	布、天然气	宁夏	塑料	原油
云南	成品糖、卷烟、硫酸、化肥、生铁、粗钢、机床	天然气、纱、布	新疆	原油、天然气、烧碱、乙烯、塑料、化纤、生铁	纱、纸及纸板

注：几乎各省均有水泥产品的转入。西藏工业产品统计种类很少。

四 对西部产业转移规律的解释

（一）资源禀赋是西部吸引能源、化工等产业的主要因素

2012 年，西部地区的天然气、原油、焦炭产量在全国占比分别为 81.64%、31.31% 和 27.99%，远超过其 GDP 的全国占比，其占比增长幅度分别为 41.81%、64.62% 和 94.24%，表现为向西部的强势转入，而化工产业与矿物能源产业紧密相关。据统计，世界化工产品中有 85% 是有机化工产品，原料绝大部分来自化石燃料，发达国家的有机化工产品中，以石油、天然气为来源的产品占 90%。因此伴随矿物能源产业的强势转入，化工产业也表现向西部强势转入，这与西部地区的资源禀赋有直接关系。根据 2013 年《中国统计年鉴》数据，2012 年已探明西部地区天然气储备量为 37134.39 亿立方米，占全国总储量的 91.56%，其中储量最大

的四个省份是四川 9351.09 亿立方米，新疆 9324.37 亿立方米，内蒙古 8344.30 亿立方米，陕西 6376.26 亿立方米；已探明西部地区石油储备量为 125477.45 万吨，西部储量占全国总储量的 43.99%，其中储量最大的三个省（市、区）是新疆 56464.74 万吨，陕西 31397.94 万吨，甘肃 19184.32 万吨；已探明西部地区煤炭储备量为 950.57 亿吨，西部储量占全国总储量的 41.35%，其中储量最大的三个省（市、区）是内蒙古 401.66 亿吨，新疆 152.47 亿吨，陕西 108.99 亿吨。可见，资源禀赋是西部吸引能源、化工等产业的主要因素。

（二）政府作用是西部吸引电子信息、汽车等产业的重要因素

电子、汽车、电器等技术密集型产业向来被认为是发达地区的优势产业而与西部无缘（或至少现在无缘）。但本书研究发现，以微型计算机和移动手持机为代表的电子信息产业和以轿车为代表的汽车产业以及以部分家电产业也在向西部转移。特别是电子信息产业向西部川渝地区强势转入，值得关注。截至 2012 年，西部的微型计算机产量全国占比达到 24.13%，与 2000 年相比占比增长 620.3%；移动手持机和集成电路的产量占比增长幅度高达 952.94% 和 249.33%。细究这一现象，与当地政府的推动作用密不可分。以四川省的电子信息产业为例，早在 2000 年，四川省政府就大胆做出了关于加快电子信息产业发展的决定，将其列为四川的"一号工程"。2007 年年底又被作为先导性产业，赋予其经济增长"倍增器"的历史使命。不仅出台了《四川省电子信息产业调整和振兴行动计划（2009—2011 年）》、《四川省"十二五"战略性新兴产业发展规划》等文件和财政优先发展政策，2011 年以来还专门设立财政专项资金支持发展。正是由于政府的高度重视和大力推动，2001—2012 年 10 余年间，成都电子信息产业主营业务收入从 180.4 亿元增长到 3777 亿元，增长 20 倍。全球 20% 的电脑、50% 的笔记本电脑芯片、70% 的苹果平板电脑在成都生产，初步形成了软件与信息服务、集成电路、数字视听、网络与通信、军工电子、新型平板显示器等关键元器件，以及太阳能光伏、电子装备八大产业集群。[①]

（三）"污染避难"是西部吸引化工、建材、能源等产业的影响因素

西部 12 个省（市区），除西藏、重庆外，每个省（市、区）都有以

---

① 参见缪琴、王鑫参《成都跻身中国 IT 产业第四极》，《四川日报》2013 年 5 月 26 日。

化工和以水泥为主的建材产业转入，而且这些产业 13 年来的产量全国占比增长幅度均在 50% 以上。本书认为，除与资源禀赋和西部大开发以来基础建设大发展有关外，一个重要影响因素是存在国内产业转移的"污染避难"效应。"污染避难所假说"认为，随着外国直接投资规模的不断加大，出于对经济收入和政治的考虑，丰裕的环境资源常常诱导发展中国家放松环境管制，使污染密集型产业不断从发达国家向发展中国家转移，发展中国家成为世界污染及污染密集型产业的"避难所"。笔者的前期研究成果也表明，西部地区已经成为污染密集型产业的净转入区。转入了化学原料及化学制品制造业、电力、热力的生产和供应业、石油加工、炼焦业等污染密集型产业。[①] 这与西部地方政府为政绩片面追求 GDP 增长，在承接发达地区产业转移时对环保缺乏必要的限制有一定关系。这一结论也得到其他学者的支持和印证。汪晓文等（2009）对甘肃地区的考察证明，外商投资企业的产值每增加 1 亿元，会使甘肃污染密集型产业增加0.0083 万吨固体废弃物。外商投资企业与甘肃引资地"三废"排放的密切关系，印证了"污染避难所假说"。魏玮、毕超（2011）采用 2004—2008 年转移产业中新建企业的面板数据，借助反映企业区位决策的 Poisson 模型，也证实了产业转入与承接地环保规制力度有很大关系，中国区际产业转移中确实存在污染避难所效应。因此，再考虑西部地区的环境规制力度普遍低于东部地区，可以认为，东部污染排放强度较高的产业为了减少甚至免去减排费用，就会考虑转移到西部，使西部地区成为东部污染产业的"避难所"。

（四）无产业集群是西部流失纺织、家电等产业的关键因素

13 年来，从西部转出的产业主要有纺织、家电等产业，如以纱、布为代表的纺织产业，产量全国占比下降幅度分别为 - 49.77%和 -44.59%，以彩色电视机、家用电冰箱为代表的家电产业，产量全国占比下降幅度分别为 -42.78% 和 - 20.30%。尽管转出的产品种类较少、转移强度较弱，但对这种转移趋势必须高度重视。本书认为，这些产业的

---

① 污染密集型产业的定义尚未统一，根据国务院《第一次全国污染源普查方案》，我国第二产业中有 11 个重污染行业，分别是造纸及纸制品业、农副食品加工业、化学原料及化学制品制造业、纺织业、黑色金属冶炼及压延加工业、食品制造业，电力及热力的生产和供应业、皮革毛皮羽毛（绒）及其制品业，石油加工、炼焦及核燃料加工业，非金属矿物制品业、有色金属冶炼及压延加工业，本书定义参考这一文件。

转出与西部地区在 20 世纪末失去或一直未形成产业集群优势有直接关系。因为产业集群可以使企业充分享受规模经济及外部效应带来的优势，有利于降低经营成本、提高经济效益，对于纺织产业更是如此。2002 年年末，我国纺织企业共有 23600 家，其中亏损企业为 4652 家，亏损面为 19.71%，在纺织企业比较集中的省份，纺织企业的亏损面低于全国平均水平，而纺织企业比较少的省份亏损面较高，其中浙江、江苏、山东纺织企业较多，分别为 5818 家、4567 家和 1871 家，亏损面为 11.1%、18.84% 和 15.23%，而新疆只有 105 家，亏损面达到 54.29%。产业集群的发展程度通常用区位商指标来衡量。刘金钵（2004）研究表明，纺织业在浙江省的区位商值最高（2.79），其次为江苏（2.28），广东、山东、上海等省市的区位商值接近于 1，西部地区均在 1 以下。可见，西部地区在纺织产业上毫无产业集群优势，这正是西部流失纺织、家电等产业的关键因素。

五 对西部承接产业转移的思考与启示

（一）西部承接产业转移必须重视生态环境

本书的研究及笔者以前的研究均认为，西部地区强势转入并且 2012 年产量全国占比较高的基本都是能源、化工、建材等污染密集型产业。对此现象必须引起各级政府的高度重视。西部地区是我国大江大河的主要发源地，是森林、草原、湿地和湖泊等集中分布区，是国家生态安全屏障，生态地位极为重要。但从环境敏感区域来看，西部生态环境十分脆弱，稍加扰动就可能发生剧烈影响，而且不可逆转，比如已经出现的局部荒漠化、水源地污染问题等。按照国家"十一五"规划纲要，西部大部分地区都属于限制和禁止开发区。"十一五"规划纲要列出了 22 个限制开发区和 1164 个禁止开发区，其中有 17 个限制开发区和大多数禁止开发区位于西部地区。按照国家主体功能区规划，西部地区国家层面的重点生态功能区就有 20 个，占全国的 80%。因此，对于向西部地区进行污染密集型产业转移必须从国家层面予以高度重视。一是要从国家战略高度认识西部地区生态环境的重要性，应通过立法，杜绝污染密集型产业向西部地区盲目转移。二是要深刻认识发展循环经济的必要性，对于基于西部资源禀赋的产业转移必须在考虑环境承载力的基础上走循环经济之路，通过发展循环经济产业园区承接产业转移。

（二）西部承接产业转移必须发展产业集群

按照国务院《关于中西部地区承接产业转移的指导意见》（2010 年）和商务部《关于支持中西部地区承接加工贸易梯度转移工作的意见》（2007 年），西部要"承接、改造和发展纺织、服装、玩具、家电等劳动密集型产业，充分发挥其吸纳就业的作用"。本书研究表明，由于没有产业集群优势，西部地区不但基本没有吸引到这些产业，反倒流失了这些产业。可见，产业集群对西部承接产业有着至关重要的影响。哈佛大学教授波特认为，国家或地区竞争优势来源于优势产业，而优势产业的竞争优势源于产业集群。其原因：一是产业集群能够使集群企业降低交易成本，进一步提高其生产率。二是产业集群能够提高集群内企业的持续创新能力，推动企业技术进步。三是集群能够降低企业进入的风险，促进企业的产生与发展。可以说，产业集群发展状况已经成为考察一个经济体或某个地区发展水平的重要指标。因此，西部承接产业转移必须培育产业集群。首先要高度重视产业集群战略，认真规划集群产业。既要对西部地区的优势特色产业进行规划，还要对一些具有就业拉动效应的劳动密集型产业提前进行集群规划。其次要制定产业集群发展政策，稳步实施集群创导计划。通过集群企业、政府和（或）研究机构积极参与，在政策的引导和外部力量的共同作用下，促进产业集群早日形成。

（三）西部完全可以反梯度承接产业转移

梯度转移理论认为，国家与国家、地区与地区之间存在产业发展水平、技术先进程度或要素禀赋结构等方面的梯度差异，产业会遵循先在高梯度地区发展、再逐次转移到低梯度和更低梯度地区去的内在规律。相对全国而言，西部是落后地区，也是产业转移中的低梯度地区。按照这一规律，我国的产业转移应该按照"东部→东北或中部→西部"这样一个单向转移方向进行转移，而且转移技术遵循"传统技术—中间技术—先进技术"这样一个技术梯度。但本书研究发现，从技术梯度上，西部地区承接产业转移并不完全遵循这一规律，一些先进技术反倒在西部先开花结果。因此，西部完全可以反梯度承接产业转移。比如，西部四川的电子信息产业、甘肃的微电子（集成电路）产业、重庆的汽车（摩托车）产业等，均表现出反梯度承接产业转移的特点。反梯度推进理论作为欠发达地区实现跨越式发展，缩小与发达地区差距的理论，已在不少国家或地区获得成功。如美国的犹他州本是个欠发达地区，但依靠开发计算机应用等产业开始步入快速发展行列，印度加尔各答等市也是依靠软件开发等高新产业而成为"亚洲硅谷"。我国西部地区对电子信息产业的反梯度承接无疑进一步验证了这一理论的可行性，这为我国西部其他地区反梯度承接产业转移提供了理论依据和案例示范。

第三节 本章小结

本章旨在通过对 2000—2012 年 13 年来我国东部、西部各省（市、区）主要工业产品产量面板数据研究，揭示了东部、西部地区工业产业转移的一些基本规律，为西部承接国内东部产业转移提供有益启示。

第一部分通过对 2000—2012 年我国东部 11 省（市）主要工业产品产量面板数据的研究，揭示了东部地区工业产业转移的基本规律。研究表明，电子信息产业、无机化工产业、白色家电产业及水泥工业由东部强势转出，能源产业等从东部明显转出；纺织工业、汽车工业及黑色家电产业向东部强势转入，部分有机化工产业等向东部明显转入。产业转出的原因在于东部出现原材料约束、节能减排约束和人力因素约束，转入的原因在于东部具有产业集群优势、消费市场优势以及地方政府作用。最后从国家总体发展战略角度提出一些建议。第二部分通过对 2000—2012 年我国西部 12 省（市、区）主要工业产品产量面板数据的研究，揭示了西部地区工业产业转移的基本规律。从行业上看，能源、化工、建材及电子信息产业向西部强势转入，轿车、电力及部分食品和家电产业向西部明显转入，纺织、钢铁和部分家电和造纸产业从西部微弱转出。而且表现出一定的地域规律。产业转入的原因在于西部的资源禀赋、政府作用和区外的"污染避难"，转出的原因在于缺少产业集群优势。建议西部承接产业转移时要重视生态环境和产业集群，同时可以考虑反梯度承接产业转移。

结合东西部地区产业转移的实证规律可以发现，东部产业转移很大程度是一种被动转移，由于东部地区具有产业集群和消费市场等优势，甚至会吸引区外产业转入。而西部产业转移也有入有出，西部承接产业转移的最大的短板是产业集群，最大的制约是生态环境，最大的优势是自然资源禀赋，最大的变数是政府作用。这为本书后续章节的对策提供了依据。

第五章 西部地区承接产业转移的
生态环境效应

　　产业转移是经济发展到一定阶段的必然产物，是一个国家经济产业结构调整的必然要求。当前，随着国际产业转移速度加快，国内产业转移也进入一个新的阶段。但是，国外历次的产业转移实践证明，凡是能耗大、污染重的产业，都是国家和地区急于转移的重点。沃尔特和尤格洛（Walter and Ugelow，1979）提出了著名的"污染避难所假说"（Pollution Haven Hypothesis）也认为，由于发展中国家的环境管理能力和环境标准都显著地低于发达国家，在资源配置全球化大背景下，发达国家的一些污染产业有可能转移到发展中国家。这种现象（假说）在我国国内产业转移中是否也存在以及如何转移，一直是国内学者关注的重点，特别是在中央提出建设资源节约、环境友好型社会的今天，更是研究的热点问题。本章首先分析西部地区承接产业转移的生态效应，并通过对2000—2011年国内污染密集型产业相关工业产品产量面板数据的研究，揭示国内东部、中部、西部研究及东北四大区域污染密集型产业的转移路径，对西部地区承接产业转移的生态效应进行实证。

第一节　西部地区承接产业转移的
生态环境效应分析

　　市场经济的发展规律表明，产业梯度转移是有一定方向和规律的。一般来说，经济相对发达的国家或者地区总是向经济欠发达的国家或者地区进行单向产业转移。在产业转移的初期，多是以能耗高以及污染高的产业或者劳动密集型产业的转移为主体。如果产业承接地选择的产业项目不正确或者对资源过度开发和利用，即使在短期内会提高经济总量，但长期来说将会影响产业承接地资源的高效开发和可持续发展，从而对当地生态环境产生一系列问题。产业转移对生态环境质量有三方面影响，即产业转移的规模效应、产业转移的结构效应以及产业转移的技术效应，并且产业转移通过上述三种效应来综合影响产业承接地的生态环境质量。①

一　西部承接产业转移对生态环境的规模效应

规模效应指的是由外部投资规模的扩大可以间接改善环境质量以及外部投资规模增长间接损害环境质量两部分构成。改善当地生态环境来源于产业转移可以增加当地的人均收入，当某一地区的人均收入水平提高的时候，当地公众就会随之提高对环境的质量要求，他们比较愿意购买那些有利于环境保护的产品，此种需要使当地政府极有可能制定比较高的环境标准，从而解决当地产生的相关环境问题。在这种情况下，规模效应能够促进环境保护。而间接损害环境源于产业转移使得当地环境的外部性扩大了，规模越大则生产的污染排放量也越大。如此一来，在既定生产技术情况下，如果产出的增加需要投入的增加，更多的自然与能源资源将被消耗掉，导致副产品更多的是大量排放的污染物。因此生产的污染物在绝对量上的增多一定会负面影响当地的生态环境质量。因此，产业转移对地区的生态环境规模效应是复杂的，在不同阶段，对一个国家或者地区在经济发展过程中产生的效应是不同的。著名的环境库兹涅茨曲线，即很好地解释了这一现象。

1991 年，美国经济学家格罗斯曼和克鲁格针对北美自由贸易区谈判中，美国人担心自由贸易恶化墨西哥环境并影响美国本土环境，首次实证研究了环境质量与人均收入之间的关系，指出了污染与人均收入间的关系为"污染在低收入水平上随人均 GDP 增加而上升，高收入水平上随 GDP 增长而下降"。② 1992 年世界银行的《世界发展报告》以"发展与环境"为主题，扩大了环境质量与收入关系研究的影响。1996 年 Panayotou 借用 1955 年库兹涅茨界定的人均收入与收入不均等之间的倒 U 形曲线，首次将这种环境质量与人均收入间的关系称为环境库兹涅茨曲线（EKC）。如图 5 - 1 所示。

---

① 元振海：《甘肃省承接产业转移的生态环境效应评价》，硕士学位论文，兰州大学，2010年，第 12 页。

② G. Grossman and A. Krueger, *Environmental Impacts of a North American Free Trade Agreement*, NBER Working Paper Series, Cambridge University Press, 1991.

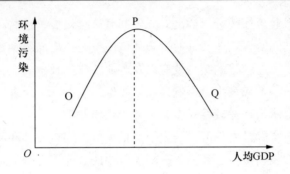

图 5 - 1　环境库兹涅茨曲线

环境库兹涅茨曲线图的纵轴是以人均污染物排放量作为环境污染指标，横轴是以人均收入作为经济规模指标。分析此图可知，随着社会经济的发展，人均收入逐渐增长，污染水平的特征是先增后减，图中的 P 是污染水平的转折点。研究表明，经济比较发达的国家的 P 点是 5000 美元到 10000 美元左右（有人通过实证研究，发现欧美等发达国家在人均 GDP 8000—10000 美元发展阶段，环境状况开始好转；而韩国等新兴工业化国家利用后发优势，在人均 GDP 5000—7000 美元的阶段，环境质量提前出现好转）[1]，即如果人均 GDP 小于 5000 美元这一区间时，经济规模的扩大将增加"三废"等污染物质的排放，进而会恶化当地的生态环境质量；而当人均 GDP 越过 P 点的时候，人们就注重保护环境，进而投入较多的资金来保护环境，因而能够在一定程度上缓解环境的污染程度，并改善当地的生态环境质量。

近年来，随着文献数量的增加，研究者开始意识到 EKC 在不同污染物之间存在异质性，并对 EKC 按照污染物种类命名，其中包括二氧化碳环境库兹涅茨曲线（CO_2 Environmental Kuznets Curve，CKC）。从省际面板数据来看，尽管研究的时间范围略有不同，但多数研究都支持在全国层面上存在倒 U 形的 CKC 关系。[2] 分析西部地区的经济发展水平，2011 年西部地区人均 GDP 如表 5 - 1 所示，各省（市、自治区）平均只有 4422

---

① 曲格平：《从"环境库兹涅茨曲线"说起——北京大学"中国青年环保大会"上的讲话》，《环境教育》2006 年第 10 期。

② 邓晓兰等：《碳排放与经济发展服从倒 U 形曲线关系吗——对环境库兹涅茨曲线假说的重新解读》，《财贸经济》2014 年第 2 期。

美元，最高位内蒙古，人均 GDP 8773 美元，最低为贵州，只有 2495 美元。可见，西部大多数地区仍处于曲线的 OP 阶段，所以如果西部地区进一步承接产业转移，扩大招商引资规模，则极有可能负面影响该地区的生态环境质量。

表 5 – 1　　　　　　　　　2011 年西部地区人均 GDP

省 （市、区）	GDP （亿元）	常住 人口 （万人）	人均 GDP （元）	人均 GDP （美元）	省 （市、区）	GDP （亿元）	常住 人口 （万人）	人均 GDP （元）	人均 GDP （美元）
内蒙古	14000	242471	56666	8773	四川	21026	8042	26147	4048
重庆	10011	2885	34705	5373	广西	11714	4603	25449	3945
陕西	12391	3733	33197	5140	西藏	605	300	20152	3120
宁夏	2060	630	32692	5062	甘肃	5020	2558	19628	3009
新疆	6600	2181	30257	4685	云南	8750	4597	19038	2952
青海	1622	563	28827	4463	贵州	5600	3475	16117	2495

资料来源：根据国家统计局网站、各地统计局网站及各省区市 2012 年政府工作报告综合整理。

二　西部承接产业转移对生态环境的结构效应

结构效应指的是产业转移会影响承接地产业分布结构在某种程度上的改变，从而影响当地的生态环境质量。假定当地生产规模确定，如果产业承接地的环境管制比较严厉，则会降低污染型产业的比重，结构效应将会正面影响环境质量；如果考虑污染型产业有转移到环境管制相对宽松的欠发达国家或地区的可能，则会增加产业承接地污染型产业的比重。此时，结构效应将负面地影响当地的生态环境质量。通常产业转移会引起转入地工业比重的提高，引起转出地工业比重的下降，并间接影响农业和服务业的比重变化，最终使生态环境受到影响。产业结构变化指的是在一国经济的各产业间以及产业结构之内量的比例关系形成的变化，通常以各行业的产值比例或者是各行业的增加值占国内生产总值的比例来说明。分析产业结构变化，很多国家的工业化过程展现的都是非农产业的高速发展、在一国经济中的比重越来越重要的过程。在这些产业发展过程中，第二产业的发展不同于第一、第三产业的发展，该产业对资源利用的特点表现在，第二产业有相当比重是资源加工型产业，扩大第二产业的规模就意味着需要更多的资源，并且增加污染物的排放量。第三产业是服务生活与生产的产业，在服务的时候它与大自然是间接关系。

而第一产业以利用自然力为主，生产不必经过深度加工就可消费的产品或工业原料的部门，如农业、林业、渔业、畜牧业和采集业，该产业对生态环境的影响也较小。所以第二产业对自然资源的利用与生态环境的影响远远大于第一、第三产业。也即当一国或地区发展经济时，农业和服务业产生较少的污染，而工业行业则成为污染的重要来源。表 5 - 2、图 5 - 2 为西部地区 1997—2012 年第一、第二、第三产业占比变化情况，从图表上看，西部地区 1997—2012 年，第一产业占 GDP 比重处于明显下降趋势，而第二产业处于明显上升趋势，第三产业处于缓慢上升趋势。由此可见，西部地区存在产业结构变化带来的负面生态环境效应趋势。

表 5 - 2　1997—2012 年西部地区第一、第二、第三产业 GDP 占比变化　单位：%

年份	第一产业	第二产业	第三产业	年份	第一产业	第二产业	第三产业
1997	26.7	41.1	32.3	2005	17.7	42.8	39.5
1998	25.4	41.0	33.5	2006	16.2	45.2	38.6
1999	23.8	41.0	35.2	2007	16.0	46.3	37.7
2000	22.3	41.5	36.2	2008	15.6	48.1	36.3
2001	21.0	40.7	38.2	2009	13.7	47.5	38.8
2002	20.0	41.3	38.6	2010	13.1	50.0	36.9
2003	19.4	42.9	37.8	2011	13.2	50.1	36.7
2004	19.5	44.3	36.2	2012	12.8	51.4	35.8

产业转移的结构效应影响生态环境质量的原因是复杂的，特别是当劳动力、资本以及生产技术水平影响地区之间的比较优势的时候，外部投资的企业更多希望加大投入丰裕要素，并且形成这些产业比较优势，新兴产业相对原产业的污染大小决定于结构效应对环境质量的综合影响。如果该地区的结构调整导致污染型产业以及资源依赖型产业的专业化形成，结构效应便会负面影响生态环境质量；反过来也成立。

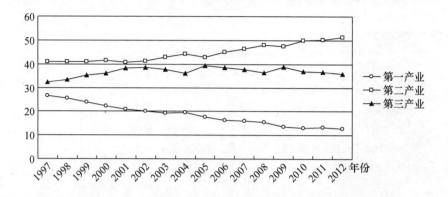

图 5 - 2　1997—2012 年西部地区第一、第二、第三产业 GDP 占比变化

表 5 - 4 为 2000—2012 年西部不同省市区明显流入流出工业产业（产品），显然，13 年来，西部地区的产业结构调整导致了化工、能源、冶金、建材等污染型产业以及资源依赖型产业的比重增加。"污染避难所"假说在一定程度上指明了西部地区因为事实上的相对宽松的环境管制就极有可能承接污染密集型产业，如此一来就会增加污染型产业的比重。[①] 因此，对生态环境质量的负面影响也是逐步增加的。

表 5 - 4　2000—2012 年西部不同省市区明显流入流出工业产业（产品）

省市区	明显流入产业	流出产业	省市区	明显流入产业	流出产业
内蒙古	焦炭、烧碱、农药、塑料、粗钢、发电量	纸及纸板、平板玻璃	西藏	啤酒、发电量	
广西	成品糖、啤酒、生铁、汽车	化纤	陕西	原油、天然气、焦炭、玻璃、机床、汽车、轿车	彩色电视机、家用冰箱、布
重庆	汽车、轿车、家用电冰箱、房间空调器、家用洗衣机、移动手持机、微型计算机	农药、天然气	甘肃	乙烯、塑料、集成电路、原盐、硫酸	玻璃、化纤、纱、纸及纸板

_____

① 元振海：《甘肃省承接产业转移的生态环境效应评价》，硕士学位论文，兰州大学，2010 年，第 12 页。

省市区	明显流入产业	流出产业	省市区	明显流入产业	流出产业
四川	天然气、啤酒、焦炭、硫酸、烧碱、化纤、玻璃、房间空调器、家用洗衣机、移动手持机、微型计算机、集成电路、彩色电视机	成品糖	青海	纯碱、化肥、原盐、焦炭	原油
贵州	卷烟、硫酸、化肥、家用电冰箱	布、天然气	宁夏	塑料	原油
云南	成品糖、卷烟、硫酸、化肥、生铁、粗钢、机床	天然气、纱、布	新疆	原油、天然气、烧碱、乙烯、塑料、化纤、生铁	纱、纸及纸板

资料来源:根据《中国统计年鉴》(2000—2012)计算整理;几乎各省均有水泥产品的转入。西藏工业产品统计种类很少。

三 西部承接产业转移对生态环境的技术效应

技术效应指的是产业转移可以带来技术进步,并通过环保技术的改善降低相同产量条件下的污染排放强度。外部投资能够加速技术进步、技术扩散以及技术转让的速度。经济相对发达的地区通常拥有比较雄厚的资金实力、比较先进的技术水平和专业化的管理人才,经济发达地区在欠发达地区投资污染型产业会同时带来先进的生产技艺水平、先进的治理环境污染的设备以及治污技术,即会产生技术扩散效应。技术扩散效应还能够提高西部地区企业的生产技术,并且带来技术的外溢效应,进而提高自然与生态资源的使用效率,并使污染治理设备及技术得以较快更新,从而降低西部地区的环境污染水平。在先进的科学技术水平条件下,一方面清洁生产工艺的利用可以降低对生态环境的破坏和减少当地有限资源的消耗;另一方面还能够解决历史形成的环境问题,改善当地整体的生态环境质量。在没有"政治失灵"的时候,随着一国国民收入的不断提高,政府会制定严格的环境标准与环境法规,从而降低生产单位产品的环境污染程度,进而改善环境质量。技术溢出能够带来三种益处,第一是提高投入与产出的效率;第二是加快加大清洁技术的采用；第三是促进环境保护技术水平的提高。当然，产业转移的技术溢出效应给生态环境带来的影响并不总是正面和积极的，有时也是负面和消极的。

国务院在《关于中西部地区承接产业转移的指导意见》中明确指出，西部地区"产业承接必须符合区域生态功能定位，严禁国家明令淘汰的落后生产能力和高耗能、高排放等不符合国家产业政策的项目转入，避免低水平简单复制"。"要加强生态建设，注重环境保护，强化污染防治，严禁污染产业和落后生产能力转入；发展循环经济，推进节能减排，促进资源节约集约利用，提高产业承载能力。"①《意见》还要求，引导转移产业向园区集中，"加强产业园区污染集中治理，建设污染物集中处理设施并保证其正常运行，实现工业废弃物循环利用。大力推行清洁生产，加大企业清洁生产审核力度。严格执行污染物排放总量控制制度，实现污染物稳定达标排放，完善节能减排指标、监测和考核体系。加强对生态系统的保护，着力改善生态环境。"因此，由于中央对国内产业转移中的生态环境问题的高度重视，西部地区在承接产业转移过程中不仅对产业转移设置了一定的门槛，同时对转入产业的节能、环保技术也提出了一定的要求，从技术角度对生态环境形成了正面影响。

四　结论

综上可见，产业转移对生态环境质量影响的三种效应当中，都具有积极和消极的双重特性。一般来说，产业承接的规模效应对当地生态环境影响具有同向性，即产业承接规模越大，对当地生态环境负面影响越大；反之越小。而且规模效应在产业承接的初始阶段表现较为明显。结构效应对产业承接地的生态效应通常是负面的，因为通常产业转移会引起转入地工业比重的提高，并间接影响农业和服务业的比重变化，最终使生态环境受到影响。而技术效应对产业承接地的生态环境效应具有逆向性，即承接产业的技术水平越高，对当地生态环境的负面影响越小，甚至有利于改善当地的生态环境；反之亦然。但技术效应多发生在产业承接的后期和高级阶段。结合产业转移的三种效应，不难发现，产业转移对产业承接地的生态环境效应的影响是复杂的，是积极影响和消极影响交织在一起并共同起作

---

① 《国务院关于中西部地区承接产业转移的指导意见》（国发〔2010〕28号），中国政府网，http://www.gov.cn/zwgk/2010-09/06/content_1696516.htm，2010年9月6日。

用的，最终影响结果将取决于三种效应影响的合力。

而就西部地区现阶段经济发展的状况和产业承接态势而言，该地区的产业承接处于初期至中期阶段，12 个省（市、自治区）中，有些省份由于人均 GDP 仍较低，存在明显的生态环境规模负效应，但也有个别省（市、自治区）接近环境库兹涅茨曲线的拐点。由于西部地区尚处于工业化阶段，产业转移对西部地区存在明显的生态环境结构负效应。而由于政策引导，产业转移对西部地区生态环境的技术效应基本上是正面的。因此，西部地区在承接产业转移过程中应该趋利避害，充分发挥产业转移的生态环境积极效应，而努力消除其可能对产业承接地生态环境造成损害的负面影响，这样才能使西部地区走上良性发展的道路。

第二节　对国内污染密集型产业区际转移路径的实证研究

一　相关研究文献综述

西方学者对污染产业转移做了大量研究，其理论基础主要源于经典的国际贸易理论、国际投资理论以及制度学说，研究内容主要集中在污染产业转移的原因与动机。西伯特（Siebert，1976）将环境因素引入 H—O 模型，把环境的稀缺性作为影响一国比较优势的生产要素之一，因此可以通过国际贸易实现污染产业转移。科普兰和泰勒（Copeland and Taylor，1994）进一步用模型分析了贸易投资自由化对环境的影响。他们认为，经济自由化减轻了发达国家的环境污染，而加剧了发展中国家的环境污染，污染产业由发达国家转移到发展中国家。贾菲等（Jaffe et al.，1995）受产业生命周期论启发，认为发展阶段是发展中国家污染产业集中的主要原因。众多学者则从制度学说入手，探讨了"污染避难所假说"，如鲍莫尔和奥茨（Baumol and Oates，1998）从理论上对"污染避难所假说"进行了系统证明，并指出环境准入门槛较低的发展中国家逐步成为发达国家污染产业转移的污染聚集地。德朗和西伯特（De Long and Siebert，1991）研究认为，在完全竞争市场下，政府征收排污税将降低企业资本收益率，进而驱动资本流向国外。马尼和惠勒（Mani and Wheeler，1997）也认为，富裕国家苛刻的环境标准迫使污染产业向环境管制较为宽松的发展中国家转移。

国内学者对污染产业转移的研究较晚，主要集中在以下几个方面。一是污染产业转移与国际投资和国际贸易的关系。如赵玉焕（2006）通过对国际投资进行实证分析认为，环境标准与污染产业转移之间并不存在必然的联系。张志辉（2006）对我国工业制品对外贸易的定量分析发现，通过对外贸易我国不会成为发达国家的"污染避难所"。李小平、卢现祥（2010）研究也认为，中国并没有通过国际贸易成为发达国家的"污染产业天堂"。二是污染产业转移的成因。曾凡银、郭羽诞（2004）研究认为，如果在国际经济领域存在生态倾销与绿色壁垒，就存在发达国家的污染产业转移。张菊梅、史安娜（2008）研究认为，由于环境外部性内在化程度在地区间存在差异以及地方政府追求特定目标动机的存在，使得污染产业转移发生。三是污染产业转移与环境规制的关系。张燕（2009）通过对江苏省进行实证研究发现，环境管制对江苏省外商投资于污染产业的行为起到了一定的遏制作用。彭文斌等（2011）研究发现，环境污染每增加1%，环境规制强度就增加1.1469%，污染产业转移的增加反而有利于我国环境条件的改善。四是污染产业转移的影响。景跃军、陈英姿（2008）研究认为，中国污染行业的产值与工业废气、废水的排放量之间呈正相关关系，但相关性较弱，说明中国工业污染行业集中性较为明显。

综上所述，国内外学者对污染产业转移进行的研究成果十分丰富，对后人研究具有重要启示作用，但仍存在不足。首先，从研究范围上看，现有成果大多侧重国际污染产业转移研究，研究国内污染产业转移的比较少；从研究内容上看，研究污染产业转移成因、影响以及与制度之间关系的比较多，而研究产业转移路径、规律的比较少；从研究方法上看，虽然定性与定量研究均有运用，但到目前采用相关工业产品产量的面板数据来研究污染产业转移的还没有。以上正好为本书提供了研究空间。

二　污染密集型产业的界定

污染密集型产业（Pollution – Intensive Industries，PIIs）是指在生产过程中若不加以治理则会直接或间接产生大量污染物，或者在生产过程中使公众的安全和健康受到威胁或明显受到影响的那些产业。在本书中它并不等同污染产业，而属于污染产业中污染较为严重的产业。污染密集型产业在理论界并无完全一致的明确分类，由于研究目的、样本及方法的不同，对污染密集型产业的具体范围界定也有所差异。但从已有的文献来看，常见分类方法主要有三种：

一是计算污染治理成本，通过计算污染减排成本占总成本的比重来衡量产业污染密集度对产业进行分类。托比（Tobey，1990）把污染消除成本等于或大于总成本1.85%的产业定义为污染密集型产业，按他的分类，造纸业、采掘业、钢铁业、初级有色金属和化学工业五个产业属于污染密集型产业。科尔和埃利奥特（Cole and Elliott，2007）沿用了这一分类方式，他还在英国行业污染强度测度中进一步引入了环境治理资本费用占总资本费用比例这一指标。但这一方法，由于在我国难以获得污染消除成本数据而受到限制。

二是评价对自然资源与公共健康等影响的程度，确定产业分类。夏友福（1999）将各有关工业部门对水质、空气、土地、公共健康等影响的程度作为指标考察这些工业部门污染的密集度，并最终将采矿业、食品、烟草及饮料制造业、纺织及纺织服装、鞋、帽制造业、皮革、毛皮、羽毛（绒）及其制品业、造纸及纸制品业等17类产业划为污染密集型产业。这一方法由于侧重定性研究在我国也较少使用。

三是计算单位产出的污染排放水平。马尼和惠勒（1997）依照单位产出的污染排放水平（M&W分类法）将钢铁、化学工业、有色金属、非金属矿物制品业及造纸和纸浆划分为污染密集型产业。赵细康（2003）则以1991—1999年我国各类污染物（废水、废气、固体废弃物）单位产值排放为基础，按等加权平均得到的分值进行划分，得出排名前八位的染密集型产业是电力煤气及水的生产供应业、采掘业、造纸及制品业、水泥制造业、非金属矿物制造业、黑金属冶炼及压延工业、化工原料及化学品制造业、有色金属冶炼及压延工业。显然，第三种方法被我国大多学者所接受。参照这一方法，国务院《第一次全国污染源普查方案》明确规定我国第二产业中有12个重污染行业，分别是造纸及纸制品业、农副食品加工业、化学原料及化学制品制造业、纺织业、黑色金属冶炼及压延加工业、食品制造业、电力及热力的生产和供应业、皮革毛皮羽毛（绒）及其制品业、石油加工、炼焦及核燃料加工业、非金属矿物制品业、有色金属冶炼及压延加工业。

由于各国的产业政策、空间分布以及产品生产工艺和使用原材料的不同，对环境质量的变化均有不同的影响。因此，他国的污染密集型产业不一定是我国的污染密集型产业，反之亦然。考虑到我国实际，结合数据的可获得性，本书在综合前人研究成果的基础上，确定造纸及纸制品业、化学原料及化学制品制造业、黑色金属冶炼及压延加工业、电力/热力的生产和供应业、石油加工及炼焦业、非金属矿物制品业六大类产业作为本书研究中的污染密集型产业。

三　研究思路与有关说明

本书研究的基本思路是通过对国家统计局公布的2000—2011年各省（市、区）污染密集型产业主要工业产品产量面板数据，计算出东部、中部、西部及东北地区主要工业品的产量、占全国的比重以及12年来的变化趋势，据此分析我国国内污染密集型产业区际转移的路径与规律，最后得出一些有益结论和建议。需要说明的是，这种研究方法暗含几个基本假设，一是污染产业相关产品的产量及国内市场需求是稳定增长的，没有出现因国内市场需求不足的产业关停现象；二是国外向四大地区的污染产业转移没有发生或者是按照四大区域原产能分布均衡增长；三是四大地区未转移污染产业年生产扩张能力相同；四是没有出现污染产业相关产品的进口替代。显然，这些假设并不完全成立，但作为一种简化的研究方法，其研究结果仍有较强的现实意义。

文中的东部、中部、西部及东北地区的划分按照《中国统计年鉴》2012的划分方法。根据2012年《中国统计年鉴》，东部包括北京、天津、河北、上海、江苏、浙江、福建、山东、广东和海南10省（市），面积占全国国土总面积的9.82%，人口占全国总人口的37.98%，区内国内生产总值占全国国内生产总值的52.04%；中部包括山西、安徽、江西、河南、湖北和湖南6省，面积占全国国土总面积的10.80%，人口占全国总人口的26.76%，区内国内生产总值占全国国内生产总值的20.04%；西部包括内蒙古、广西、重庆、四川、贵州、云南、西藏、陕西、甘肃、青海、宁夏和新疆12省（区、市），面积占全国国土总面积的71.05%，人口占全国总人口的27.04%，区内国内生产总值占全国国内生产总值的19.22%；东北包括辽宁、吉林和黑龙江3省，面积占全国国土总面积的8.33%，人口占全国总人口的8.22%，区内国内生产总值占全国国内生产总值的8.70%。

文中污染密集型产业主要工业品包括机制纸及纸板（造纸及纸制品业）、硫酸、纯碱、农用（氮、磷、钾）化肥、化学农药、塑料、乙烯（化学原料及化学制品制造业）、生铁、粗钢、成品钢材（黑色金属冶炼及压延加工业）、发电量、天然气、原煤（电力、热力的生产和供应业）、原油（石油加工、炼焦业）、水泥、平板玻璃（非金属矿物制品业）16种产品，它们并非国家统计年鉴中的污染密集型产业全部主要工业产品，而是作者根据产品代表性做出的一种主观选择，但基本反映出文中污染密集型产业。

四 四大地区污染密集型产业变化趋势与区际转移路径

（一）西部地区污染密集型产业变化趋势

从 16 种污染密集型产业代表性产品的 2011 年产量数据看[1]，西部地区到 2011 年有 11 种产品超过其 GDP 全国占比，其中天然气产量占全国的 81.98%，硫酸占全国的 48.69%，原煤占全国的 47.46%，化肥占全国的 38.14%，原油、发电量、水泥均占 30% 左右，显示出这些产业的区域集中性。从 12 年来的变化趋势看，16 种产品中有 12 种产品产量全国占比呈现上升趋势，如图 5 - 3 所示。其中，增幅最为明显的是塑料（135.35%），原煤、硫酸、原油、纯碱、水泥、天然气，均超过 40%，显示出强劲的产业转入趋势。有 4 种产品产量全国占比呈现下降趋势，主要为机制纸及纸板、生铁、钢材等，如图 5 - 4 所示。但其下降幅度均小于 15%，转出趋势并不十分明显。如果计算 12 年来 16 种产品的平均增减幅度，用这一指标反映产业转移净流向，则西部地区为 35.28%。可见，总体上西部地区基本是污染密集型产业集中区、净流入区。

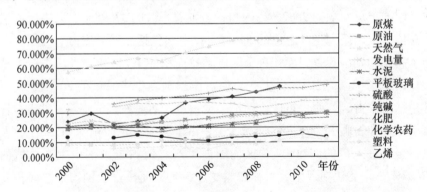

图 5 - 3 西部地区产品产量全国占比呈现上升的产品

---

① 个别产品个别年份《中国统计年鉴》上没有统计数据，如 2001 年缺少平板玻璃、硫酸、纯碱、化肥、农药的产量数据，2010 年缺少原煤的产量数据。

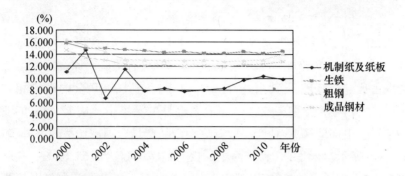

图5-4　西部地区产品产量全国占比呈现下降的产品

（二）东北地区污染密集型产业变化趋势

从2011年16种污染密集型产业代表性产品产量数据看，如图5-5所示，2011年东北地区到只有原油、乙烯、生铁和粗钢4种产品产量全国占比较高，超过其GDP全国占比，显示出在这些产业上还有一定的产业集中优势。但从12年来的变化趋势来看，除水泥产量全国占比保持平稳外，其余15种产品产量全国占比均呈现下降趋势。其中，纯碱、硫酸、平板玻璃、天然气、机制纸及纸板、化肥、化学农药降幅均超过50%，其余也超过20%，下降趋势非常明显。同样，计算12年来16种产品的平均增减幅度，东北地区为-45.76%。可见，与西部地区相反，东北地区只有少量污染密集型产业集中，总体上是污染密集型产业的强势流出区。

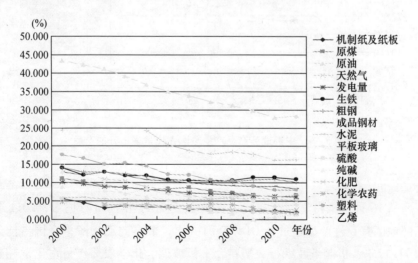

图5-5　东北地区产品产量全国占比变化情况

（三）中部地区污染密集型产业变化趋势

从 2011 年 16 种污染密集型产业代表性产品产量数据看，中部地区到 2011 年有 8 种产品超过其 GDP 全国占比，但只有化肥、原煤两种产品产量全国占比超过 30%，其余均在 30% 以下，与其 GDP 全国占比相差不大，可见，污染密集型产业在中部地区也是少量集中。从 12 年来的变化趋势来看，中部地区 16 种产品中有 7 种产品产量全国占比呈现上升趋势，如图 5 - 6 所示。但是，7 种产品中，仅有纯碱增幅达到 65.62%，化肥达到 20.44%，其余均在 20% 以下，而且化学农药、硫酸与机制纸及纸板的增幅在 5% 左右，几乎没有增长。有 9 种产品产量全国占比呈现下降趋势，主要为机制纸及纸板、生铁、钢材等，如图 5 - 7 所示。但 9 种产品中，只有天然气、乙烯、原油、生铁和平板玻璃下降幅度较大，均超过 15%，其余四种产品降幅均在 5% 左右，下降并不明显。计算表明，12 年来 16 种产品的平均增减幅度仅为 - 6.96%，可见，总体上中部地区污染密集型产业有人有出，既是少量污染密集型产业的流入区、集中区，也是少量污染密集型产业的流出区。

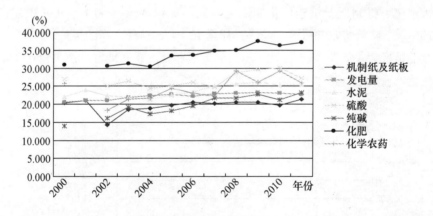

图 5 - 6　中部地区产品产量全国占比呈现上升的产品

（四）东部地区污染密集型产业变化趋势

从 16 种污染密集型产业代表性产品的 2011 年产量数据看，2011 年东部地区有 6 种产品超过其 GDP 全国占比，最高的乙烯产量全国占比达到 71.12%，机制纸及纸板、塑料、平板玻璃、化学农药产量占比也超过 60%，成品钢材接近 60%，可见，污染密集型产业在东部地区仍有一定的

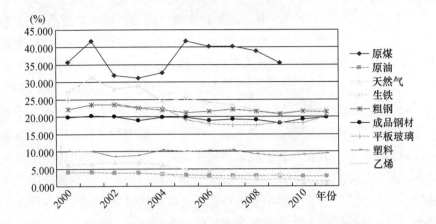

图5-7　中部地区产品产量全国占比呈现下降的产品

集中性。从12年来的变化趋势来看，东部地区16种产品中有7种产品产量全国占比呈现上升趋势，如图5-8所示。但是，这些产品增幅均在30%以下，其中，平板玻璃增幅达到26.86%，生铁达到21.89%，其余均在20%以下，机制纸及纸板几乎没有增长。有9种产品产量全国占比呈现下降趋势，如图5-9所示，主要为原煤、天然气、硫酸、化肥，下降幅度均超过或接近30%，纯碱下降幅度也超过15%，其余小于10%。计算表明，12年来16种产品的平均增减幅度仅为-6.54%，可见，12年来东部地区对污染产业发展通过规制有一定减少，但总体上仍然是部分污染密集型产业集中区，同时，既是少量污染密集型产业的流入区，也是少量污染密集型产业的流出区。

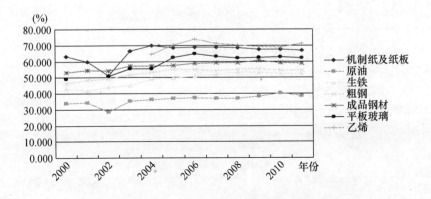

图5-8　东部地区产品产量全国占比呈现上升的产品

　　综上，如表5－4所示，从全国整体来看，国内污染密集型产业12年来在全国范围内转移变化趋势十分明显，转移路径呈现以下特征：一是西部地区成为污染密集型产业的净转入区。转入的主要是是化学原料及化学制品制造业、电力、热力的生产和供应业、石油加工、炼焦业，无产业转出。二是东北地区成为污染密集型产业的净转出区。除水泥外，所有污染密集型产业均向区外转移。三是东部、中部地区成为污染密集型产业的选择性转移区。东部地区一方面转入钢铁工业等，另一方面转出化学原料及化学制品制造业、电力、热力生产和供应业及石油加工、炼焦业；而中部地区一方面转入部分化学制品制造业及非金属矿物制品业，另一方面转出电力、热力生产和供应业及部分化学原料、化学制品制造业和非金属矿物制品业。

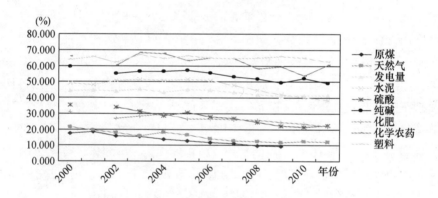

图5－9　东部地区产品产量全国占比呈现下降的产品

表5－4　　　　　四大区域12年来污染密集型产业转移变化比较

地区	目前产业集中度较高产业的产品（标准：产量全国占比大于GDP全国占比）	明显转入产业的产品（标准：产量全国占比增幅大于15%）	明显转出产业的产品（标准：产量全国占比降幅大于15%）	产品全国占比平均增减幅度
西部地区	天然气、硫酸、原煤、化肥、原油、发电量、水泥、纯碱	塑料、原煤、硫酸、原油、纯碱、水泥、乙烯、天然气、发电量、化学农药、化肥	无	35.28%
东北地区	原油、乙烯、生铁、粗钢	无	除水泥外所有产品	-45.76%

续表

地区	目前产业集中度较高产业的产品（标准：产量全国占比大于 GDP 全国占比）	明显转入产业的产品（标准：产量全国占比增幅大于15%）	明显转出产业的产品（标准：产量全国占比降幅大于15%）	产品全国占比平均增减幅度
中部地区	化肥、原煤、硫酸、化学农药、水泥、纯碱、发电量、生铁	纯碱、化肥、水泥	天然气、塑料、原油、平板玻璃、生铁	-6.96%
东部地区	机制纸及纸板、塑料、平板玻璃、化学农药、成品钢材、粗钢	平板玻璃、生铁、粗钢	原煤、天然气、硫酸、化肥、水泥、纯碱	-6.54%

五　对西部地区污染密集型产业净转入的思考

前文研究表明，总体上西部地区基本是污染密集型产业集中区、净流入区。很多人认为这一现象归因于西部地区的资源禀赋。他们认为，由于西部地区拥有丰富的天然气、石油、煤炭、铅、锌等自然资源，是我国天然的能源与化工基地，所以这些产业向西部集中和转移是正常的、合理的。对此，本书认为，资源禀赋决定论有一定的道理，但导致当前西部地区污染密集型产业净转入的主要原因却是西部地区招商引资的环境门槛过低，导致发达地区一些污染产业转移到了西部，使国内"污染避难所假说"成立。其原因有二：一是数据表明，西部地区的资源禀赋与其产能的全国占比并不一致，表现为明显的资源过度开发、污染产业过度发展。例如，西部的石油、天然气和煤炭三大自然资源储量分别只占全国的12%、53%和36%，但到2011年，三种产品的实际产量已经分别占全国的30.17%、81.97%和47.46%。二是大量事实证明，西部地区很多地方政府基于税收、政绩考虑，特意降低环保标准，通过"政策洼地"吸引发达地区污染密集型产业向西部地区转移，形成"越落后越污染"的死结。如2009年发生在陕西凤翔的儿童血铅超标事件、2010年发生在贵州施秉的肺矽病事件、2011年发生在云南曲靖的铬渣污染事件等，就是这种产业转移的结果。

西部地区是我国大江大河的主要发源地，是森林、草原、湿地和湖泊等集中分布区，生态地位极为重要，是国家生态安全屏障。但从环境敏感区域来看，西部生态环境相对其他地区脆弱得多，稍加扰动就可能发生剧烈影响，而且不可逆转，比如已经出现的局部荒漠化、水源地污染问题等。另外地方政府治理能力相对弱，缺少人才、技术与资金，使西部具有更高的环境风险。因此，必须从国家层面高度重视污染密集型产业向西部转移，要从战略和全局高度认识到西部地区生态环境的重要性以及发展循环经济的必要性，应通过立法杜绝污染密集型产业向西部盲目转移。

第三节　本章小结

本章首先通过对西部地区承接产业转移的生态环境效应进行了分析。研究认为，而就西部地区经济发展的状况和产业承接态势而言，该地区的产业承接处于初期至中期阶段，12 个省（市、自治区）中，有些省份由于人均 GDP 仍较低，存在明显的生态环境规模负效应，但也有个别省（市、自治区）接近环境库兹涅茨曲线的拐点。由于西部地区尚处于工业化阶段，产业转移对西部地区存在明显的生态环境结构负效应。而由于政策引导，产业转移对西部地区生态环境的技术效应基本是正面的。然后，通过对 2000—2011 年国内污染密集型产业相关工业产品产量面板数据的研究，揭示出国内东部、中部、西部及东北部四大区域污染密集型产业的转移路径。从全国整体来看，西部地区成为污染密集型产业的净转入区。转入的主要是资源和能源类产业，无产业转出。东北地区成为污染密集型产业的净转出区。除水泥外，所有污染密集型产业均向区外转移。东部、中部地区成为污染密集型产业的选择性转移区。东部地区一方面转入钢铁等产业，另一方面转出化工等产业；而中部地区一方面转入部分化工产业，另一方面转出能源产业等。建议从国家层面对西部污染产业转移以及东北工业振兴予以高度重视，从承接地的环境承载力、工业区位因素以及污染排放控制技术三方面统筹国内污染密集型产业转移。

通过定量和定性研究西部地区承接产业转移的生态环境效应，可以得出一个基本结论，就是现阶段西部承接产业转移总体上存在对生态环境的负面影响，"污染避难所假说"在西部是成立的。这一结论的重要意义在于，中央政府和西部地方政府要高度重视产业转移对西部地区生态环境的影响，要通过国家层面对污染密集型产业转移进行规制，还要通过西部地区发展循环经济承接产业转移。

第六章　西部地区承接产业转移的现实基础分析

国内外产业向西部地区转移是一种历史趋势，但这绝不意味着西部地区能够很好地承接产业转移。因为承接的质量、规模、效率与效果不仅取决于转移地转移企业的自身因素，也取决于西部地区自身的现实条件，如西部地区承接产业转移的优势与劣势、机遇与威胁、生态与资源承载力等，这些因素会进一步影响西部地区的产业承接力。本章将从以上诸方面分析西部地区承接国内外产业转移的现实基础。

第一节　西部地区承接产业转移的 SWOT 分析

一　西部地区承接产业转移的优势

（一）西部地区具有资源优势

我国西部地区自然资源丰富。西部地区矿产资源丰富，全国已探明的155 种矿产中，西部就有 138 种，在已探明的百余种矿产中，查明资源储量占全国 80%—90% 以上的有 30 多种。国家紧缺的钾盐、铂族金属和铬铁矿等重要资源西部尤其丰富，在国内占有绝对优势，个别矿种储量占全国的 90% 以上。西部地区的水能、煤炭、石油、天然气、太阳能、风能等能源也十分丰富。我国西部土地资源丰富，类型多样，后备资源潜力较大。西部地区 12 省（区、市）土地总面积为 101.32 亿亩，人均土地102.8 亩，为全国人均土地的 2.5 倍。西部地区未利用土地占 33.25%，可供开发利用的后备资源潜力较大。西部地区劳动力资源丰富，2010 年西部总人口 3.604 亿，占全国的 27.04%。①

---

① 根据 2012 年《中国统计年鉴》数据计算整理。

另外，从劳动力价格看，西部地区劳动力价格比东部地区低。西部地区产业工人的月平均工资仅为我国东部发达地区的 60%—70%。2012 年，西部第一人口大省四川省一类地区最低工资标准为 1050 元，比上海市低 28%，比广东省低 20%。这充分说明我国西部地区在劳动力要素上具有比较优势。从能源价格看，西部比东部有优势。2009 年云南省大工业用电的平均价格是 0.468 元/千瓦时，比广东低 29%；普通工业用电价格为 0.704 元/千瓦时，比广东低 17%。① 西部地区土地价格总体水平较低。《2009 年全国主要城市地价状况分析报告》显示，我国东西城市地价水平差异较大，东部地价水平明显高于西部地区。从地价水平值看，东部地价水平高达 5080 元/平方米，西部地区水平为 2549 元/平方米，东部地价水平是西部的近两倍。从地价变化态势来看，东部地区不同用途（综合、商业、居住、工业）地价增长率分别为 7.77%、10.65%、11.83%、2.96%；西部地区增长率分别为 3.83%、2.61%、6.56%、-0.75%，我国西部地区的增长率明显低于东部地区，且西部地区工业用地价格出现了不升反降的现象。②

（二）西部地区拥有政策优势

2000 年以来，党中央、国务院颁布了一系列政策措施和指导文件，国务院有关部门也编制印发了一些规划和专项政策，有重点、有步骤地推进西部大开发。在财政上，国家对西部地区给予倾斜和优惠，具体表现在以下方面：

（1）加大建设资金投入力度。国家政策性银行、国际金融组织和外国政府的优惠贷款，在按贷款原则投放条件下，尽可能多地安排给了西部地区的项目。对国家新安排的西部地区重大基础设施建设项目，中央政府将采取多种方式筹集资金，不留资金缺口。中央政府有关部门在制定行业发展规划和政策时，应提高中央财政性建设资金用于西部地区的比例，尽可能地充分体现对西部地区的支持，鼓励企业资金投入西部地区重大建设项目。

（2）优先安排建设项目。水利、交通、能源等基础设施，优势资源开发与利用，有特色的高新技术及军转民技术产业化项目等，优先在西部

---

① 根据 2012 年《中国统计年鉴》数据计算整理。

② 中国土地勘测规划院全国城市地价监测组：《2009 年全国主要城市地价状况分析报告》，《资源导刊》2010 年第 4 期。

地区布局，并加强各个建设项目的前期工作。

（3）加大财政转移支付力度。随着中央政府财力的增加，逐步加大中央对西部地区一般性转移支付的规模。在农业、社会保障、教育、科技、卫生、计划生育、文化、环保等专项补助资金分配方面，向西部地区倾斜。中央财政扶贫资金的安排，重点用于西部地区。

（4）加大金融信贷支持。银行根据商业信贷自主原则，加大对西部地区基础产业建设的信贷投入，重点支持铁路、主干线公路、电力、石油、天然气等大中型能源项目建设；国家开发银行新增贷款逐年提高用于西部地区的比重；增加对西部地区农业、生态环境保护建设、优势产业、小城镇建设、企业技术改造、高新技术企业和中小企业发展的信贷支持；有步骤地引入股份制银行到西部设立分支机构等。

为改善投资环境，我国西部实行税收优惠政策。根据国务院关于实施西部大开发若干政策措施的通知（2000年），对设在西部地区的国家鼓励类产业的内资企业和外商投资企业，在一定期限内按15%的税率征收企业所得税，民族自治地区的企业经省级人民政府批准，可以定期减征或免征企业所得税。对在西部地区新办交通、电力、水利、邮政、广播电视等企业，企业所得税实行两年免征，3年减半征收。对为保护生态环境，退耕还生态林、草产出的农业特色产品收入，在10年内免征农业特产税。对西部地区公路国道、省道建设用地，比照铁路、民航用地免征耕地占用税。对西部地区内资鼓励类产业、外商投资鼓励类产业及优势产业项目在投资总额内进口自用先进技术设备，除国家规定不予免税的商品外，免征关税和进口环节增值税。

国家对西部地区财政上的支持和税收上的优惠，有利于西部地区的招商引资，以及东部地区向西部地区的产业转移。

国家"十二五"规划要求坚持把深入实施西部大开发战略放在区域发展总体战略优先位置，给予特殊政策支持。随着新一轮西部大开发战略的制定和实施，国家还将出台一系列配套政策措施，比如：西部地区承接东部产业转移的政策，西部地区资源就地转化政策，延长西部资源型产业链条的政策，西部地区积极培育非资源型新兴产业的政策，一些战略性新产业布局向西部倾斜的政策，编制西部地区鼓励类产业目录并给予税收、土地、资金等方面优惠的政策，在重大基础建设项目、转移支付和投资安排上继续向西部地区倾斜的政策，等等。2010年已出台的《国务院关于中西部地区承接产业转移的指导意见》，从财税、金融、产业与投资、土地、商贸、科教文化 6 个方面明确了若干支持政策，支持中西部地区重点大力承接发展劳动密集型产业、能源矿产开发和农产品加工业等 7 大特色产业。密集的优惠政策，将大大促进西部地区依托日趋完善的基础设施条件、产业基础和劳动力、资源等优势，推动重点产业承接发展，进一步壮大产业规模，加快产业结构调整，培育产业发展新优势，构建现代产业体系。表 6 - 1 为西部 12 省市区的支柱产业。①

表 6 - 1　　　　　　　　　西部 12 个省市区支柱产业

省（市区）	支柱产业	省（市、区）	支柱产业
陕西	能源化工、装备制造、有色冶金、食品工业、非金属矿物制品、医药制造、纺织服装、通信设备、计算机及其他电子设备	新疆	煤炭、钢铁、有色、纺织、化学、电力、汽车、装备制造、农副食品加工
四川	电子信息、装备制造、能源电力、油气化、钒钛钢铁、饮料产品、现代中药	云南	烟草及配套、能源、医药、有色金属、钢铁、电子信息、建材、化工、机械制造、农特产品加工、造纸、
重庆	汽车摩托车行业、装备制造业、材料工业、电子信息产业	广西	食品、有色金属、石化、冶金、汽车、机械、电力
甘肃	石化、有色、电力、冶金、食品、装备制造和煤炭	贵州	电力、煤炭、化工、冶金、有色、烟草、白酒
宁夏	能源、化工、装备制造、新材料、特色农产品加工、清真食品及穆斯林产业	内蒙古	能源、冶金、化工、装备制造、农畜产品加工业和高新技术
青海	石油天然气开采业、电力工业、有色金属工业和盐化工业	西藏	高原特色生物产业、特色农牧产品加工业、优势矿业产业、藏医药业、民族手工业、特色旅游业

（三）西部地区拥有潜在市场优势

不可否认，我国东部地区在社会消费品零售总额、人均可支配收入等

---

① 根据 12 省、市、区《2012 年国民经济和社会发展统计公报》整理。

指标绝对数上明显高于西部地区，但随着经济的发展，西部地区在这些方面的增长率却要比东部地区高。2008 年，我国东部地区最终消费支出 87171.87 亿元，增长率为 17.1%，西部地区最终消费支出 31091.42 亿元，增长率为 17.8%，高出东部地区 0.7 个百分点；东部地区人均可支配收入 19203.46 元，增长率为 13.1%，西部地区人均可支配收入 12971.18 元，增长率为 14.7%，高出东部地区 1.6 个百分点；东部地区进出口总额为 232113499 万美元，增长率为 16.5%，西部地区进出口总额为 10672849 万美元，增长率为 35.8%，高出东部地区 19.3 个百分点。2009 年，西部地区全年社会消费品零售总额 23039 亿元，同比增长 19.2%，高出东部地区 1.9 个百分点，充分说明我国西部地区在未来的发展中拥有潜在的市场优势。

二　西部地区承接产业转移的劣势

(一) 产业配套能力差

研究表明，产业集群能够使集群企业降低交易成本，提高集群内企业的持续创新能力，降低企业进入的风险。目前，东部企业转移的一个重要特点就是向有一定产业集群的地区转移。在我国沿海地区，传统产业经过多年的发展，已经形成规模较大、配套齐全的产业集群，以及基于产业集群的产业转移黏性。而西部地区产业集群发展远远落后于东部地区，大大限制了产业转移的流入。如图 6-1 所示，根据国家统计局统计数据，从 2010 年三大地区 7 种代表性工业品产量占全国比重来看，西部所占全国比重最高为 28.86%，最低仅为 6.43%，平均为 15.02%，远低于东部 60.64% 的平均水平。可见，西部地区工业集中化程度非常低。另据《中国产业集群发展报告 (2009—2010)》，目前我国产业集群主要分布于东南沿

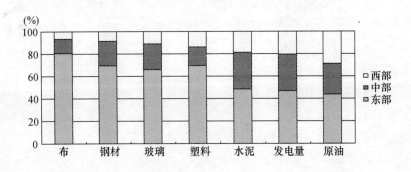

图 6-1　2010 年三大地区主要工业品产量占全国比重

海地区，而西部地区尚处于产业集群培育期，其发展水平远落后于东部地区。若以当前在我国产业集群中占重要比重的制造业为衡量依据，我国东部、中部、西部地区的产业集群数量比例约为 79：12：9。显然，西部地区落后的产业集群阻碍了产业转移的流入。

（二）物流成本高

有学者研究表明，沿海迁往内地的企业所生产的产品物流成本占总成本不足 5% 时，才能通过其他要素成本的降低加以弥补。而一旦大于这个比例，则增加的物流成本会抵消其他要素成本低的优势，从而影响企业向内地挺进。中西部省区虽然具备土地供给和土地价格、厂房和租金价格、劳动力供给及原材料、能源四方面优势，但作为加工贸易生产性服务链上重要环节的物流服务却是制约中西部承接产业转移的"瓶颈"和"软肋"。在中西部一些地区，高昂的物流成本不仅抵消甚至远高出节省的劳动力成本。如成都到上海的物流成本，竟然与上海到美国西海岸等同，一个标准集装箱从上海运到菲律宾仅需 30 美元，而从成都通过公路运到上海需要 1000 美元。①

（三）认识不到位

西部一些地区对产业转移的重要性、产业转移的主体以及产业转移的内在动因认识不够全面与深刻，因此阻碍了产业转移带动产业结构升级目标的实现。集中表现为：一是对产业转移的认识没有上升到全局性、战略性高度，没有充分认识承接产业转移既是实施充分开放合作的重要举措，又是促进产业结构优化升级、增强区域竞争力的迫切需要，同时也是促进工业化、城镇化、农业现代化的重要路径。二是更多强调政府在产业转移中的职能，忽略了企业在其中应发挥的作用。西部地区应明确产业转移的主体是具有产业联动作用的龙头企业及配套企业，通过政府创造产业转移的各种条件，吸引这些企业的转入，以促进增长极的形成，从而促进资源合理配置和产业结构优化升级。三是对产业转移的内在动因认识不足，往往强调政策引力这一外在动因，产业转移的内在动因是通过发挥比较优势获取比较利益，比较优势主要来源于生产要素供给优势和市场需求优势，因此西部地区应结合这两方面的优势条件，制定适宜政策，提高政策的科学性与实用性，防止产业转移中植根性不强等问题的产生。

---

① 谢俊：《西部物流在博弈中渐入佳境》，《中国水运报》2006 年 4 月 5 日第 7 版。

三　西部地区承接产业转移的机遇

（一）东部沿海地区的环境承载力和企业成本攀升压力带来的机遇

改革开放 30 多年来，我国东部沿海地区凭借其得天独厚的区位优势和国家的政策倾斜，通过承接国际产业转移，实现了快速发展。随着中国经济的快速发展，东部地区劳动密集型产业开始出现生产要素供给趋紧、产品竞争力减弱、经济效益下滑，资源、环境的承载压力不断加大，成为困扰东部地区进一步发展的最大矛盾。一是土地供需矛盾日趋紧张，加上国家执行越来越严格的耕地保护制度，非农用地矛盾十分突出。广东目前可供开发土地资源只占总量的 7.5%，远远满足不了经济发展对土地的需要。珠三角地区一些发达的城市，已基本无地可用，对于一些产业层级较高的新建项目形成了最大的障碍，也严重制约了当地产业的升级换代。二是劳动力资源供给短缺的矛盾越来越突出。珠三角大量以加工贸易为主的劳动密集型产业本身赚取的只是非常微薄的加工费，对日益上涨的劳动力成本，其承受能力经受着越来越严峻的考验，劳资关系日渐绷紧，从 2004 年开始，就出现大规模的"民工荒"。特别是近年来国家取消农业税，吸纳了部分农民工返乡务农；2011 年以来，又全面推行农民养老保险、医疗保险和最低生活保障等一系列"利好"措施，对沿海地区劳动密集型产业无异于"雪上加霜"。三是能源供给紧张的矛盾无法从根本上得到缓解。近年国家虽然在沿海地区布局了一些电力项目，同时大力实施"西电东输"和"西气东输"的工程，但能源供给与消耗增长之间的差距却更加明显，"电荒""煤荒""油荒"，声声告急。四是珠三角地区加工制造业的过度膨胀造成的江河流域污染、空气污染等环境问题，已成为威胁广东乃至港澳地区人民生活的严重问题。以上四个方面的因素，充分说明我国东部沿海地区劳动密集型产业已丧失进一步发展的比较优势，而且面临着越来越严峻的生存危机，逐步走向衰退。同时，也严重威胁着东部沿海地区经济的持续增长。特别是 2008 年国际金融危机以来，受人工成本、能源、资源和土地价格等上升的影响，国内外产业分工深刻调整，区域性产业结构调整和产业转移明显提速，国内企业以及很多跨国公司都加快了西移的步伐；东部沿海向西部地区呈现相关联产业大规模转移的趋势。因此，"十二五"时期将是我国地区生产力布局调整最为活跃的时期，西部地区迎来了大规模、高水平承接产业转移，优化产业结构的难得历史机遇。

（二）东部沿海地区加速推进本地产业结构升级换代带来的机遇

20 世纪 90 年代以来，随着科学技术的发展和经济全球化趋势的加强，促进了各种资源和生产要素在全球范围的流动配置。发达国家为了抢占未来世界经济和科技的制高点，纷纷进行新一轮的产业结构调整，大力发展以信息技术、航天技术、生物技术等为重点的高新技术产业。与此同时，国际产业的重心开始由原材料向加工工业、由初级产品向新兴工业、由制造业向服务业转移。转移的层级也越来越高，跨国公司不仅转移加工制造环节，而且正在将地区经济总部、研发设计等高端环节向发展中国家转移，实行新的全球战略布局调整。新一轮国际产业转移的高峰期，也是我国东部地区产业升级的重要机遇期，不仅各个发展中国家在积极创造条件吸纳国际转移，国内各个地区之间，尤其是东部沿海地区，都在努力争取吸纳更多的国际产业转移。面对国际国内这一激烈的竞争态势，东部沿海地区必须痛下决心，为新一轮的承接国际产业转移腾出发展空间，加速推进本地产业结构的升级换代。经过 20 多年的原始积累，东部地区技术密集型和资金密集型产业近年来也得到了快速发展，在经济发展中的份额越来越大，从而使原来依靠低素质人力资源、发展低加工度、低附加值和劳动密集型产业的生存空间越来越小，比较利益越来越低。因此，在利益和市场的驱动下，一些传统的劳动密集型产业为了寻求生存空间被迫向中西部转移。

（三）国家实施新的差别化的加工贸易政策带来的机遇

改革开放以来，广东珠三角地区吸纳了大量来自港、澳、台地区转移过来的加工贸易企业。到 2006 年，广东省开展加工贸易的企业已超 7 万家，加工贸易进出口额 3461.2 亿美元，占全省进出口总额的 65.7%，占全国加工贸易进出口总额的 41.6%。随着东部沿海地区投资环境发生转变，一方面受能源、土地、劳工等"瓶颈"因素制约；另一方面环保标准提高，目前加工贸易的边际利润已经从 5 年前的 18% 下降为 10% 左右。2011 年 7 月，商务部、海关总署公布新一批《加工贸易限制类商品目录》，除将 1800 余种商品列入出口限制类外，还对列入限制类的商品实行银行保证金台账"实转"管理，要求企业在出口产品之时，预先缴足出口退税部分的保证金。这对沿海地区大量的加工贸易企业来说，几乎成了一种灾难性的政策控制因素。据有关方面调查，此次新政的实施，短期内可能导致 1500 家港资企业停产，仅珠三角地区就有近万家企业陷入困境，有 2 万多家加工贸易企业需要寻求向外转移。[①] 与此同时，国家对东部和中西部地区实行差别政策，允许中西部地区 A 类和 B 类加工贸易企业仍然实行银行保证金台账"空账"管理。据商务部有关官员透露，国家实施这一新政的目的，就是对中西部地区进行"政策反哺"，引导和推动加工贸易企业向中西部地区转移。目前，商务部正在会同有关部门研究采取措施，支持中西部地区建设承接东部地区加工贸易转移的集中区域，形成各具特色的产业集群。国家加工贸易新政的实施，势必进一步推动东部沿海地区劳动密集型产业向中西部地区的转移。

四　西部地区承接产业转移的威胁

（一）沿海的省内产业转移政策

由于东部各省区地域宽阔且自身发展不平衡，同一省区不同地区之间经济发展水平差异很大，近些年，东部发达省份为了促进本省地区协调发展，大多出台一系列政策措施，鼓励本省劳动密集型产业及资本向本省区内不发达地区转移，客观造成对东西部省区间产业转移的拦截。如江苏省虽然 GDP 早已突破 1 万亿元、人均 GDP 超过万元，但其苏南、苏中、苏北地区人均 GDP 之比却大致为 5∶3∶1，存在着明显的地区差距。因此，江苏省政府鼓励苏南的劳动密集型产业转移到本省苏中、苏北地区。2005 年 3 月，广东省政府制定出台《关于我省山区及东西两翼与珠江三角洲联手推进产业转移的意见》，全省 14 个山区及东西两翼地级市中，有 8 个市已建立产业转移工业园，以承接深圳、广州等地的产业转移。其他如浙江、福建等东部省区内部也都同样存在此类拦截转移情况。[②]

（二）面临东南亚国家的竞争

中西部地区承接加工贸易不仅面临与东部欠发达地区的竞争，还面临与越南、泰国、马来西亚、印度等一些东南亚国家的竞争。首先，东南亚国家具有较低的物流成本优势。与海运的低成本相比，无论是公路运输、铁路运输还是内河航运都将大幅提高运输成本。因此，地理位置优越的东南亚国家海港城市与我国中西部地区相比，显然更具物流优势。其次，东南亚国家具有优厚的政策优势。如泰国对有些区域的企业可以免缴机械进

口税，免缴所得税 8 年，生产出口产品的企业进口原材料可免缴进口税 5 年。再如世界第二大发展中国家印度，该国明确规定用于生产出口产品的进口产品，以及向完全出口型企业提供的产品，可以免除全部关税和附加税，并采取了自由贸易区和出口加工区的制度安排。最后，东南亚国家还具有较强的人力成本优势。2006 年，中国平均工资水平每小时是 1.07 美元，其中东部地区是 1.31 美元，中西部地区是 0.91 美元，而印度平均工资水平每小时是 0.8 美元，越南是 0.4 美元。[①] 加上可以预计人民币在未来的一段时间里不断的升值压力，以及工资收入水平提高的趋势，我国中西部人力资源成本的优势正在减少。

第二节　西部地区生态承载力评价

西部地区既是资源富集区，又是经济欠发达与生态环境脆弱区。随着"十二五"规划的深入实施，国内产业转移的西进，西部地区经济社会发展已经进入一个新的上升阶段，需要对其资源环境承载力状况进行重新认识，以保证该地区经济社会与资源环境协调发展。同时，这也是落实科学发展观、实现又好又快发展的根本要求，是推进西部大开发向纵深发展的关键前提，是建成资源节约、环境友好型社会的重要基础。

一　评价方法选择及其技术路线

（一）资源环境承载力评价方法述评

所谓资源环境承载力，就是在自然生态环境不受危害并维系良好生态系统的前提下，一个区域的资源禀赋和环境容量所能承载的经济社会活动的规模。目前，学术界对资源环境承载力静态评价研究方法有状态空间法、生态足迹法和多指标综合评价法等几种。[②]

1. 状态空间法和生态足迹法

状态空间法将资源环境承载力放在欧式几何空间中进行分析和计算，通过对其实际值和理想值进行比较，得出可载、满载或超载的结论；生态足迹法从经济学中的需求与供给入手，通过计算生态足迹需求和供给来比

---

① 刘容欣：《加工贸易向中西部的梯度转移》，《开放导报》2009 年第 5 期。
② 邱鹏：《西部地区资源环境承载力评价研究》，《软科学》2009 年第 6 期。

较判断一个区域的资源环境承载力状况：若一个区域的生态足迹需求超过供给，则出现生态赤字，即超载；反之，则可载。不难发现，这两种方法都是基于供需比较的视角来对资源环境承载力进行研究。状态空间法中的区域资源环境承载力实际承载状况可以理解为在某一时间段内，这一区域各种经济社会活动对资源环境承载力的实际需求量，而理想承载状态则可看作是在这一时间段资源环境承载力的阈值，即理想供给量。同样，生态足迹法通过计算生态足迹需求和生态足迹供给来得出一个区域的生态盈余或生态赤字，也是利用供给与需求对比来判断一个区域的资源环境承载力状况。

但是，由于这两种方法最早都是由国外的研究者提出，而我国的经济发展水平和发展方式与国外有明显差异，利用这两种方法来评价西部地区的资源环境承载力状况可能就会出现偏差，不能得到科学合理的评价结果。例如，生态足迹法主要从资源的消耗与供给之间的关系来评价资源环境承载力，并没有更好地将环境方面的因素考虑进来，因此所得的结果更偏向于资源承载力，对环境承载力反映不足。此外，国内的统计方法、统计口径和统计指标也与国外存在一定的差别，不能准确得到这两种方法所需要的指标数据，由此，二者在操作上也有不小的难度。

2. 多指标综合评价法

多指标综合评价方法是目前应用非常广泛的一种评价方法，这种方法最大优点就是能够将与评价目标相关的所有因素都考虑进来，再根据评价地区的区情来确定所有因素对评价目标所起的作用大小，最后结合数理方法得到一个综合性较强的评价结果。而且，这种方法可操作性强，易于掌握且较为成熟，可以根据实际情况结合多种数理方法来计算，从而使得所得的结果具备较高的参考价值。但该方法在使用中，指标体系的设计十分关键，需要一个成熟的理论依据来对其进行支撑。

（二）西部地区资源环境承载力评价方法选择

虽然状态空间法和生态足迹法的适用范围与我国国情有一定出入，但其成熟的视角是值得借鉴并采纳的。而且，该视角可以给予多指标综合评价法较强的理论支撑，多指标综合评价法也弥补了它们的不足，即能全面地将资源环境承载力的相关因素纳入指标体系。因此，在对西部资源环境承载力进行评价的过程中，本书将状态空间法和生态足迹法中的供需比较理念与多指标综合评价法进行结合，即在供需比较的视角下，根据西部的区情分别设计出反映资源环境承载力供给量和需求量的两套指标体系，采用恰当的数理方法计算出供给量和需求量的评价得分，从而相应地计算出西部 12 省（市、区）资源环境承载力盈余量的评价得分，并对其资源环境承载力状况进行判断，得出相应的结论：若资源环境承载力盈余量得分为正，则说明评价省份资源环境承载力处于可载状态；相反，若盈余量得分为负，则表明评价省份资源环境承载力处于超载状态。介于这两种状态之间的为满载状态，即资源环境承载力盈余量为零。

（三）西部地区资源环境承载力评价技术路线

本书对西部地区资源环境承载力的评价采用如下的技术路线：

第一步：以供需比较理念为指导，根据资源环境承载力的内涵及西部地区现状设计能全面反映资源环境承载力供给量和需求量的两套指标体系。

第二步：确定各指标对评价目标所起作用的大小，即权重。与此同时，从相关统计资料如统计年鉴、统计公报等获取所有指标的数据。

第三步：对指标数据进行无量纲化处理，得到指标的标准分。

第四步：结合指标权重和指标标准分分别计算出资源环境承载力供给量和需求量的评价得分。

第五步：计算出各省（市、区）资源环境承载力盈余量的评价得分，做出判断和分析，得出结论。

二　评价指标体系的构建及评价结果的计算

（一）评价指标体系的构建

资源环境承载力供给量是指影响资源环境承载力的所有有利因素在某一特定时期内能够提供的资源环境承载力的大小，可以用资源禀赋与环境容量来表征；资源环境承载力需求量则是指影响资源环境承载力的所有不利因素在某一特定时期内，对资源环境承载力产生需求的大小，可以用资源需求和环境压力来表征。本书以西部 12 个省级行政区为评价对象，采取资源禀赋与环境容量、资源需求与环境压力为标准来进行指标体系的设计，同时在指标选取上借鉴了生态省建设指标、省级主体功能区区划指标等，以科学反映西部地区的资源环境承载力。指标体系如表 6 - 2 所示。

表6-2　　资源环境承载力供给量与需求量评价指标体系及其权重

评价项目	评价标准	评价指标	指标权重	评价项目	评价标准	评价指标	指标权重
资源环境承载力供给量	资源禀赋	可利用水资源总量	0.1655	资源环境承载力需求量	资源需求	总人口	0.1255
		耕地面积	0.0828			万元 GDP 用水量	0.0663
		建设用地面积	0.1103			水资源开发利用率	0.0619
		林地面积	0.0414			万元 GDP 能耗	0.1046
	环境容量	森林覆盖率	0.2021			辖区不可利用土地面积占比	0.0418
		湿地覆盖率	0.0674				
		建成区绿化覆盖率	0.0808		环境压力	万元 GDP 工业废水排放量	0.1849
		环保经费占 GDP 比重	0.0577			万元 GDP 工业 SO_2 排放量	0.1375
		工业废水排放达标率	0.0505			万元 GDP 工业固体废弃物排放量	0.1233
		工业二氧化硫去除率	0.0505				
		工业固体废弃物综合利用率	0.0505			自然灾害发生频率	0.0617
		辖区自然保护区面积占比	0.0405			环境污染与破坏事故次数	0.0925

资料来源：邱鹏：《西部地区资源环境承载力评价研究》，《软科学》2009 年第 6 期。

(二) 评价结果的计算

在计算评价得分之前，要先确定指标的权重并对指标数据进行无量纲化处理。目前，层次分析法和"均值化"法（$P = X/X'$，X、X' 分别是指标实际值、指标实际值的平均值）在指标权重确定和指标数据标准化中已得到广泛应用。层次分析法能够有效地将定性方法与定量方法结合起来处理与评价目标相关的所有影响因素，并能避免夸大或贬低某些指标所起的作用，从而得到较科学的指标权重；均值化法能够保留各指标变异程度的信息。[①] 因此，本书采用层次分析法和"均值化"法来实现指标权重的确定和指标数据的无量纲化，所得指标权重如表 6-2 所示。

在得到每个指标的权重和标准分后，可运用线性加权和函数（$P = \sum W_i P_i$，$i = 1, 2, 3, \cdots, P \in [0, 10]$）计算出西部地区资源环

[①] 张卫华等：《指标无量纲化方法对综合评价结果可靠性的影响及其实证分析》，《统计与信息论坛》2005 年第 3 期。

境承载力的综合评价结果，如表 6 - 3 所示。

三 综合评价结果分析

表 6 - 3 显示，当前西部地区资源环境承载力可载和超载省份各占一半，情况并不理想。在该结果基础上，结合西部 12 省的省情进行分析后可以发现西部地区资源环境承载力状况存在的一些问题。

表 6 - 3   2011 年西部地区各省（市、区）资源环境承载力综合评价结果

省（市、区）	资源环境承载力评价得分	资源环境承载力状况	省（市、区）	资源环境承载力评价得分	资源环境承载力状况
西藏	0.5743	可载	广西	- 0.0493	轻微超载
内蒙古	0.4828	可载	甘肃	- 0.1683	超载
云南	0.3637	可载	重庆	- 0.2399	超载
四川	0.1772	可载	贵州	- 0.2593	超载
陕西	0.1706	可载	新疆	- 0.3087	超载
青海	0.0423	接近满载	宁夏	- 0.7964	严重超载

（一）西部地区资源环境承载力总体发展形势不容乐观

虽然西部局部地区资源环境承载力状况较好，但由于各省份的经济发展阶段不同，大部分地区特别是一些欠发达地区经济增长方式粗放，资源环境承载力面临较大的压力。例如，2011 年，西部地区万元 GDP 能耗排名前三的省份为宁夏、青海和贵州，分别为 2.279、2.081 和 1.714 吨标准煤/万元，能耗最低的省份广西为 0.800 吨标准煤/万元。从全国的情况来看，2007 年万元 GDP 能耗最低的三个省份依次为北京、广东和浙江，分别为 0.459、0.563 和 0.590 吨标准煤/万元。[①] 可见，一方面，西部各省份的能耗指标存在较大的内部差距；另一方面，能耗较低的西部省份与全国领先省份的能耗指标相比，经济增长方式仍然处于向集约型转变的过渡期。因此，西部地区特别是一些经济发展水平较低的省份如贵州、甘肃、青海、宁夏和新疆要实现经济增长成功转型和资源环境承载力同时提高难度依然不小。在少数省份如内蒙古、云南和四川等资源环境承载力表现稳定的同时，大多数省份为实现经济社会的进一步腾飞，对资源环境承载力

---

① 《中国统计年鉴》（2012）。

的需求量必将逐年增加，而资源环境承载力供给量短期内又无法实现快速的提升。由此从长远看，西部地区资源环境承载力发展趋势不容乐观。

（二）薄弱的生态基础和有限的环境保护能力阻碍了资源环境承载力的提升

薄弱的生态基础和低下的环境保护能力导致西部部分省份环境容量较小，影响了这些省份的资源环境承载力。例如，就森林覆盖率而言，2011年，甘肃为11.3%、青海为5.6%、西藏为12.0%、宁夏为11.9%、新疆为4.2%。其中，新疆多项生态环境指标均远低于全国平均水平：除森林覆盖率外，湿地覆盖率为1.12%，工业废水排放达标率为67.15%，工业二氧化硫去除率为5.32%，工业固体废弃物利用率为48.44%。[①] 其生态基础和环境保护能力非常落后，所能提供的环境容量十分有限，由此导致新疆资源环境承载力处于严重超载的状态。这些省份由于经济实力较弱，想短时间内改善生态基础，提高环保能力非常困难，无形中也对其资源环境承载力的提升设置了重重障碍。

（三）资源的短缺使西部部分省份的资源环境承载力受到较大影响

自然资源丰度和生态环境状况是影响一个区域资源环境承载力的两个方面。通过对西部各省份资源数据的获取不难发现，广西、重庆、贵州、甘肃、青海、宁夏和新疆在资源上都存在不同程度的短缺现象。例如，2011年，贵州、内蒙古、甘肃、青海、宁夏、新疆可利用水资源总量分别为626.02亿、419.00亿、242.21亿、733.12亿、8.76亿、885.65亿立方米，与四川省的2239.49亿立方米相比[②]，这些省份的水资源特别是贵州、甘肃和宁夏显得较为匮乏。正是由于资源的不足，使得西部部分省份的资源环境承载力受到严重影响，对其经济发展不能提供足够的资源支撑。

第三节　西部地区产业转移承接力评价

一　产业转移承接力的含义

产业承接力是指一个国家或地区在一定时期和一定技术组织条件下所

---

① 《中国统计年鉴》（2012）。

② 《中国环境统计年鉴》（2012）。

拥有的，凝聚吸引转移产业，准确选择转移产业，稳固接纳转移产业，融合发展转移产业，进而提升产业结构、促进区域经济发展的能力。[①] 产业承接力不仅仅是一种能力，而是包含着对产业的吸引、选择、支撑和发展等多种能力，内涵丰富。它由若干处于不同层次上的分力构成，它们相互关联、不可分割，构成一个有机整体。产业承接力涉及面广、影响因素多，是长期不断积累沉淀而成的，不可能一蹴而就。它具有时间上的延续性和功能上的继承性，随着技术组织条件的改善，产业承接力及其构成分力会相应发展壮大。

一个国家或地区的产业承接力是一个复杂的系统，包括如下四个子系统：一是集聚转移产业的吸引力，即由于资源供给或产品需求的比较优势所具有的吸引转移产业的能力，主要包括市场吸引力、产业集聚吸引力和政策吸引力；二是准确甄别转移产业的选择力，即依据综合评价理论和方法，综合考虑社会效益、经济效益和生态效益等标准，恰当地选择承接产业转移的时机，从若干备选转移产业中选择最佳者的能力，主要包括信息收集处理能力和项目可行性论证能力；三是稳固接纳转移产业的支撑力，即使接纳而来的产业得以存续的能力，主要包括载体支撑力和环境支撑力；四是融合提升产业的发展力，即将存续下来的转移产业与本地原有产业体系融为一体，是本地产业规模不断扩大、结构不断改善的能力，主要包括技术创新力和市场开拓力。分析各子系统的构成要素及其相互关系，得出产业承接力结构，如图 6－2 所示。

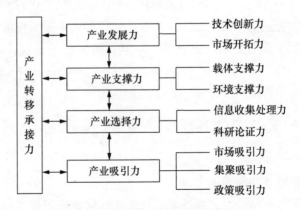

图 6－2　产业转移承接力的网状结构

---

① 孙世民等：《产业转移承接力的形成机理与动力机制》，《改革》2007 年第 10 期。

二　基于层次分析法（AHP）的西部产业转移承接力评价体系

（一）评价指标体系

按照科学性、系统性、独立性、层次性、可操作性和可比性的原则，通过严格分析和筛选影响产业转移承接效果的各种因素，并参考已有研究成果，建立以下产业转移承接力评价指标体系，如表6-4所示。[1]

表6-4　　　　　　　　产业转移承接力评价指标体系

目标层	准则层（B）		
	一级指标	二级指标	三级指标
产业转移承接力评价（A）	产业吸引力（B_1）	市场吸引力（C_1）	社会消费零售额人均收入、城市规模等
		积聚吸引力（C_2）	工业产值、三产比重、大中型企业数、产业集群数等
		政策吸引力（C_3）	税收、土地政策等
	产业选择力（B_2）	信息收集处理力（C_4）	信息渠道、信息人才等
		科研论证力（C_5）	专家、咨询机构、高等院校数等
	产业支撑力（B_3）	载体支撑力（C_6）	园区、开发区规模与数量、管理水平等
		环境支撑力（C_7）	政府服务效率、基础设施、主要生产要素成本等
	产业发展力（B_4）	技术创新力（C_8）	科研投入资金、专利数等
		市场开拓力（C_9）	销售范围、知名品牌数量等

在上述评价体系中，定量指标参考了各市2011年国民经济和社会发展统计公报，主要数据以公报公布的数据为准，个别指标数据以打分法给出。并据上述指标体系，建立层析分析结构图。

（二）各层指标权重的确定

依据层次结构图，参考借鉴已有研究成果，建立相应的判断矩阵。计算结果如表6-5所示。

上述判断矩阵的一致性指标为：

$CR = CI/RI = 0.0263$

因为$CR = 0.0263 < 0.10$，所以判断矩阵具有可以接受的一致性。同

---

[1] 何龙斌：《西部欠发达地区产业转移承接力的评价与培育——以陕南三市为例》，《延安大学学报》（社会科学版）2010年第5期。

理，根据上述各准则层 B 相对目标层 A 的权重，确定子准则层 C 相对于目标层 A 的权重，计算结果 C_1 到 C_9 的权重分别为：0.0790、0.2920、0.1249、0.0286、0.0572、0.1925、0.0962、0.0324、0.0972。

表 6-5   判断矩阵各指标因素的权重

B_i	产业吸引力	产业选择力	产业支撑力	产业发展力	W_i
产业吸引力	1	5/1	2/1	4/1	0.4959
产业选择力	1/5	1	1/3	1/2	0.0858
产业支撑力	1/2	3/1	1	3/1	0.2887
产业发展力	1/4	2/1	1/3	1	0.1296

（三）指标数据的标准化处理及评价模型

由于综合评价体系包含的指标很多，各个指标单位不同，而且有的数据差距较大，这样就要求在进行综合评价值计算之前，要首先对所收集的数据进行无量纲化处理，否则无法对其进行综合评价。对数据进行无量纲化处理方法很多，本书利用标准化处理公式 $Z_i = (X_i - X_{min})/(X_{max} - X_{min})$ 对收集的原始数据进行标准化。

在评价各个城市产业转移承接力综合得分时，本书采用的模型是：

$$Z = \sum W_i \times \eta_{ij}$$

其中，Z 为各市各因素最后综合评价得分值；W_i 为各个指标因素权重；η_{ij} 为标准化后的数据值。

三　西部各省市评价结果与分析

根据上述评价过程，得出西部地区 12 个省、市、区的产业转移承接力综合评价得分，如表 6-6 所示。

从表 6-8 可以看出，按照综合得分排序，西部地区 12 个省、市、区的产业转移承接力可以分为三个层次：

第一层次：产业承接力较强的四川、重庆、陕西、广西；

第二层次：产业承接力一般的内蒙古、云南、新疆、甘肃；

第三层次：产业承接力较弱的贵州、宁夏、青海、西藏。

表 6 - 6　　　　　　西部地区转移承接力综合评价比较

地区	产业吸引力	产业选择力	产业支撑力	产业发展力	综合评价得分	排名
内蒙古	0.3675	0.0294	0.1417	0.0370	0.5756	5
广西	0.2925	0.0444	0.1836	0.0802	0.6007	4
重庆	0.3223	0.0619	0.2887	0.0963	0.7692	2
四川	0.4959	0.0858	0.2650	0.1296	0.9763	1
贵州	0.1053	0.0119	0.1222	0.0381	0.2775	9
云南	0.1516	0.0357	0.1456	0.0216	0.3545	6
陕西	0.3383	0.0755	0.2219	0.0802	0.7159	3
甘肃	0.1108	0.0309	0.1308	0.0395	0.312	8
宁夏	0.0482	0.0071	0.1211	0.0216	0.198	10
青海	0.0431	0.0048	0.0095	0.0056	0.063	11
新疆	0.1517	0.0246	0.1316	0.0371	0.345	7
西藏	0.0094	0.0032	0.0433	0.0038	0.0597	12

资料来源：根据各地 2011 年《统计年鉴》数据整理、计算。

第四节　本章小结

本章对西部地区承接产业转移的现实基础进行了全面分析。首先，对西部地区承接产业转移进行了 SWOT 分析。分析认为，西部地区具有资源、政策和潜在市场优势，同时具有产业配套能力差和物流成本高、认识不到位三大劣势；面临东部沿海地区因环境承载力、企业成本攀升和加速推进本地产业结构的升级换代，迫使劳动密集型的加工制造业向外转移，以及国家实施新的差别化加工贸易政策，强力推进传统加工制造型企业向中西部地区转移三大机遇，但也同时面临沿海的省内产业转移政策和东南亚国家的竞争两大威胁。其次，将状态空间法和生态足迹法中的供需比较理念与多指标综合评价法进行结合对西部地区资源环境承载力进行了评价。研究认为，西部地区资源环境承载力得分顺序分别为西藏、内蒙古、云南、四川、陕西、青海、广西、甘肃、重庆、贵州、新疆、宁夏。综合来看，西部地区资源环境承载力总体发展形势不容乐观，薄弱的生态基础和有限的环境保护能力阻碍了资源环境承载力的提升，资源的短缺使西部部分省份的资源环境承载力受到较大影响。最后，通过构建以产业吸引力、产业选择力、产业支撑力、产业发展力为一级指标的西部产业转移承接力评价体系，对西部地区产业转移承接力进行了评价。研究认为，按照综合得分排序，西部地区 12 个省（市、区）的产业转移承接力可以分为三个层次：第一层次为产业承接力较强的四川、重庆、陕西、广西；第二层次为产业承接力一般的内蒙古、云南、新疆、甘肃；第三层次为产业承接力较弱的贵州、宁夏、青海、西藏。

通过研究西部地区承接产业转移的现实基础可以发现，总体上西部地区承接国内外产业转移有优势也有劣势，有机遇也有威胁，而且从某种程度上讲，优势与机遇并不明显。这就要求西部地区仍需不断挖掘和寻找优势，主动抓住和利用机遇，同时回避劣势与威胁，才能实现对国内外产业转移的有效承接。而分开看，西部地域宽广，不同省、市、自治区承接产业转移的基础差别较大，有的省份有较大的资源环境承载力，但缺乏产业承接力，有的省份有产业承接力，但缺乏资源环境承载力。综合比较而言，四川、重庆、陕西、广西具有较大的产业转移承接优势，而贵州、青海、宁夏、西藏优势不足。

第七章 西部地区承接产业转移空间分布研究：兼顾生态功能区的视角

西部地区地广人稀，而且受交通条件、市场容量、地形地貌、生态环境、自然资源等多种因素影响，很多地方并不适合承接产业转移，发展工业经济。然而，由于各种利益，当前西部几乎所有地方政府都热衷于招商引资、承接发达地区的产业转移，甚至有些地方政府之间形成对产业转移的恶性竞争，也由此导致当前一些产业转移在西部地区的无序和低效。因此，在这种背景下，有必要对西部地区承接产业转移的空间分布进行研究，特别是在国务院颁布全国生态功能区规划的前提下，从建设生态文明的国家战略出发，以发展循环经济为手段，制定和规划西部合理的产业转移承接空间具有重要现实意义。

第一节 西部地区的主体功能区定位

一 西部地区的生态功能区定位

西部地区包括重庆、四川、贵州、云南、广西、陕西、甘肃、青海、宁夏、西藏、新疆、内蒙古十二个省、直辖市和自治区。西部地区位于亚洲大陆中部，南北跨越 28 个纬度，东西横贯 37 个经度，远离海洋，深居内陆，是东北亚、中亚、南亚和东南亚的交会区域，总面积约占全国陆地总面积的 71.5%。该区域地势高差变化大，气候条件差异显著。西北部干旱少雨、西南部温湿多雨、青藏高原寒冷少氧。光热资源丰富，水资源总量大，但时空分布不均。生态系统类型多样，但生态脆弱区域面积较大。受地形和气候影响，全区可划分为寒温带湿润地区，中温带亚湿润、干旱半干旱地区，暖温带亚湿润、干旱地区，亚热带湿润地区，热带湿润地区，青藏高原寒带亚湿润、干旱半干旱地区，青藏高原温带干旱半干

旱、湿润亚湿润地区等主要生态地理单元。国家对西部地区的生态功能区定位是:

(1) 国家生态安全重要屏障。青藏高原、黄土高原、内蒙古高原、西南丘陵山地等，森林、草原、湿地、荒漠等生态系统均有分布，是我国"两屏三带"生态安全战略格局的重要组成部分，对于保障经济社会可持续发展发挥着重要作用。

(2) 国家重要水源涵养区。长江、黄河、珠江、澜沧江等大江大河均发源于西部地区，水资源量占全国水资源总量的55.6%，水能资源占全国可开发量的70%左右，为我国水资源和能源安全提供了重要保障。

(3) 生物多样性聚集区。西部地区集中分布着许多特有的珍稀野生动植物物种，是我国重要的生物多样性基因库。各类动物特有品种占全国的50%—80%。在植物种类中，仅高等植物就有2万种以上，约占我国高等植物总数的70%。青藏高原更是世界山地生物物种最主要的分布与形成中心，是全球25个生物多样性热点地区之一。

(4) 优质农林牧产品生产基地。西部地区是优质肉、奶、毛绒、皮革等畜产品的重要供给地，也是我国粮食、油料、棉花、糖料、干鲜果品等农林作物的重要产区，在我国特色优势农产品产业发展中具有重要地位。

(5) 特色自然文化旅游资源富集区。西部地区分布着类型多样的自然景观和独特的人文资源，形成了众多具有鲜明特色的旅游资源，是我国乃至世界重要的旅游目的地。[①]

二 西部地区承接产业转移的主体功能区定位

推进形成主体功能区，就是根据不同区域的资源环境承载能力、现有开发强度和发展潜力，统筹谋划人口分布、经济布局、国土利用和城镇化格局，确定不同区域的主体功能，并据此明确开发方向，完善开发政策，控制开发强度，规范开发秩序，逐步形成人口、经济、资源环境相协调的国土空间开发格局。推进形成主体功能区，是深入贯彻落实科学发展观的重大举措，有利于推进经济结构战略性调整，加快转变经济发展方式，实现科学发展;有利于按照以人为本的理念推进区域协调发展，缩小地区间

---

① 国家发改委:《西部地区重点生态区综合治理规划纲要（2012—2020年）》，http://www.gov.cn/gongbao/content/2013/content_ 2433562. htm。

基本公共服务和人民生活水平的差距；有利于引导人口分布、经济布局与资源环境承载能力相适应，促进人口、经济、资源环境的空间均衡；有利于从源头上扭转生态环境恶化趋势，促进资源节约和环境保护，应对和减缓气候变化，实现可持续发展；有利于打破行政区划界线，制定实施更有针对性的区域政策和绩效考核评价体系，加强和改善区域调控。

西部地区既是资源富集区，又是生态脆弱区；既担负着为国家经济发展提供资原动力的职能，也肩负着国家重要生态屏障的功能。依据主体功能区划，西部大多数地区都被划为"限制开发区"、"禁止开发区"，即"限制"和"禁止"资源环境条件恶劣地区较大强度的工业化和较大规模的城镇化。① 因此，产业转移的承接地必然是资源环境承接能力较强的"优先开发区"和"重点开发区"、西部各省（市、区）的大中城市尤以省会城市为中心的都市圈、城市群成为产业转移的优选地。西部产业转移承接地主要分布在成渝经济圈、关中城市群、呼包鄂城市群、滇中城市群、南宁经济圈、未来的兰西银经济圈、天山北坡经济圈、贵阳经济圈等。

（一）成渝地区

该区域位于全国"两横三纵"城市化战略格局中沿长江通道横轴和包昆通道纵轴的交会处，包括重庆经济区和成都经济区。该区域的功能定位是：全国统筹城乡发展的示范区，全国重要的高新技术产业、先进制造业和现代服务业基地，科技教育、商贸物流、金融中心和综合交通枢纽，西南地区科技创新基地，西部地区重要的人口和经济密集区。其中，重庆经济区包括重庆市西部以主城区为中心的部分地区。该区域的功能定位是：西部地区重要的经济中心，全国重要的金融中心、商贸物流中心和综合交通枢纽，以及高新技术产业、汽车摩托车、石油天然气化工和装备制造基地，内陆开放高地和出口商品加工基地。成都经济区包括四川省成都平原的部分地区。该区域的功能定位是：西部地区重要的经济中心，全国重要的综合交通枢纽，商贸物流中心和金融中心，以及先进制造业基地、科技创新产业化基地和农产品加工基地。

（二）关中—天水地区

该区域位于全国"两横三纵"城市化战略格局中陆桥通道横轴和包

---

① 国务院：《全国主体功能区规划》，http://www.gov.cn/zwgk/2011 - 06/08/content_1879180.htm。

昆通道纵轴交会处，包括陕西省中部以西安为中心的部分地区和甘肃省天水的部分地区。该区域的功能定位是：西部地区重要的经济中心，全国重要的先进制造业和高新技术产业基地，科技教育、商贸中心和综合交通枢纽，西北地区重要的科技创新基地，全国重要的历史文化基地。

（三）北部湾地区

该区域位于全国"两横三纵"城市化战略格局中沿海通道纵轴的南端，包括广西壮族自治区北部湾经济区以及广东省西南部和海南省西北部等环北部湾的部分地区。该区域的功能定位是：我国面向东盟国家对外开放的重要门户，中国—东盟自由贸易区的前沿地带和"桥头堡"，区域性的物流基地、商贸基地、加工制造基地和信息交流中心。

（四）黔中地区

该区域位于全国"两横三纵"城市化战略格局中包昆通道纵轴的南部，包括贵州省中部以贵阳为中心的部分地区。该区域的功能定位是：全国重要的能源原材料基地、以航空航天为重点的装备制造基地、烟草工业基地、绿色食品基地和旅游目的地、区域性商贸物流中心。

（五）滇中地区

该区域位于全国"两横三纵"城市化战略格局中包昆通道纵轴的南端，包括云南省中部以昆明为中心的部分地区。该区域的功能定位是：我国连接东南亚、南亚国家的陆路交通枢纽，面向东南亚、南亚对外开放的重要门户，全国重要的烟草、旅游、文化、能源和商贸物流基地，以化工、冶金、生物为重点的区域性资源精深加工基地。

（六）兰州—西宁地区

该区域位于全国"两横三纵"城市化战略格局中陆桥通道横轴上，包括甘肃省以兰州为中心的部分地区和青海省以西宁为中心的部分地区。该区域的功能定位是：全国重要的循环经济示范区，新能源和水电、盐化工、石化、有色金属和特色农产品加工产业基地，西北交通枢纽和商贸物流中心，区域性新材料和生物医药产业基地。

（七）宁夏沿黄经济区

该区域位于全国"两横三纵"城市化战略格局中包昆通道纵轴的北部，包括宁夏回族自治区以银川为中心的黄河沿岸部分地区。该区域的功能定位是：全国重要的能源化工、新材料基地，清真食品及穆斯林用品和特色农产品加工基地，区域性商贸物流中心。

（八）呼包鄂榆经济区

该区域位于全国"两横三纵"城市化战略格局中包昆通道纵轴的北端，包括内蒙古自治区呼和浩特、包头、鄂尔多斯和陕西省榆林的部分地区。该区域的功能定位是：全国重要的能源、煤化工基地、农畜产品加工基地和稀土新材料产业基地，北方地区重要的冶金和装备制造业基地。

（九）天山北坡地区

该区域位于全国"两横三纵"城市化战略格局中陆桥通道横轴的西端，包括新疆天山以北、准噶尔盆地南缘的带状区域以及伊犁河谷的部分地区（含新疆生产建设兵团部分师和团场）。该区域的功能定位是：我国面向中亚、西亚地区对外开放的陆路交通枢纽和重要门户，全国重要的能源基地，我国进口资源的国际大通道，西北地区重要的国际商贸中心、物流中心和对外合作加工基地，石油天然气化工、煤电、煤化工、机电工业及纺织工业基地。

（十）藏中南地区

该区域包括西藏自治区中南部以拉萨为中心的部分地区。该区域的功能定位是：全国重要的农林畜产品生产加工、藏药产业、旅游、文化和矿产资源基地，水电后备基地。

第二节　西部地区承接产业转移竞争力的空间分布

产业转移是发达地区（高梯度地区）对欠发达地区（低梯度地区）的技术、资产、人力资本等生产要素的转移与扩散。根据产业转移的客观规律，只有在经济、社会基础差距不是很大的地区才有能力承接相应产业的迁入，因此产业转移是向技术水平较高、基础设施较好、人力资本较发达和自然资源较丰富的地区优先跳跃式转移。西部地区承接产业转移竞争力的计算须综合考虑地区自然资源丰度和社会经济资源丰度。①

一　自然资源丰度

由于有些资源难以量化和数据的难以获取，本书以能源资源、黑色金

---

① 徐艳飞等：《西部地区承接产业转移空间分布研究》，《资源开发与市场》2010年第2期。

属、有色金属和非金属等主要矿产代表当地的自然资源丰度；能源资源主要包括石油、天然气、煤炭资源储量和水电发电量。由于当地水电资源储量难以取得，就以当年的水电发电量为标准；从铁矿、锰矿、铬矿、钒矿、钛矿等矿产储量来代表黑色金属的丰度；有色金属、非金属矿产储量主要指铜矿、铅矿、锌矿、铝土矿、菱镁矿、硫铁矿、磷矿、高岭土等矿产的丰度，见表7－1。自然资源丰度 NR 的计算方法为：将自然资源分为三大类，即能源储存量、黑色金属储存量、有色（非）金属储存量。先计算各省某种矿产指数，计算方法为：（1）能源矿产折算成标准煤。该省的能源矿产指数为该省的能源矿产总数（折算后的标准煤）/西部 12省平均值；（2）有色、黑色金属矿产储量指数计算方法为，该省该种矿产资源量/西部 12 省该种矿产平均资源量，然后计算该大类资源指数为各种矿产指数的乘积开 N 次方（N 为该大类矿产种类数）；（3）各省自然资源丰度 NR 计算方法为，将能源指数设为 M_1、黑色金属指数为 M_2、有色（非）金属指数为 M_3，则 $NR = \sqrt[3]{M_1 M_2 M_3}$。[①]

表7－1 西部各省份自然资源丰度指数

指数	内蒙古	四川	重庆	贵州	云南	西藏	陕西	甘肃	青海	宁夏	新疆	广西
能源资源	0.902	0.053	0.002	0.001	0.008	0.000	2.934	1.378	0.610	0.011	6.063	0.028
黑色金属	0.589	1.727	0.311	0.727	0.064	0.750	0.148	0.758	0.189	0.284	0.106	1.182
有色（非）金属	0.911	1.147	0.420	0.202	1.632	0.480	0.182	1.219	0.526	0.528	0.223	1.030
NR	0.785	0.417	0.068	0.116	0.093	0.015	0.429	1.084	0.393	0.118	0.523	0.325

资料来源：徐艳飞等：《西部地区承接产业转移空间分布研究》，《资源开发与市场》2010 年第 2 期。

二 社会经济资源的丰度

社会经济资源是区域发展的后天基础，是当地历史、社会、文化、政策、自然资源综合作用的结果，也是进一步发展的基石，在现代社会对区域经济的发展中起着决定性作用。社会经济资源用人均地区生产总值、人

[①] 梁欣然：《区域资源禀赋与经济发展差异的相关性研究》，《经济问题探索》2007 年第 10 期。

均全社会固定资产投资、人均财政收入、客运量、非食品支出占生活性消费支出比例、城市化水平、国内三种专利申请受理件数、外商投资企业数量、普通高等学校在校学生数、亿元以上商品交易市场数 10 个指标来衡量。西部各省区的社会经济资源见表 7-2，丰度采用指数计算法：先计算上述 10 个指标的西部 12 省（市、区）的平均值，然后计算各省（市、区）各资源指数，即（各省该资源水平/西部平均值）×100%，设 10 个指标指数分别为 N_1—N_{10}，则西部各地区社会经济资源 SER 为：

$$SER = \sqrt[10]{N_1 N_2 N_3 N_4 N_5 N_6 N_7 N_8 N_9 N_{10}}$$

最后，计算出的结果，按指数大小依次排序为：四川 160.76、重庆 148.14、陕西 136.51、广西 100.84、内蒙古 98.62、云南 81.65、新疆 77.30、甘肃 74.58、贵州 74.11、宁夏 48.72、青海 34.38、西藏 15.39。

表 7-2　　2012 年西部地区各省份社会经济资源主要指标

地区	人均地区生产总值（元）	人均全社会固定资产投资（元）	人均财政收入（元）	客运量（万人）	非食品支出占生活性消费支出比例（%）	城市化水平（%）	国内三种专利申请受理件数（件）	外商投资企业数量（个）	普通高等学校在校学生数（万人）	亿元以上商品交易市场数（个）
内蒙古	63886	47693.73	6235.94	27630	69.16	57.75	4732	3114	39.14	71
广西	27952	20949.62	2490.52	90229	61.02	43.53	13610	3773	62.92	95
重庆	38914	29664.41	5784.35	156545	58.55	56.98	38924	4461	62.36	133
四川	29608	21099.53	2998.11	277611	59.64	43.54	66312	9107	122.37	114
贵州	19710	16411.6	2910.59	83527	60.33	36.42	11296	1688	38.38	39
云南	22195	16808.61	2872.18	48456	60.61	39.3	9260	3956	51.22	56
西藏	22936	21770.13	2811.04	3849	50.67	22.73	170	208	3.35	1
陕西	38564	32093.13	4265.09	111773	63.8	50.01	43608	5983	102.63	44
甘肃	21978	19957.45	2018.62	64361	64.18	38.75	8261	2262	43.11	46
青海	33181	32869.46	3253.4	12692	62.2	47.47	844	347	4.87	12
宁夏	36394	32408.96	4079.75	16343	66.1	50.7	1985	476	9.64	31
新疆	33796	27580.74	4070.62	38331	62.29	43.98	7044	1311	26.87	76
平均	32426	26608.95	3649.18	77612	61.55	44.26	17170	3057	47.24	59

资料来源：根据《中国统计年鉴》（2012）计算、整理。

三　西部地区承接产业转移竞争力分析

根据关凤峻对我国1985—2001年统计数据分析表明，自然资源丰度（NR）贡献率平均在30%左右，且随着经济技术发展呈减弱趋势。[①] 因此，本书采用自然资源对经济增长的贡献率30%，剩余70%为社会经济资源丰度（SER）对经济增长的贡献率来综合计算西部各省承接产业转移的竞争力指数（UICI）：UICI = NR × 30% + SER × 70%。通过计算，得出西部各省承接产业转移竞争力排名如表7-3所示。

表7-3　　　　　　　　西部各省承接产业转移竞争力排名

地区	内蒙古	四川	重庆	贵州	云南	西藏	陕西	甘肃	青海	宁夏	新疆	广西
NR	0.79	0.42	0.07	0.12	0.09	0.02	0.43	1.08	0.39	0.12	0.52	0.33
SER	0.99	1.61	1.48	0.74	0.82	0.15	1.37	0.75	0.34	0.49	0.77	1.01
UICI	0.93	1.25	1.06	0.55	0.6	0.11	1.08	0.85	0.36	0.38	0.7	0.8
排名	4	1	3	9	8	12	2	5	11	10	7	6

综合西部12省（市、区）的自然资源和社会经济资源丰度，将西部承接产业转移划分为三类：优先承接区、一般承接区、承接障碍区（见图7-1）。根据表7-3，将承接产业竞争力排在前四名的划为优先承接区，

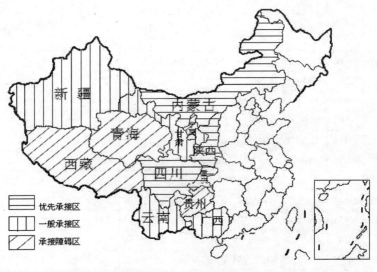

图7-1　西部承接产业转移的竞争力空间分布

---

① 关凤峻：《自然资源对我国经济发展贡献的定量分析》，《资源科学》2004年第4期。

包括四川、陕西、重庆、内蒙古。竞争力在第5—8名的为一般承接区，包括甘肃、广西、新疆、云南。竞争力在后4名的为承接障碍区：贵州、宁夏、青海、西藏。需要说明的是，此划分是根据各地区综合承接产业转移竞争力来区分的，因此并不妨碍贵州、西藏等省区承接本地具有相对优势资源的特色产业，如贵州的煤炭、锰矿、铝土矿资源相对丰富，可以此为基础承接相关科技水平较高的东部资源型企业，延长产业链条，走集约化发展的道路。

第三节　西部地区承接产业转移类型空间分布

从空间看，产业转移更容易向地理位置相邻或相近的区域转移，中部地区联东贯西，区位优越，是产业转移的重要承载区。西部地区要承接横跨中部的发达地区和国外产业转移，其竞争优势要大于中部地区。总体看，西部地区具有的资源优势并非经济优势，仅靠市场作用是难以吸引外迁企业入驻的，但通过内外环境的改善，如中央政府统筹生产力布局并出台区域产业转移指导政策，地方政府加强承接产业转移的软硬件建设，在土地出让、税费减免、信贷融资等方面给予优惠，可有效弥补承接地竞争力的不足。因此，在西部地区承接相关类型产业转移的分析中，本书还是采取单要素的比较优势分析法。

中国社会经济发展水平差异在空间上表现出从东往西、由沿海向内陆依次递减趋势，西部地区的高级生产要素——社会经济基础——的比较劣势与初级生产要素——自然资源、劳动力——的比较优势决定了西部只能承接劳动密集型、资源密集型与少量的技术密集型产业。

一　劳动密集型的产业承接分布

（一）劳动力资源丰度分析

劳动密集型产业的显著特点是技术含量低、劳动力需求庞大、工资占其主要成本，其产品市场随着东部地区的消费结构升级而主要集中在中西部地区。因此，一地的劳动力丰裕度、工资水平和有效市场需求决定了其迁入地。如表7-4和图7-2所示[①]，西部12省（区）农村总劳动力为

---

①　根据《中国统计年鉴》（2012）数据计算、整理。

16446.27 万人，其中从事农业劳动力 9758.04 万人，非农业劳动力 6688.23 万人。但从各省（市、区）具体分析，四川省农村劳动力资源总量为 3948.27 万人，其中非农业劳动力 1880.27 万人，非农业劳动力占西部总劳动力比例达 28.11%，均大于西部其他各省（市、区）；其次为贵州、广西、重庆、陕西，非农业劳动力分别为 1012.01 万、862.91 万、778.43 万、647.26 万人，这些省份劳动力资源总量丰富，潜力巨大。相对这些省份，云南、甘肃、内蒙古、青海、宁夏、新疆、西藏七个省份劳动力资源总量相对较小。

（二）区位优势分析

发展劳动密集型的一般加工贸易进口零部件、原材料成本和出口产品物流运输成本至关重要。四川位于青藏高原东南部，本处于第二阶梯，但海拔较低形成凹地，构成四川盆地，位于西部地理中心。由于地处内陆，远离沿海，加之交通不便，自古就有"蜀道难"之说，"天府之国"的优势难以发挥。但随着交通条件的不断改善，成渝经济圈作为西部交通枢纽的地位不断凸显。四川省与铁道部签署部省纪要，在原来 4 条基础上新建 6 条出省大通道，形成成都至周边省会城市贵阳、兰州、昆明、西安、武汉"4 小时交通经济圈"，成都至京津冀、珠三角、长三角地区"8 小时交通经济圈"。四川将全面打通北、南、西、东四个方向的出川铁路大通

表 7 – 4　　　　　　　　　2012 年西部地区农村劳动力人口　　　　单位：万人、%

地区	农村总劳动力	从事农业劳动力	非农业劳动力	非农业劳动力占本省总劳动力比例	非农业劳动力占西部总劳动力比例	地区	农村总劳动力	从事农业劳动力	非农业劳动力	非农业劳动力占本省总劳动力比例	非农业劳动力占西部总劳动力比例
广西	2427.11	1564.2	862.91	35.55	12.90	西藏	127.91	92.07	35.84	28.01	0.54
内蒙古	742.32	552.85	189.47	25.52	2.83	陕西	1436.70	789.44	647.26	45.05	9.68
重庆	1365.29	586.86	778.43	57.01	11.64	甘肃	1122.07	697.64	424.43	37.82	6.35
四川	3948.27	2068.00	1880.27	47.62	28.11	青海	203.14	114.94	88.2	43.41	1.32
贵州	2144.72	1132.71	1012.01	47.18	15.13	宁夏	214.29	120.47	93.82	43.78	1.40
云南	2187.34	1619.18	568.16	25.97	8.49	新疆	527.11	419.68	107.43	20.38	1.61

道：北部拟建兰渝线，南部将连通四川与北部湾、珠三角，西部铁路连接西藏、青海、新疆，东通道是四川连接重庆、长三角地区的重要通道。[①]重庆位于我国地理位置中心，2012 年重庆经兰州到新疆高速铁路开通，重庆的货运经铁路从重庆—兰州—新疆—莫斯科—鹿特丹欧亚大陆桥到达欧洲只需要 13 天，比东部地区海运更高效。同时，公路、水路、航空通道的扩建以及内陆唯一"水运＋空运＋铁路"保税区的设立，重庆的区位优势更加凸显。广西位于中国南端，东连"珠三角"，西接越南沟通东南亚，南端的防城港、北海市是大西南的出海口，优越的区位优势有利于承接东部和国外的加工贸易服务业。

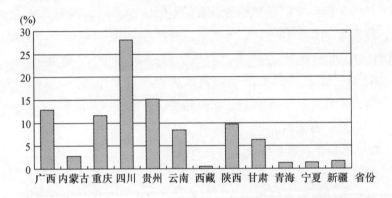

图 7 - 2　西部各省（市、区）非农业劳动力占西部总劳动力比例

　　综合劳动力资源、区位优势的分析得出：成渝经济圈在承接面向国内需求市场的劳动密集型产业具有比较优势，南宁经济区在承接面向国外市场特别是东南亚市场的一般加工贸易的劳动密集型产业具有比较优势。

二　资源密集型产业承接分布

（一）资源储量分析

　　西部地区自然资源丰富。从主要能源储量看，西部地区的石油储量约占全国总储量（包括海域）的 28.67%，其中新疆、陕西分别占全国的15%、7%，西部天然气资源占全国的 81.19%，其中几个大的油气点分布在陕西、新疆、四川，分别占全国的 23%、21%、18%，这 3 个省份的天然气资源总量占全国的 60% 以上。煤炭资源西部各省均有分布，占全国的 50.61%，其中内蒙古、陕西、贵州、新疆分别占全国的 25%、8%、

①　杨继瑞等：《四川承接产业转移的比较优势解析》，《四川省情》2008 年第 10 期。

5%、4%。从主要黑色金属储量看，西部地区铁矿石储量占全国的29.18%，其中四川铁矿石储量占14%、内蒙古占6%。西部地区锰矿石储量占全国的62.94%，其中西藏储量占全国的35%、贵州占11%。铬矿石西部储量极为丰富且较为集中，云南、内蒙古、甘肃储量分别占全国的39%、27%、22%。西部地区钒资源储量占全国的75.54%，仅四川就占57%、广西占12%。西部地区原生态铁矿资源占全国的97.75%，几乎全部集中在四川，占全国的97.54%。从有色金属、非金属矿产储量看，西部地区铜矿储量占全国的39.29%，云南、西藏、内蒙古分别占全国的9%、8%、8%。铅矿资源西部占全国的66.86%，云南、内蒙古分别占22%、19%。西部锌矿资源占全国的77.05%，云南、内蒙古占全国的50%，分别为34%、16%。铝土矿资源西部占全国的54.64%，主要分布在贵州、广西，分别占28%、18%。西部硫铁矿石储量占全国的40.54%，四川占全国的22%。西部磷矿资源占全国的52.11%，贵州、四川分别占21%、20%。高岭土矿石储量西部地区占全国的29.89%，主要分布在广西，占全国的28.39%。

（二）承接资源密集型产业的可行性分析

资源密集型产业具有极强的地域指向性。从西部各地资源储量分析可见，西部地区能矿资源极为丰富且各种矿产集中分布在某几个地域甚至一个区域，为西部各省发展专业化的采掘业、原材料加工业、冶金、能源产业提供了基础。西部传统的能矿产业发展与地方经济的黏合度低，突出表现在大规模开发能源、矿产等自然资源和推进重工业化并没有在增加就业、解决民生等方面给广大民众特别是农民带来实惠。实践证明，重化工业创造就业的能力有限。[①] 因此，西部地区的资源开发除了在政策上协调中央利益与地方利益关系外，在产业上应建立资源深加工、延长资源型产业链，吸引、承接发达地区产业链的中下游企业，增加资本迁回度，带动地方相关配套产业的发展，由低价倾销资源向出售高附加值的资源型产品转变，增加当地就业，提高当地的经济发展水平，形成当地资源开发深加工—就业率提升—社会经济发展的良性循环。

承接资源密集型产业的空间分布：从以上分析可见，各地可根据资源

---

① 袁剑雄：《我国西部地区资源开发与区域产业发展问题思考》，《西藏发展论坛》2008年第5期。

禀赋发展各具优势的原材料、能源化工、冶金工业。但总体看，承接资源密集型产业的主要区域为：一是天山北坡经济圈。新疆的主要能矿资源组合较好，煤炭、石油、天然气极为丰富，均居全国前列，主要分布在准噶尔、塔里木、吐鲁番哈密三大盆地，可作为国家级能源化工基地，积极承接东部沿海能源重化工企业及产业集群的入驻。二是关中城市群。陕西的能源矿产资源主要分布在陕北，能源储量仅次于新疆，地理位置优越，紧邻消费区。三是内蒙古的呼包鄂城市群。内蒙古的煤炭、天然气主要分布在鄂尔多斯盆地，石油储量分布在内蒙古北部、中北部，紧邻环渤海城市群，优势的区位、丰富的资源将有利于呼包鄂城市群的产业承接与升级。四是成都经济圈。四川的能源矿产资源丰富、种类齐全，集中分布在川西南、川南、川西北，是我国重要的冶金与化工基地。

三　技术密集型的产业承接分布

整体上看，西部地区是由初始要素的密集投入带动发展，技术科研实力弱，尤其是科研成果转化能力对经济贡献率低。但一些省份科技实力较强，可率先承接东部地区和国外的电子技术、光机电一体化、医药化工、生物工程、新能源研制及开发等高科技产业。承接技术密集型产业基础分析：陕西、四川和重庆的高等教育发达，科研院所实力雄厚，为本地发展高新技术产业提供了充足的智力支持。西部地区是军工企业的集中地且实力雄厚，如四川拥有全国一流的航空整机研发能力；现有航空产业相关企业和研究院所30多个，职工4.5万人，其中各类高中级专业技术人员2万多人，专业人才配套齐全、结构合理。通过西部军工企业产品、技术、项目的军转民用，促使区域经济结构和产业结构调整与升级，降低与东南沿海和国外高新技术产业承接势差。高新技术产业对区域经济发展的重要意义是显而易见的。在我国总体实力还较弱、发展资金很有限、地区差异很大的情况下，高新技术产业开发区的发展不能搞平衡，要选择有条件的地方来发展，集中优势资源，形成一定的规模。① 一些经济基础较好和科研实力较强的，如陕西、四川、重庆高新技术产业开发区的工业增加值占所在地区工业增加值比重达到东部的水平，是西部地区承接高新技术产业优先、重点发展的区域。

西部地区承接技术密集型产业的空间分布：经过上述分析，四川、重

---

① 陆大道：《中国区域发展的理论与实践》，科学出版社2003年版，第542—546页。

庆和陕西构成的"西三角"能在一定程度承接发达国家和地区技术、知识密集型产业的转移,构筑西部地区经济发展的增长极。

第四节　本章小结

本章结合西部主体功能规划,综合各区域自然资源和社会经济资源状况,从区域比较优势和竞争优势出发,分别从整体和部分两个方面划分出西部各地区承接产业转移的竞争力空间分布和承接产业转移的类型空间分布。研究认为,产业转移的承接地必然是资源环境承接能力较强的"优先开发区"和"重点开发区"、西部各省(市、区)的大中城市尤以省会城市为中心的都市圈、城市群成为产业转移的优选地。具体来看,西部产业转移承接地主要分布在成渝经济圈、关中城市群、呼包鄂城市群、滇中城市群、南宁经济圈、未来的兰西银经济圈、天山北坡经济圈、贵阳经济圈等。从自然资源和社会经济资源丰度看,可以得出西部承接产业转移竞争力空间分布,即优先承接区为内蒙古、四川、重庆、陕西、广西;一般承接区为新疆、甘肃、云南、宁夏;承接障碍区为青海、贵州、西藏。从承接产业转移的类型看,成渝经济圈在承接面向国内需求市场的劳动密集型产业方面具有比较优势,南宁经济区在承接面向国外市场特别是东南亚市场的一般加工贸易的劳动密集型产业方面也具有比较优势。承接资源密集型产业的主要区域为天山北坡经济圈、关中城市群、内蒙古的呼包鄂城市群和成都经济圈。而四川、重庆和陕西构成的"西三角"能在一定程度上承接发达国家和地区技术、知识密集型产业的转移,构筑西部地区经济发展的增长极。

综合上述分析可以看出,西部地区承接国内外产业转移的空间分布是极不平衡的。因此,各省、市、自治区应根据各自的优势结合国家区域主体功能规划承接国内外产业转移。而从生态保护的角度看,对西部承接产业转移也不能"一刀切",搞平衡。总体上看,国家应根据西部地区承接国内外产业转移的空间分布,对国内产业向西部转移进行梯度安排,重点支持四川、陕西、重庆率先承接国内外产业转移,并通过它们再依序向其他地区转移。

第八章　西部地区承接产业转移的有效载体：循环经济产业园区

实证研究表明，产业转移往往伴随着"污染转移""高能耗转移"等。从某种程度上讲，产业转移与生态和谐具有一定的矛盾。而西部地区是我国重要的生态安全屏障，我国重要的水源区和水源涵养区、水土保持和防沙治沙重点区、生物多样性保护区等大多位于西部地区，保护生态环境的责任重大，在承接产业转移时必须考虑产业对生态环境的影响。既要促进国家经济结构调整，又要降低对生态环境的不利影响，实现西部可持续发展。因此，以循环经济理念指导西部地区承接国内产业转移，以循环经济产业园区作为平台促进承接产业转移，具有非常重要的现实意义。

第一节　循环经济产业园区含义

一　循环经济产业园区定义

循环经济产业园区是以循环经济理念为指导，建立在一块固定地域上由若干具有循环经济产业链关系的企业或产业形成的经济社区。在该社区内，各成员单位不仅各自实行清洁生产，而且共同管理环境事宜和经济事宜，以获取最大的环境效益、经济效益和社会效益。循环经济理论和产业生态学是构建循环经济产业园区的理论基础。①

循环经济产业园区是在全球能源和环境压力日趋紧张的背景下提出的一种区域产业组织形式，是我国继工业园区和高新技术园区之后的第三代工业园。它与传统产业园区的最大区别是，循环经济产业园区遵循的是

---

① 何龙斌：《产业转移与西部地区循环经济产业园区建设》，《科技管理研究》2013 年第 10 期。

"资源—产品—再生资源"循环经济模式，而非"生产—使用—废弃"的线性生产方式。园区内不同企业之间形成共享资源和互换副产品的产业共生网络，上游生产过程中产生的废弃物成为下游生产的原料，产业（企业）之间形成一个闭环生产系统。严格地讲，循环经济产业园区属于生态工业园区的一种，但又有不同于生态工业园区的地方，它更强调通过构建循环产业链条，使园区各产业、各企业之间经济循环起来，实现经济效益和生态效益。

循环经济产业园的建设通常包括四大部分：一是能源和物质流动规划，包括一切提高能源（能量）、资源（物质）利用效率的措施；二是外部和内部环境设计，包括环境友好的建筑设计、对外开放设计、绿化等；三是工业共生网络的建立，主要包括信息共享、资源共享系统的建立；四是园区文化建设，主要包括园区技术中心、文化、休闲、娱乐设施的建立等。具体如图 8-1 所示。

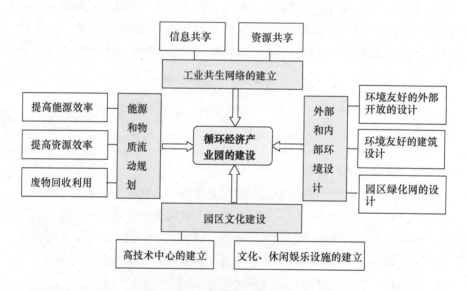

图 8-1 循环经济产业园的建设

二 循环经济产业园区特点

循环经济产业园区与生态工业园有许多共同之处，但并不等同。一方面，它涵盖的地域更大、产业更多；另一方面，它不仅强调生态效益，更注重经济效益。一般具有以下特点：

（一）高集成的循环系统

循环经济产业园区通过集成化的系统管理模式建立循环。包括：物资利用集成系统——运用过程集成技术对物流流程集成组合，构建工业生态网链；水资源集成系统——确定不同工艺流程的水质需求，构建水质逐级利用系统，在园区中梯级使用；能源供给集成系统——根据不同工艺的用能质量，实现能源梯级利用；共享信息集成系统——通过网络平台建立高效的信息传输链，达到信息共享的目的；配套设施集成系统；技术开发集成系统。

（二）高效益的生产系统

循环经济产业园区是一个有经济效益的生产系统。园区各项活动在其自然物质—经济物质—废弃物的转换过程中，应是自然物质投入少、经济物质产出多、废弃物排泄少，在生产中还要求尽可能利用可循环再生的资源替代不可再生资源。一般通过发展高新技术使工业生产尽可能少地消耗能源和资源，提高物质的转换与再生和能量的多层次分级利用，从而在实现经济效益的前提下，使生态环境得到保护。因此，高新技术产业用地应占循环经济产业园区的比重在30%以上，这是使产业园区具有高效益生产系统必需的基础条件之一。

（三）高效率的支持系统

循环经济产业园区应有现代化的基础设施作为支持系统，为产业园区的物质流、能量流、信息流、价值流和人流的运动创造必需的条件，从而使产业园区在运行过程中，减少经济损耗和对生态环境的污染。产业园区支持系统应包括：道路交通系统；信息传输系统；物资和能源（主副产品、原材料、水、电、天然气及其他燃料等）的供给系统；商业、金融、生活等服务系统；各类废弃物处理系统；园区管理系统。

三　产业转移与循环经济产业园区关系

（一）产业转移为发展循环经济模式提供了宝贵契机

发展循环经济有三种实现形式：一是企业内部循环方式（小循环）；二是企业间循环方式（中循环）；三是社会循环方式（大循环）。由于我国规模偏小、企业较多，单个企业的清洁生产和企业内循环有一定局限性，不是受技术工艺的限制，就是企业内循环成本较高。社会循环方式主要针对社会废弃物的回收利用，且需要解决宏观的、整体的等诸多方面的问题，实现的模式和完成的过程较复杂。而企业间循环一方面可以统筹企业层面的循环，使资源在企业内部循环利用基础上以更有效的方式在企业之间重复利用；另一方面，当资源在一定经济区域内部能够达到合理利用时，还可以继续努力促使资源能在全社会范围内被循环使用。因此，相对而言，企业间循环方式就成为目前最可行、有效的实现方式。产业园区循环就是企业间循环的具体形式，它处于小循环与大循环的衔接部位，在循环经济发展中起承上启下的作用，是循环经济的关键环节和重要组成部分。但是，长期以来，我国传统的线性经济发展模式已经造成了现有的企业大多数为非闭环产业链地域分布，这种分布是不利于实现循环经济的。因此，当前的产业转移为发展循环经济提供了宝贵契机，有利于改变企业的线性发展分布。据测算，2010 年以后，我国每年约有 1 万亿元以上产值向中西部转移，转移产业既有钢铁、有色、石化、建材等资源密集型产业，也有服装、五金、玩具、制鞋、包装等劳动密集型产业。从产业转移种类与数量看，如承接得当，可以在中西部承接地区有效构建循环经济产业链。①

（二）循环经济产业园区是承接产业转移的重要平台

工业园区在承接产业的整体转移中有着独特优势，已经成为承接产业转移的重要平台和载体。根据工业和信息化部的资料，截至 2010 年年底，经国家公示的省级以上开发区 1568 家，其中各类国家级开发区 222 家，还有各类功能区、集聚区、工业集中区数千家。园区内工业产值占国内工业总产值的 60% 以上，工业园区已成为我国工业发展的主要载体之一，成为繁荣区域经济，推动工业现代化的重要平台。② 一方面，工业园区通过合理规划、设计、管理，可有效避免重复建设，改善优势要素的系统结构。通过园区的企业聚集、分工、合作及产业延伸功能，把整个工业园区的资源整合在一个经济系统内，从而实现更高效率的使用。如园区企业可以共享基础设施，以更低的成本获得原材料和劳动力供给，并共同受益于信息及技术的外溢效应。通过资源共享及园区内企业分工合作，优化资源配置，提高企业的经营效率和竞争优势。另一方面，园区内企业间的竞争及优胜劣汰的机制可促使企业创新能力的提高，推进企业间的黏合，并由

① 张兴等：《试论发展产业园区循环经济的困惑与对策》，《广东技术师范学院学报》2008 年第 5 期。

② 中华环保联合会：《中国工业园区环境问题调查报告》，《中国化工报》2011 年 10 月 24 日第 8 版。

此形成有特色的产品联盟和技术联盟。[①] 在社会化生产的推动下，这种联盟又会扩展到地区间的产业联盟，甚至在更大范围的相关产业间促进产业链的形成和提高。研究表明，当前，我国东部产业向中西部转移有两个显著特点：一是以受制于资源与环境压力的高能耗、高污染企业为主。二是以产业链、供应链为核心的企业集群式、组团型转移将渐成趋势。[②] 这就对西部地区产业承接的载体提出了更高的要求。而循环经济园区作为第三代园区，恰好具备这一载体功能。

综上可见，产业转移为发展循环经济模式提供了宝贵契机，如果不能抓住当前国内产业转移的大好契机，利用好循环经济产业园区这一有效平台，改变不可持续的线性经济发展模式为可持续的循环经济发展模式，则必将使高耗能高污染产业在国内反复转移。反之，则有可能彻底改变这一局面而一劳永逸。

第二节　西部地区循环经济产业园区产业集群化研究

一　引言

20 世纪的最后 20 年左右，我国建立了大量工业园区，其中经国务院批准的各种工业园区有 113 个，各地自行建立的不计其数，园区经济已成长为我国区域经济发展中最具活力和潜力的增长极。园区内企业集群作为企业间的一种特殊联合方式，其形式表现为通过分工协作，在某一产业或产品生产中形成的具有竞争优势的群体，因其关联性很强而被理解为一个共生系统，即由具有互补性、彼此之间存在共生关系、产生共生效应的企业联合起来，通过互利共存、优势互补而形成的具有共同目标的企业利益共同体。园区内企业集群的形成是区域经济系统自组织过程，在其自身进化过程中主要受三个因素的影响：集群企业个体适应度、所处市场环境以及与其他企业之间的合作关系。集群共生的企业之间在外部因素或市场演化力量的作用而集结在一起形成循环经济产业园区内企业集群，在一定的

---

① 孙加韬：《中国海洋战略性新兴产业发展对策探讨》，《商业时代》2010 年第 33 期。

② 齐玮娜：《工业园区在中部地区承接产业转移中的作用机制与发展对策》，《商业时代》2010 年第 33 期。

价值链下共同生存和协同进化，达到共同繁荣的目的。因此，通过研究工业园区中的企业集群和集群内共生企业之间互动的内容，对推进循环经济产业园区的发展，就具有较大的现实意义。

产业集群是指在特定区域中，具有竞争与合作关系，且在地理上集中，有交互关联性的企业、专业化供应商、服务供应商、金融机构、相关产业的厂商及其他相关机构等组成的群体。产业集群超越了一般产业范围，形成特定地理范围内多个产业相互融合、众多类型机构相互联结的共生体，构成这一区域特色的竞争优势。哈佛大学教授波特认为，国家竞争优势来源于优势产业，而优势产业的竞争优势来源于产业集群。其原因，一是产业集群能够降低集群企业交易成本，进一步提高生产率。二是产业集群能够提高集群内企业的持续创新能力，创新动力来自于集群内的竞争压力、竞争潜在压力和持续的比较。三是集群能够降低企业进入的风险，促进企业的产生与发展。可以说，产业集群发展状况已经成为考察一个经济体或其中某个区域和地区发展水平的重要指标。

关于集群研究一般包括：一是集群形成原因、区位布局研究；二是集群运行机制、集聚效应和网络性特征研究；三是集群所产生的竞争优势以及与区域经济关系的研究，同时还包括集群发展政策研究；四是集群和创新理论结合所形成的区域创新系统研究；五是将新经济社会学成果引入集群研究之中，从而产生了关于集群的非经济因素的研究，如关于"根植性"、"弱嵌入"的研究等就属于此类。[1]

二　西部地区产业集群发展现状[2]

(一) 数量少、规模小

据《中国产业集群发展报告（2007—2008）》，以当前在我国产业集群中占重要比重的制造业为衡量依据，我国东部、中部、西部地区的产业集群数量比例约为79∶12∶9，可见东部地区远远高于西部地区。从规模上看，东部沿海地区产业集群规模远大于西部地区，这些集群企业的产品在全国的市场占有率一般在20%—30%，高者占50%以上。如温州金属外壳打火机占全球市场的70%，国内市场的95%；温州合成革产业占国内市场

---

① 黄新建等：《工业园区循环经济发展研究》，中国社会科学出版社2009年版，第77—96页。

② 何龙斌：《西部地区产业集群发展落后的主观因素与对策》，《渭南师范学院学报》2011年第5期。

份额的70%，皮鞋占20%，而西部地区具有相当规模的产业集群主要是一些大型的"三线"国有企业，如四川德阳的重大装备产业集群等。可以说，西部欠发达已经形成的产业集群大部分处在初级阶段，规模偏小。

（二）层次低、链条短

研究表明，发达国家的产业集群多占据产业价值链的高端部分，专业化程度很高，集群效应很强；国内发达地区的产业集群多占据了产业价值链的中低端部分，专业化程度较高，集群效应较强；而欠发达地区的产业集群占据的主要是产业价值链的低端，专业化程度较低，还处于同类企业"扎堆"的阶段，集群效应较弱。另外，西部地区现有的优势产业或主导产业主要是能源、原材料和重化工业等资源密集型产业。这种单一的资源密集型主导产业和初级加工方式极大地限制了产业链的延长，而产业链缺损又造成产业分工层次低、产品附加值低、资本积累速度慢、自我发展能力弱，形成上游产业与下游产业间的技术断层和原材料产品结构与加工工业对原材料的需求结构之间的严重错位，致使产业的竞争力严重不足，难以形成自身发展的内在机制。

（三）单一群落占多数

发达地区产业集群常常是成片的，也就是说，在一个较大区域内出现了若干个产业集群，这些产业集群之间有些存在着产业联系而有些并无直接联系。通过多个产业集群的共同作用，推动了本地生产要素不断升级，也促进了各产业集群逐步升级。相比之下，西部地区产业集群都是单一的，也就是说，在某地只有一个孤立的产业集群，如四川德阳的装备机械产业区，六盘水—攀枝花的煤炭、冶金工业基地，重庆摩托车制造业基地，陕西关中地区的煤炭化工基地，克拉玛依—乌鲁木齐的石油化工基地以及云南呈贡县斗南镇的斗南村花卉产业基地等。这些产业群分布零散，相隔距离较远，几乎都在孤立中发展。

（四）内生型集群为主

从我国产业集群发展的历史来看，我国产业集群主要有三种形成方式。其中，广东珠三角的产业集群是由外商直接投资驱动下的外向型加工业集群，浙江温州一带是依靠当地企业家精神和工商业传统发展起来的特色品内生型产业集群，而北京中关村则是依托密集的国家高科技资源形成的引导型产业集群。与上述地区相比，西部地区既无吸引外资优势，也无高科技资源优势，因此大多地区只能依靠自然条件或者该地拥有手工制作某产品的传统自生形成产业集群。如陕西渭北苹果特色产业集群、陕西周至的桠柏刺绣产业集群、广西贵县糖业产业集群、宁夏马铃薯产业集群、宁夏的清真食品产业集群、内蒙古的乳制品产业集群等都是靠这种方式发展起来的。

三　循环经济产业园区与企业集群关系

（一）循环经济产业园具有形成企业集群的优越条件

在区域竞争日趋激烈的今天，企业集群已成为提高区域竞争力的重要途径。世界各地包括我国各地区在工业化进程中，都把培育企业集群和发展循环经济当作政府推进工业化的一项非常重要的工作。而循环经济产业园区是形成地方企业集群和实施循环经济的主要载体，或者说提供了良好条件。主要表现为以下两个方面：

第一，企业集群在空间上的表现形式是相关企业和支撑、服务机构在地理上的集中，因而，企业集群形成和企业集群效应得到发挥的第一条件是企业在地理上的聚集性。循环经济产业园区是政府划出一块区域，通过优化经济发展的软环境和硬环境，制定一系列发展生态工业的优惠政策，吸引和鼓励相关共生企业进驻和发展，使循环经济产业园区实现经济、环境和社会的和谐发展，这为形成企业集群和发挥企业集群效应准备了条件。

第二，要使包括生态成本优势、市场优势、创新优势、扩张优势等内容在内的企业集群效应得以有效发挥，除企业在地理上的集中外，还必须具备一些条件。例如，形成企业的共生配套即企业之间有着密切的物质和技术联系；企业间信息交流渠道畅通，交流手段和途径众多，企业间形成良好的信任和合作关系；形成有利于技术创新和制度创新的环境和浓厚的"企业共生氛围"；形成有被广泛认可的价值观和理念，从而构建区域生态文化。而循环经济产业园恰恰有利于这些条件的形成。政府组建班子，有针对性地按照循环经济产业园和企业集群的发展规律，对循环经济产业园进行整体规划和科学管理，在企业引进上就考虑到企业的共生配套和企业的关联；通过设立中介机构和提供各种交流场所、交流机会，规范企业的竞争与合作的秩序，增强企业之间的交流与互动；设立研发机构，通过政策激励，推动企业联合技术创新；把园区当作社区来经营，加强循环经济产业园区文化建设等。

当然，并不是说有了循环经济产业园区就一定会有企业集群，只是说循环经济产业园区为企业集群的产生和发展提供了条件，是企业集群的有效载体。

（二）循环经济产业园区的持续发展也有赖于共生企业集群的形成

循环经济产业园区的一般特征是大量共生企业在一定区域的集中。但是，共生企业在地理位置上集中和公共物品共享并不必然产生聚集效应。循环经济产业园区的发展有赖于园内企业的产品关联性或者业务关联所形成的协同效应。共生企业集群作为一种特殊组织形式，集群内企业依据共生产业链的分工以及因长期合作所建立的信任基础，形成了非正式的合作契约。在这些企业之间，既有相互竞争，又有基于资源共享和专业分工所形成的协作。

罗伯特·巴泽尔提出了企业集群内协同的四种形式：资源或业务行为共享、营销与研发的扩散效益、企业相似性和企业形象共享。波特将业务单元之间的关联分为有形关联（基于价值链中技术、共同客户资源的共享）、无形关联（不同价值链之间管理技巧和知识技能的共享）、竞争性关联（实际或潜在的竞争对手）。

波特认为，当共享行为对成本状况与差异化驱动因素产生影响时，共享能带来竞争优势。但是，协同效应是在一定支撑条件下产生的，它是由组织结构而不仅仅是由技术或企业规模决定的，企业关联性以及源于共同利益的相互依附和相互信任是最基本的条件。因此，循环经济产业园发展必须从产业组织形式着手寻找有效途径。企业集群作为实现企业间有效协作的组织形式，是推动循环经济产业园发展的必然选择。

对于循环经济产业园来说，共生企业集群是一种系统性的可持续发展理念，无论是改善现有的招商环境和创新环境，还是在招商引资工作中，都要从加强企业联系出发，并以提高区域竞争力、发展有国际竞争力和发展循环经济的产业为指导思想。在循环经济产业园中，要不断实行产业联系推动战略，并转化为实际的对策措施，以推动循环经济产业园发展。

四　我国循环经济产业园区培育企业集群中的主要问题

我国循环经济产业园区的发展取得了令世人瞩目的成就，但是也要看到在一些园区仍然存在着"有企业，没产业"和"有集聚，缺共生"现象，即有产业集聚，但产业与产业之间缺乏关联度，甚至没有关联度，使区域生态经济效益低下，具体表现在以下几个方面[①]：

---

① 黄新建等：《工业园区循环经济发展研究》，中国社会科学出版社 2009 年版，第 77—96 页。

（一）产业定位不明确

近年来，工业的园区化已经成为我国产业发展的大趋势，但园区化只解决了产业集中或集聚问题。许多园区盲目发展，缺乏功能分区，专业化分工不明确，就好像"一个麻袋装着一大堆土豆"，许多循环经济产业园区产业种类太多，范围太广，缺乏突出的产业优势，总体产业定位不清，不利于资源的集中配置，所以产业的主导作用淡化，不能形成区域核心竞争力。

（二）产业链多而短，产业关联度不高

成功的循环经济产业园区，都有良好的产业定位和协调的主辅产业关系。如张江科技园突出发展生物医药和电子信息产业，信息技术主要集中在集成电路和软件领域，园区内芯片设计公司、硅片制造公司、光掩膜和封装测试企业以及相关的配套和设备供应公司，使园区初步形成了集成电路产业链。但很多循环经济产业园区在吸引产业方面似乎过于追求数量，而忽视了它们之间的关联性和相互渗透性，即没有适当引进上下游产业，导致园区内无法形成有效的产业链，因而无法产生企业聚集带来的规模效应和聚集效应，园区也就难以形成持续发展的动力。

（三）技术创新严重不足

许多循环经济产业园区高新技术企业集群、重化工业企业集群比例太低。企业集群多以低成本为基础的聚集，不少企业集群还停留在模仿、装配低价竞争阶段，产业结构的总体层次、水平仍较低，创新能力与参与国内外竞争的能力不强；循环经济产业园区主要是靠吸引一些高新技术企业入园以引进高新技术，企业技术创新严重不足；循环经济产业园区对自身高新技术研究与开发的支持力度不够，技术原创性较差。另外，一些提高共生关联度和共生效率的技术研发也难以满足现实需求。

（四）产业共生配套薄弱

大多数循环经济产业园区发展企业集群，只注重发展核心产业本身，金融、研发、营销、广告等外围服务业发展严重滞后，为集群发展服务的基础设施不完善、不配套，代表整个集群内大多数企业利益，并成为其与政府和社会各界交往的行业协会不发达，缺乏为其培养专用性人才的教育机构和培训体系。许多生态工业园区还习惯把目光盯在大规模生产线上。大规模的生产线固然重要，但如果与其相关的零部件的配套系统、企业副产品（废弃物）消化利用的共生系统以及相关的产业服务系统等不完善，同样也会制约整个产业的发展。

五 产业集群生态化模式

（一）平等型产业集群生态化模式

平等型产业集群是指产业集群内各个结点企业地位对等，生产产品较为相似的产业集群模式。其内以中小型企业为主，以利益为导向，通过自组织过程实现网络化的运作与管理。由于产品差异性较小，且相互之间不存在依附关系，因此其生态化体现在集群整体在采购、加工、包装、分销和回收等供应链环节的绿色化，具体如图8－2所示。

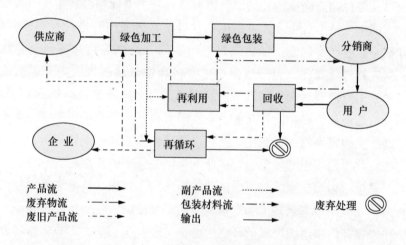

图8－2 平等型产业集群生态化模式

该模式强调了产业集群与上下游企业间的协作，关注从供应商到消费者之间的绿色供应链管理，依托回收、再利用和再循环环节实现生态化。其中，再利用环节主要是将企业不能利用的副产品外销给其他企业并在集群内开展可能的副产品交换；回收环节负责包装物和废旧产品的收集，使包装物经过再利用环节返还到集群内的各个企业和分销商；而废旧产品通过检测、拆卸和分类后，一部分运送到再利用机构处理后返还企业，另一部分则被运送到再循环机构，经资源化后为集群内企业、供应商或其他企业利用。该模式在实现物质再利用和再循环的同时，也促进了原材料的减量化。

（二）依托型产业集群生态化模式

依托型产业集群是指由一家或多家核心企业及其吸附的中小型企业构

成的产业集群模式。由于核心企业的存在，一方面需要其他企业为其供应大量原材料或零部件，这为相关中小型企业提供了巨大的市场机会；另一方面，核心企业也产生大量的副产品，如水、材料或能源等，当这些廉价的副产品是相关中小型企业的生产材料时，也会吸引众多企业围绕其相关业务建厂。因此依托型产业集群生态化的模式是绿色供应链和产业共生网络的整合形式。

　　由于核心企业通常是技术先进、理念创新、社会责任感强的大型集团公司或跨国公司，因此，可形成以核心企业为中心，绿色供应商、绿色营销商以及绿色物流企业为辅的绿色供应链。它主要依靠再利用环节实现生态化，即供应链上各企业产生的副产品能够在链条内外进行合理的匹配，比如核心企业产生的副产品将通过该机构部分为供应商和其他企业所分享，供应商亦是如此，而分销商产生的包装物则通过再利用形成新的包装。对于用户消费后产生的废旧产品则通过再循环环节进行拆卸和加工，并部分地返还到核心企业和其他企业。同时再循环环节还负责核心企业和供应商产生的废弃物的资源化，使它们一部分能被其他企业利用，另一部分在产业共生网络中循环流通。产业共生网络是一种长期积淀形成的共生关系，是包括物质交换或材料、能源的运送以及知识、技术和人力资源交换在内，并能同时满足环境和竞争利益的区域组织。它通过鼓励企业之间的协作来提高内部组织层面的环境潜力，是产业生态学在产业集群层面的一种尝试。在本书中它是指以核心企业（通常是从事石化、冶炼、机械或者能源生产等行业的企业）产生的稳定而丰富的副产品和废弃物、经再循环处理后的废旧产品的剩余物以及水、能源等为依托，发展能消纳和利用它们的辅助企业，具体如图 8 - 3 所示。①

　　综上所述，产业集群生态化是一个由"点—线—面"构成的动态过程，尽管模式各有不同，但核心在于产业集群内再利用和再循环环节的构建以及减量化机制的完善。这通常要遵循一种内在的自组织规律，以自下而上方式培养所有利益相关者的信赖感和责任心，在构筑良好的生态文化氛围基础上才能成功实现。

六　结论

　　综上所述，产业集群生态化是一个以再循环和再利用为特征，实现物

---

① 吴荻等：《产业集群生态化及其模式的构建研究》，《当代经济管理》2011 年第 7 期。

质减量化的产业生态化过程。它的实现是企业与其他利益相关者协同作用的结果。尤其是企业内部循环经济的开展为产业集群生态化模式的运作提供了平台。而两种产业集群生态化模式通过内外部生态网链的构建在获得经济效益的同时，也实现了环境效益。总之通过生态化模式的实施，不仅集群内的物质得以在更大的区域范围内进行流通和交换，而且企业也获得了更多合作机会，从而丰富了集群内的成员类型，减少了生产原料的熵值，实现了区域系统输入、输出的平衡。

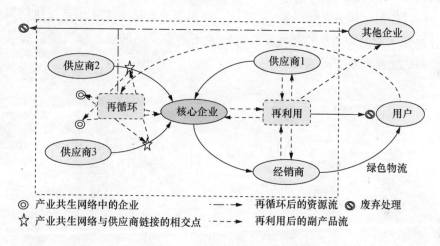

图 8-3　依托型集群生态化模式

但从目前众多的产业集群生态化案例可以发现，依托型产业集群生态化的网络连接更为复杂，也更易于开展，其中又以集团型产业集群为最。其原因在于任何产业集群生态化的开展都是在彼此信任和信息公开基础上企业自发行为的结果，最初目的仅仅是基于成本的考虑。因此，今后产业集群的生态化应致力于成员间信赖感的培养，并通过引入相关的节点企业完善集群内的网络链接，以吸引更多企业的参与，构建辐射更大区域范围的生态产业网络。

第三节　西部地区循环经济产业园区企业间关系

一　横向一体化合作模式

循环经济下企业之间的横向关系会呈现比较明显的同业之间的竞争。

与此同时，横向企业间在竞争基础上也存在着协作关系，具体表现在信息和技术的共享、基础设施的共享等，这些共享能够减少单个企业在该方面的成本投入，提高整个产业的生产效率。所以说，横向竞争的存在可以促进企业生产效率的提高，提高整个企业链的运行效率。横向竞争中的适当协作又可以抑制企业间的过度竞争，减少市场和企业间的不稳定性。在循环经济下，平行企业间的合作关系表现为建立在对资源循环利用的基础上的横向一体化模式。所谓横向一体化合作模式，即企业与竞争者和互补者之间的横向合作关系如图 8－4 所示。这里所说的横向关系，是指使用同种原料（如上游企业的产品或废料）的下游企业间的关系以及排放相同废料的上游企业之间的关系。[1]

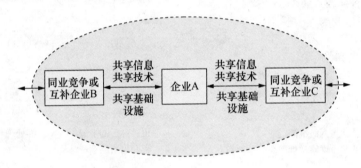

图 8－4　横向一体化合作模式

二　纵向一体化合作模式

所谓纵向一体化合作模式，即企业与其上游供应商和下游客户之间的合作（见图 8－5）。在企业生产的过程中，上游企业向下游企业出售自己的产品（或副产品），而下游企业将其作为原料进行加工生产，从而实现资源和能量的循环使用。因此，上下游企业间的纵向关系是循环经济下供应链中最基本的形式。需要指出的是，在纵向一体化合作模式中，在经济利益的驱动下，企业有可能会主动利用上游企业的产品或废弃物进行生产，构成彼此之间的合作关系。

三　网络组织模式

网络组织模式，即企业既与上下游企业合作，又与竞争者和互补者合作，

---

[1]　黄新建等：《工业园区循环经济发展研究》，中国社会科学出版社 2009 年版，第 112—117 页。

是介于企业与市场之间的组织形式，企业间既存在一定程度的市场交易关系，也存在各种非市场的联系。依据共生网络中企业之间的链接模式不同，网络组织模式分为平等型共生网络、依托型共生网络和嵌套型共生网络三类。

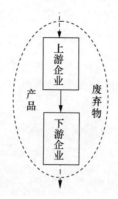

图8-5　纵向一体化合作模式

（一）平等型共生网络

所谓平等型共生网络，是指在网络中各个节点企业处于对等地位，通过各节点之间（物质、信息、资金和人才）的相互交流，形成网络组织的自我调节以维持组织的运行（见图8-6）。在平等型共生网络中，一家企业会同时与多家企业进行资源交流，企业之间不存在依附关系，在合作谈判过程中处于相对平等的地位，依靠市场调节机制来实现价值链的增值，当两家企业之间的交换不再为任何一方带来利益时，就终止共生关系，再寻求与其他企业的合作。参与平等型共生网络的企业一般为中小型企业，组织结构相对灵活，依靠市场机制的调节，以利益为导向，通过自组织过程实现网络的运作与管理。

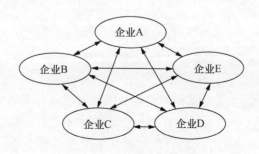

图8-6　平等型共生网络

目前，在世界范围内，平等型共生网络是普遍存在的，最为成功的应该是加拿大伯恩赛德生态工业园（Burnside Industrial Park）。伯恩赛德生态工业园内有 1300 多家企业，主要是由一些在工业加工过程中会产生剩余物的小型公司组成，如纸浆厂、造纸厂、建筑板厂、石油炼制厂以及一些相关深加工高科技企业等。经过近十年的发展，园区副产品交换网络已经相对比较丰富，各企业之间已经基本建立共生网络关系，能量的梯次流动和废弃物的循环利用在园区内已普遍出现。

（二）依托型共生网络

依托型共生网络是网络组织模式中最基本和最为广泛存在的组织形式。这种网络组织形式的形成往往是因为网络中存在一家或几家大型核心企业。许多中小型企业分别围绕这些核心企业进行运作，从而形成工业共生网络。由于核心企业的存在，一方面，需要其他企业为它供应大量原材料或零部件，也为大量相关中小型企业提供巨大的市场机会；另一方面，核心企业也产生大量的副产品，当这些廉价的副产品是相关中小型企业的生产材料时，也会吸引大量企业围绕其相关业务建厂。通过工业共生网络的运作，一方面使原来本应当作废弃物处理掉的材料成为其他企业的生产资源，企业在此过程中获得了经济效益，提高了资源使用效率；另一方面减小了废弃物排放对环境的影响，实现了环境保护。根据核心企业数目的不同，可分为单中心依托型共生网络（见图 8 - 7）和多中心依托型共生网络（见图 8 - 8）。

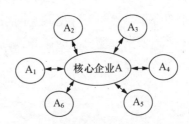

图 8 - 7　单中心依托型共生网络

目前，单中心依托型共生网络在我国非常普遍，最为典型的有广西贵糖集团和鲁北化工企业集团。其中，广西贵糖（集团）有限公司（以下简称"贵糖集团"）是位于广西贵港市的一家大型制糖企业，由于制糖业是一种排污多、污染重的行业，特别是在制糖技术比较落后的中国，制糖企业造成的污染和浪费一直是该行业比较难克服的大问题，为了解决这一问题，变废为宝，贵糖集团创建了一系列子公司或分公司来循环利用这些废弃物从而减少污染和从中获益。围绕制糖厂贵糖集团共建立了酿酒厂、纸浆厂、造纸厂、化肥厂、水泥厂、发电厂以及承包了大量蔗田，形成了典型的单中心依托型共生网络。

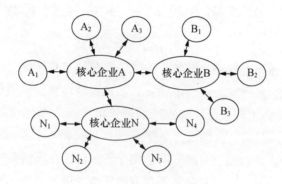

图8-8　多中心依托型共生网络

（三）嵌套型共生网络

嵌套型共生网络是一种复杂网络组织模式，在网络内部，多家大型企业之间通过副产品、信息、资金和人才等资源的交流建立共生关系，形成主体网络（见图8-9）。同时，每家大型企业又吸附大量中小型企业，这

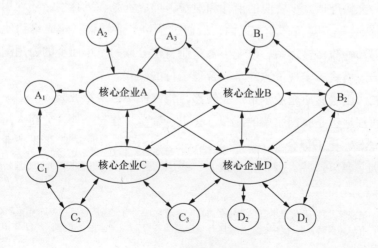

图8-9　嵌套型共生网络

些中小型企业以该大型企业为中心又形成子网络。另外，这些中小型企业之间也存在业务关系，各级网络交织在了一起，既有各大型企业之间的平等型共生和中小型企业的依托型共生，还有各子网络之间的相互渗透，从而形成一个错综复杂的网络综合体。[①]

第四节　西部地区循环经济产业园区建设模式

一　以承接产业转移为契机，改造现有传统工业园区

我国工业园区已成为我国工业发展的主要载体和重要平台。然而，截至 2010 年 4 月，由环境保护部批准的国家级生态工业建设示范园区只有 36 个。[②] 可见，目前，我国大多数工业园区还是第一、第二代工业园区，因此，具有很大的改造、升级空间。由于传统的工业园区是基于线性生产模式运作的，显然，如果只是基于现有园区企业进行改造，则有很多园区难以形成循环经济产业链和工业共生系统。因此，西部地区要以承接产业转移为契机改造现有工业园区构建可以循环的产业链。在改造中应充分利用各类企业和产业间已有的关联度或潜在关联度的关系，在生产流程和工艺中建立能够循环的产业链。对缺乏循环的环节和部分通过引进东部沿海的转移产业进行"加链补环"，完善、延长产业链，使园区内组成一个生态工业大系统，把一个企业的废弃物整合成另一个企业或几个企业有用的资源，大幅度地减少资源的消耗和浪费，形成资源和废弃物循环利用的产业链。[③] 在循环经济产业园区内，应通过承接产业转移，建成集约使用公用工程和物流传输体系，改变由各企业自建分散的、小而全的公用配套设施的传统模式，实现资源共享、合理运行的模式。

二　围绕核心企业承接产业转移，构建循环经济产业园

西部地区是我国主要的能源、化工、冶金、建材基地，分布大量国有大型能源、化工等企业。这些企业往往也是污染企业和高耗能企业。因此，有必要以这些大型企业为核心，吸引东部相关联企业，形成循环经济

---

① 吴获等：《产业集群生态化及其模式的构建研究》，《当代经济管理》2011 年第 7 期。
② 中华环保联合会：《中国工业园区环境问题调查报告》，《中国化工报》2011 年 10 月 24 日第 8 版。
③ 孙忠英：《构建循环经济生态工业园的思路和对策》，《特区经济》2009 年第 6 期。

产业链，构建行业循环经济产业园区。这种模式也被称为单核依靠源工业的共生网络。采用这种模式，首先要对大型核心企业的物质流、能量流进行分析，对企业原料与能源的投入产出过程、质能循环合作的可行性进行研究，找出现有企业生产的产品及废料或排放物，在此基础上设计出以核心企业为依托的"工业共生"路线图，列出形成循环产业链的补链企业清单，最后依此进行针对性的招商引资，承接产业转移。在这种模式中，核心企业被认为是工业共生网络的建立者并发挥着不可替代的角色。如果核心企业的环境改变，例如进程的调整，更换原材料等都会影响到网络的稳定性和安全性。

三　以承接产业转移为目的，规划新型循环经济产业园

作为第三代工业园区的循环经济产业园区是我国经济社会科学发展的必然产物。考虑到西部地区生态环境的脆弱性和国家社会经济科学发展的要求，在今后承接产业转移应要求一步到位，直接规划新型循环经济产业园区作为平台。采用这种模式不仅可以减少园区建设总投资，节约土地资源，共享基础设施，而且有利于园区今后高效运作。规划建设循环经济新工业园，首先要对工业园区进行科学规划，即按照工业生态学原理和循环经济理论，结合当地的资源优势、产业优势和区位优势，确立园区处于生产环节和消费环节的主导企业，建立起相关工业企业的生态链和生态平衡关系，确保入驻企业形成工业共生关系，实现资源利用效率的最大化和污染排放的最小化。对这一种模式由于涉及全新投资，因此，一定要从当地的资源承载能力、生态环境容量等可持续发展因素出发进行建设园区的可行性论证。

四　通过承接产业转移，构建虚拟循环经济产业园区

一般认为，虚拟循环经济产业园区是指由不同地域的企业构成的，借助于计算机模型和数据库，建立成员间的物料或能量关系，形成产业链结合的工业生态系统共生网络。各企业通过各自废弃物资源的交换，可突破产品性质和生产工艺限制，整个虚拟园区以网络为依托，实现资源的高度利用，实现经济、环境和社会效益的统一。虚拟循环经济产业园可以省去一般建园所需的土地及设备购置费用，避免进行大量的工厂迁建工作，具有很大的灵活性。虚拟循环经济产业园允许更多的厂商加入其中，企业可以根据自身发展需要选择最佳合作伙伴，不再将合作伙伴局限于园内的企业，更多的上游和下游企业使废弃物的再利用得到了保障。其缺点是需要

承担较高的运输费用。但是虚拟循环经济产业园成员企业相距不能太远，而我国地域辽阔，东西部距离遥远，这就决定了在东西部之间跨省构建虚拟循环经济产业园区不现实，但在西部相邻省区却可以。因此，完全可以通过承接东部产业转移构建西部虚拟循环经济产业园区。这种模式在建设中一般要跨地区合作，最好由省级及以上政府部门实施规划，省级及以下地方政府合作实施建设。①

第五节　本章小结

本章对西部承接产业转移的有效平台——循环经济产业园区进行了探讨。

循环经济产业园区不同于传统工业园区，它是以循环经济理念为指导，建立在一块固定地域上的由若干具有循环经济产业链关系的企业或产业形成的经济社区，具有高集成的循环系统、高效益的生产系统和高效率的支持系统三大特点。产业转移为发展循环经济模式提供了宝贵契机，而循环经济产业园区是承接产业转移的重要平台，因此，一定要抓住当前国内产业转移的大好契机，利用好循环经济产业园区这一有效平台，改变西部不可持续的线性经济发展模式为可持续的循环经济发展模式。建设循环经济产业园区，关键在于形成企业集群、产业集群。循环经济产业园具有形成企业集群的优越条件，而循环经济产业园区的持续发展也有赖于共生企业集群的形成。但是，当前我国循环经济产业园区培育企业集群中的存在产业定位不清、产业链多而短、产业关联度不高、技术创新严重不足、产业共生配套薄弱等主要问题。产业集群生态化是循环经济产业园实现产业集群重要方式。具体包括平等型产业集群生态化的模式和依托型产业集群生态化的模式两种模式。两种产业集群生态化模式通过内外部生态网链的构建在获得经济效益的同时也实现了环境效益。循环经济产业园区建设的难点是内部企业关系的处理。为此，西部循环经济产业园区企业间关系应该表现为三种模式：一是横向一体化合作模式，即使用同种原料（如

---

① 何龙斌：《产业转移与西部地区循环经济产业园区建设》，《科技管理研究》2013 年第 10 期。

上游企业的产品或废料）的下游企业间的关系以及排放相同的废料的上游企业之间的协作关系，具体表现在信息和技术的共享、基础设施的共享。二是纵向一体化合作模式，即企业与其上游供应商和下游客户之间的合作。三是网络组织模式，即企业既与上下游企业合作，又与竞争者和互补者合作。网络组织模式具体分为平等型共生网络、依托型共生网络和嵌套型共生网络三类。

研究还认为，从承接产业转移的角度出发，西部地区循环经济产业园区可尝试四种建设模式。一是以承接产业转移为契机改造现有传统工业园区；二是围绕核心企业承接产业转移构建循环经济产业园；三是以承接产业转移为目的规划新型循环经济产业园；四是通过承接产业转移构建虚拟循环经济产业园区。

第九章　基于循环经济的西部承接产业转移的基本思路与对策

按照科学发展观和主体功能区要求，以循环经济理念与方法为指导，抓住东部沿海发达地区产业转移机遇，充分发挥西部地区资源和环境优势，以科技创新和体制机制创新为动力，以加强基础设施建设和投资软环境建设为保障，以东西合作示范基地建设为重点，着力于转变西部开发方式，提高西部自我发展能力，通过有选择的招商引资，更好、更有效地承接东部产业转移，以此带动和促进西部特色优势产业发展和产业结构优化，强化资源可持续利用，加强生态建设和环境保护，促进充分就业，提高人民生活水平，实现经济社会跨越式发展。

第一节　西部地区承接产业基本思路

一　西部承接产业转移的基本原则

（一）坚持市场导向与政府推动相结合

西部地区承接产业转移还处在初中期阶段，还是由政府在唱主角。但必须认识到，产业转移本质上是一种市场经济行为，因此要坚持以市场配置资源为基础，以企业为主体，充分发挥协会、商会等中介机构作用，政府的主要职责在于政策引导、环境营造、平台搭建、信息服务。要树立市场经济观念，发挥市场的决定性作用，因为市场驱动才是产业转移和企业区位选择的内在动力。当然，作为欠发达地区不能片面追求资本的引进对GDP 的贡献，而忽略承接产业对当地环境的影响作用。政府有关部门要认真做好产业转移的规划和服务工作，既要深入了解企业的转移意愿和要求，帮助已转移企业解决生产经营困难，同时又要严格限制污染产业转移。

（二）坚持突出特色、发挥优势与互利共赢相结合

西部地区在承接产业转移过程中要因地制宜，突出地方特色，充分发挥自身独特的比较优势，合理引导资本流向，实现输出方与承接方优势互补，互利"双赢"。对于西部地区来说，一方面，要充分利用既有的优势条件。与东部地区相比，西部地区在自然资源、劳动力成本等基础条件方面具有比较明显的优势，因此，在选择承接重点时一定要准确把握和发挥这些优势，增强吸引力和竞争力。另一方面，要坚持特色性原则，发展特色经济。在承接东部产业转移时，必须以形成特色产业为目标，做到人无我有、人有我多、人多我优、人优我特。只有这样，西部地区才能增强市场竞争力，才能在竞争激烈的国际市场中立于不败之地，才能较好地实现跨越式发展。

（三）坚持产业承接与可持续发展相结合

实现可持续发展是西部地区承接产业转移的本质要求，可持续发展既满足当代人经济发展的需要，又不损害子孙后代利益。生态环境是经济发展的基础，保护环境也是降低成本、提高经济效益的重要途径。西部地区在承接产业转移中，要坚持可持续发展理念，牢固树立统筹经济效益、社会效益和生态环境效益的全面效益观，要处理好承接产业转移与当地生态环境保护以及资源、能源的合理有效利用问题，走上一条经济发展与环境质量良性循环的发展途径。随着东部地区产业加快向中西部转移，"高耗能、高排放、高污染"产业向中西部地区转移的倾向有所抬头，西部地区对此要有高度警惕，要积极承接资源节约型、环境友好型的项目，坚决拒绝承接那些产能落后、污染环境、不符合国家产业政策的项目，避免成为发达地区的"污染避难所"。在承接产业转移中应处理好眼前利益和长远利益、局部利益和全局利益的关系。

（四）坚持承接产业转移与培育内生动力相结合

提升西部地区自我发展能力是新一轮西部大开发的一个重要目标。因此，通过吸纳发达地区的资金、先进适用技术和设备、管理方法、经营理念，逐步形成适合自身发展的产业调整新思路和新机制，特别是通过承接产业转移，提高企业自主创新能力，形成有自身特色的优势产业，带动经济跨越发展，这是西部地区在承接东部产业转移中要认真思考的问题。

（五）坚持产业承接与产业结构升级和布局优化相结合

西部承接东部产业转移必须把承接东部产业转移与产业结构调整、产

业升级、全面建设小康社会、推进新型工业化等紧密结合在一起，必须符合西部地区产业结构优化调整的方向，对产业和技术的引入，要在考虑适宜性的基础上，坚持产业承接与产业结构和区域布局优化相结合，利用后发优势，着眼产业发展的新趋势，或在落户的企业中引用新技术、新设备、新工艺，或对西部地区现有产业进行改造、配套和完善，实现产业升级和产业结构的高级化。充分发挥产业政策的导向作用，鼓励承接技术含量高的产业、非资源依赖型产业，以及为本地特色优势产业延伸配套加工的产业，实现承接产业转移与推动产业升级同步。在产业布局上，要坚持集聚发展原则，突出重点，培育一批新的增长极带动区域成长。根据沿海改革开放和加速发展的经验，可以突出重点，选择条件相对较好的中心城市和重点开发区域，以工业园区为载体，打造一批承接产业转移的示范基地。

（六）坚持承接产业转移与促进就业增长相结合

在当前的经济形势下，西部地区承接产业转移要坚持促进就业的原则。从 2008 年国际金融危机后西部许多农民工因失业从东南沿海地区大批返乡可以看出，在我国社会保障还不完善的情况下，失业加剧必然会带来一定的民生问题和社会问题。因此，加快东部产业向西部地区转移对于促进西部就业具有重要的现实意义。要认真贯彻《中华人民共和国劳动法》，积极承接那些能够发挥西部劳动力成本优势、吸纳就业多的劳动密集型产业，引导和鼓励外出务工人员回乡务工、创业，实现由输出劳务向输出产品转化，由"移民就业"向"移业就民"转化，促进区域和谐发展。

二　西部承接产业转移的主要领域与区域

（一）产业领域

依托中西部地区产业基础和劳动力、资源等优势，推动重点产业承接发展，进一步壮大产业规模，加快产业结构调整，培育产业发展新优势，构建现代产业体系。

1. 劳动密集型产业

承接、改造和发展纺织、服装、玩具、家电等劳动密集型产业，充分发挥其吸纳就业的作用。引进具有自主研发能力和先进技术工艺的企业，吸引内外资参与企业改制改组改造，推广应用先进适用技术和管理模式，加快传统产业改造升级，建设劳动密集型产业接替区。

2. 能源矿产开发和加工业

吸引国内外有实力的企业，大力发展能源矿产资源开发和精深加工产业，加快淘汰落后产能。在有条件的地区适当承接发展技术水平先进的高载能产业。加强资源开发整合，允许资源富集地区以参股等形式分享资源开发收益。

3. 农产品加工业

发挥农产品资源丰富优势，积极引进龙头企业和产业资本，承接发展农产品加工业、生态农业和旅游观光农业。推进农业结构调整和发展方式转变，加快农业科技进步，完善农产品市场流通体系，提升产业化经营水平。

4. 装备制造业

引进优质资本和先进技术，加快企业兼并重组，发展壮大一批装备制造企业。积极承接关联产业和配套产业，加大技术改造投入，提高基础零部件和配套产品的技术水平，鼓励有条件的地方发展新能源、节能环保等产业所需的重大成套装备制造，提高产品科技含量。

5. 现代服务业

适应新型工业化和居民消费结构升级的新形势，大力承接发展商贸、物流、文化、旅游等产业。积极培育软件及信息服务、研发设计、质量检验、科技成果转化等生产性服务企业，发展相关产业的销售、财务、商务策划中心，推动服务业与制造业的有机融合、互动发展。依托服务外包示范城市及省会等中心城市，承接国际服务外包，培育和建立服务贸易基地。

6. 高技术产业

发挥国家级经济技术开发区、高新技术产业开发区的示范带动作用，承接发展电子信息、生物、航空航天、新材料、新能源等战略性新兴产业。鼓励有条件的地方加强与东部沿海地区创新要素对接，大力发展总部经济和研发中心，支持建立高新技术产业化基地和产业"孵化园"，促进创新成果转化。

7. 加工贸易

改善加工贸易配套条件，提高产业层次，拓展加工深度，推动加工贸易转型升级，鼓励加工贸易企业进一步开拓国际市场，加快形成布局合理、比较优势明显、区域特色鲜明的加工贸易发展格局。发挥沿边重点口岸城镇区位和资源优势，努力深化国际区域合作，鼓励企业在"走出去"和"引进来"中加快发展。

（二）主要区域

西部地区地域辽阔，各地发展条件差别较大。从现有发展基础看，并不是所有地区都具备大规模承接产业转移的条件。尤其是西部有不少地区属于限制和禁止开发区域，这些地区不适宜大规模推进工业化和城市化，其主体功能定位是保障国家生态安全和保护自然文化遗产。因此，要大力加强西部产业转移示范基地建设，引导和促进沿海转移产业和外商投资向这些地区集中，使之成为沿海产业转移的重要承接地。参照国际国内产业转移的动态及趋势，立足西部地区特色优势，应该通过产业的集中布局、集群发展，促进能源及化学工业、重要矿产资源开采及加工业、农副产品加工业、旅游产业、装备制造业、服务业等产业转移示范基地的建设。西部承接东部地区产业转移可以按四个层次渐进式展开：第一层次是成渝经济区、天水—关中三大重点经济区、环北部湾（广西）经济区；第二层次是中心城市及其附近区域；第三层次是自然资源富集区；第四层次是沿边发展条件较好的口岸。

1. 西部三大重点经济区

成渝经济区的范围包括成都市、内江市、遂宁市、资阳市、德阳市、绵阳市、自贡市，重庆主城9区、江津市、永川市、荣昌县、合川市、潼南县、铜梁县、大足县、双桥区、璧山县、长寿区、垫江县、梁平县、丰都县、忠县、万州区，其中有四川省7个地级市，重庆主城9区以及重庆15个县市区。成渝经济区属于典型的流域经济，水资源、水能资源丰富，自然资源与资源加工型产业相互依存，是西部最典型的城市密集区，我国国防工业分布最密集的区域之一，重要的装备制造业和高新技术产业基地之一，是长江流域生态环境安全保护带。成渝经济区是我国西部的东部，在我国东中西互动的区域发展战略中发挥着承接传递的作用，承接东部转移的产业有能源及化学工业、装备制造业、高新技术产业、特色农业及加工业和旅游业。

关中—天水经济区包括甘肃天水、平凉、庆阳，陕西西安、咸阳、宝鸡、渭南、铜川、商洛6市，以及延安南部的宜川、富县、黄陵、洛川、黄龙5县。关中—天水经济区、整体经济发展水平低于成渝经济区和环北部湾（广西）经济区。其具有雄厚的科研实力，但科研成果产业化能力较弱；具有工业综合基础优势；城市群初具规模，但城镇体系不完善，发展水平不高。关中—天水经济区的发展方向是我国重要的高新技术产业带和先进制造业基地，承接东部转移的产业有高新技术产业、装备制造业、旅游业、特色农产品及其加工业等。

环北部湾（广西）经济区覆盖南宁、北海、钦州和防城港四市全部行政范围。该经济区沿海沿边，区位优越，是中国与东盟的结合部，是泛珠三角经济区与东盟经济区、东亚与东南亚的连接点，也是西南地区加强与东盟和世界市场联系的重要门户，开发潜力巨大。发展方向是西南地区的主要出海口和出口加工基地，西部大开发的重要支撑点，未来的临海重化工业基地。承接东部地区转移的产业有资源型加工业、出口加工贸易业、现代服务业、海洋产业等。

2. 中心城市及其附近区域

总体上讲，西部经济发展水平较低，但经济空间分布极不平衡，大中城市及其附近区域经济发展水平相当高。西部 12 个省（市、自治区）的省会所在地绝大部分是百万人口以上的中心城市，并且都形成了各自以城市群和城市体系为依托的经济密集区，自然、经济、社会等各方面因素均较好，经济发展条件优越。西部吸纳东部地区产业转移示范区建设，可考虑上述区域，以获得较好的经济效果。

中心城市及其附近区域范围的确定，依照以下三个依据：一是地域相邻，以省会城市相邻的地级城市作为备选对象；二是集聚程度或发展水平高；三是范围适中，一般不超过两个地级市。

呼和浩特城市圈包括呼和浩特、包头两市。应继续发挥开发区和中心城市的辐射功能，走新型工业化道路，承接沿海产业转移的重点领域及有特色的农牧业、冶金及稀土工业和旅游产业。

银川城市圈的范围仅包括银川市。应充分发挥银川及周边地区丰富的水能煤炭资源优势，在建设能源基地和高耗能产业园区的同时，着力搞好具有鲜明民族特色的农畜产品加工基地、特色农业生产基地和区域性商贸旅游业基地建设，力争在煤炭—电力—冶金联营、石油化工及以深加工业、面向西北市场的建筑材料工业、农副产品加工等领域承接沿海地区的产业转移。

兰州城市圈的范围包括兰州和白银二市。发展方向是西北地区特色优势产业建设和经济发展的高地。要依托兰州高校和科研机构的优势，加快形成科技创新中心。建设全国重要的生物制药和中药材现代化生产基地，带动湟河谷地藏药材基地和银川平原中药材基地的建设。把白银建设成为具有全国意义的有色金属冶炼及其深加工为主的新材料生产基地。在上述几方面均可以有效承接沿海产业转移。

乌鲁木齐城市圈的范围包括乌鲁木齐市和昌吉市。宜在商贸与物流业、棉毛纺织业、民族食品加工业、特色农业、旅游业等方面承接沿海产业转移，带动西陇海—兰新经济带新疆段的全面发展。

西宁城市圈的范围限于西宁市。在发展方向上，除以水电为依托的高耗能工业外，一方面，依托未来格尔木提供的石油与盐化工资源及青藏高原提供的特色农副产品资源，在精细化工、医药、食品等领域培育经济增长点；另一方面，瞄准当地和青藏高原的市场需求，以围绕旅游业发展的服务和产品生产基地建设为目标，发展成青藏高原以服装、商贸等为主的中心城市。西宁城市圈在上述诸方面均有承接沿海产业转移的优势。

贵阳城市圈的范围包括贵阳和遵义二市。首先，发展重点是充分发挥该区军事工业的优势，努力建成我国西部地区仅次于关中—天水经济区和成渝经济区的第三大军工基地，在专业产品研制开发领域和相关民用品的制造业领域，形成与关中—天水经济区和成渝经济区有所分工的机电工业体系；其次，在水电开发和铝、磷资源开发的基础上，加大原材料就地加工利用的比重，努力延伸产业链条，依托铝加工和磷化工生产，建设我国西南地区最大的原材料生产与加工工业基地；最后，将自然风光和民族风情有机结合起来，增强旅游业对相关产业的带动作用，保持传统名牌产品的优势，开拓新的经济增长点。承接沿海产业转移的重点领域是装备制造业、能源及化学工业和旅游产业。

昆明城市圈的范围包括昆明和玉溪二市。应以发展与地方优势产业相结合的高新技术产业为先导，在生物资源的加工利用和农业现代化生产与经营方面，承接沿海地区产业转移。

3. 自然资源富集区

自然资源尤其是能源矿产资源，往往在空间上高度集中，形成一个个储量庞大的富集区域。这样的资源一般适宜于大规模集中开发，而且效益也比较好。但同时需要大量资金投入，高技术设备的机械化开采，还需要相当数量技术人员的监控。因此，西部地区自然资源的有效开发及其转化增值需要国内外有实力的经济参与主体。西部吸纳东部资源开发、加工转

化产业的转移，应优先考虑这些地区。西部地区自然资源富集的区域主要
有：晋陕蒙接壤地区、柴达木地区、攀西地区、新疆塔北—吐哈地区、黄
河上游地区、六盘水地区、川滇黔地区、长江上游地区（宜宾—宜昌
段）、乌江流域、红水河流域等。

4. 沿边地区

我国西部地区有 6 个省（自治区）与 14 个国家接壤，陆地边界线占
全国的 80%，具有较好的地缘优势。我国与周边各国有良好的外交关系，
先后设立了 62 个国家级对外开放一类口岸、13 个沿边对外开放县（市）
和 13 个边境经济合作区，周边多数国家也都实行了对外开放和经贸交流、
合作的政策，经济贸易发展迅速，具有较多的经济合作机会。目前，这些
口岸普遍存在第二产业比重不高、企业竞争力弱等问题。因此，这些地区
要充分利用东部产业转移的良好机遇，加快物流、旅游和其他有优势产业
的发展。

三　西部地区承接产业转移的主要方式

东西合作互动的方式有许多种，有以流域、交通为纽带的东西产业合
作带；有以资源、劳动、市场等为指向的产业转移模式。在承接产业转移
中，西部地区应根据东部产业转移的目的和转移产业的性质，而采取相应
的承接方式和组织模式。

（一）产业集群式

主要是通过引进行业龙头企业，吸引或培育其上下游及相关配套产业
集聚，形成产业集群。或者同一类型的上下游产业，在行业协会等组织的
介入引导下，集中迁入园区发展。这类园区由于入园企业的关联性很强，
配套产业链比较完善，能够有效降低企业的运营成本。同时同类产业在地
理上的集聚，也有利于产业的改造升级，提高竞争力。如重庆璧山就是通
过利用奥康的品牌影响力，带动其他鞋业企业和鞋业上下游企业；同时利
用奥康先进的生产技术和管理经验，促进鞋业产业升级，打造"中国西
部鞋都"。即所谓的"一个产业、一个园区、一个龙头、一批品牌"的发
展模式。因此，根据这个思路，可以通过规划和政策手段，将同类别的企
业，或者同行业相互关联的企业向园区集中，主动为转移企业营造产业配
套环境，吸引东部沿海地区的大企业向园区转移，使其成为园区的龙头企
业，形成优势产业集群。

（二）单一产业链式

主要是围绕支柱产业从上游到下游形成较为完整的产业链。发展到一定阶段后，会形成产业集群。目前，这种产业转移方式日渐增多，如重庆市涪陵区龙桥工业园，编制《百亿 PTA 下游产业基地》规划方案，以精对苯二甲酸（PTA）为龙头，策划 PTA 下游产业项目，发展石油化工产业链。当前重点是打造 "PTA—聚酯—化纤—纺织—染整—服装，家纺/产业用布" 和 "PTA—聚酯—瓶片/膜片—包装" 两大下游产业链，未来将形成西部地区重要的化纤纺织产业基地。西部地区许多园区可以选择符合自己发展定位的产业，承接并构建有当地特色的产业链模式。

（三）循环经济式

就是根据循环经济理念，使园区的产业首尾相接形成环，实现废弃物再利用。目前西部许多地区在产业承接中十分注重环保，坚持以资源节约招商选资，积极建设生态工业园区。对于西部许多资源富集区来说，可以考虑设立资源循环经济园区，在集聚省内相关资源开发性企业的同时，吸引和承接东部地区相关企业进入园区，从资源的开采、初加工到深度加工，资源循环利用产业链及优势特色产业集群，从而实现资源的有效利用。

第二节　西部地区承接产业的主要对策与建议

一　国家应对国内产业转移进行统筹管理

（一）成立国家产业转移管理专职机构

目前，我国对产业转移进行宏观管理的相关部门很多，有国家发改委、商务部、工信部等，政出多门，不便协调，管理效率低下，而产业转移是一项系统工程，在我国还将是一个长期的过程。因此，建议成立国内产业转移促进局，隶属于发改委或商务部，全面统筹国内产业转移工作。[①] 主要职能：一是从全国产业发展角度规划国内产业转移，制定产业转移促进政策，规划和指导产业发展。二是对地方转移和承建国内产业转移进行跟踪监控，制定科学的产业转移考核体系，对违反国家产业转移政策的地方政府进行处罚。三是建立政策、项目信息交流平台和投资促进平

---

① 何龙斌：《应从国家层面对国内产业转移进行统筹管理》，《经济纵横》2012 年第 2 期。

台，指导、组织大型投资促进活动，促进项目洽谈和对接，为中西部地区实施有效承接、补链承接创造条件，为沿海地区投资企业更有效地寻找产业转移最佳地点提供服务。

（二）尽快制定国家产业转移布局规划

国家产业转移布局规划是指导全国产业合理分布，实现产业升级、结构优化和区域协调发展的指导性文件，因此必须尽快出台。但是，其制定过程必须严谨、认真。首先要制定产业结构升级的国家战略规划，明确产业结构升级的战略目标、措施及步骤。其次要根据全国主体功能区规划，制定区域功能定位规划，明确不同地区区域产业定位；特别是对"高投入、高污染、高能耗、低效益"等生态威胁型产业要认真进行布局规划。最后要对国内转移产业进行调研，对中西部承接条件进行评估，摸清产业转移种类与规模、产业承接的优势与劣势。在上述工作的基础上，制定出的国家产业转移布局规划才是科学的。

（三）尽早制定国内产业转移管理条例

我国至今没有一部规范产业转移的法律法规，这也是产业转移混乱的一个重要原因。因此，建议尽早制定国内产业转移管理条例，包括总则、中央及地方管理机构的设置与职能、产业转移规划编制、产业转移的实施、产业转移的效果跟踪、监督管理（奖励与处罚）、产业园区的管理、附则等。通过出台国内产业转移管理条例，使我国产业转移在执行中有法可依、有规可循，真正走上法制化、规范化的道路。条例中要体现环境问责制度，对因产业转移环境污染隐瞒不报、处理不力或充当违法排污企业"保护伞"的政府官员，一定要追究相关人员的环境责任，同时实行环境责任跟踪制度。

（四）定期出台国内产业转移指导目录

产业转移是一项动态的系统工程，国家应该对其进行实时监控与指导，以确保科学化、有序化。建议每年组织编写一份国内产业转移指导目录，每月编写一份全国产业转移动态，明确哪些是鼓励项目、哪些是限制项目，哪些是鼓励投资地区等；明确各个地区的主导产业和方向，确定哪些行业可以在哪些地区发展，可以向哪些地区转移；实时公开发布转出地产业转移信息以及承接地的承接政策、条件等信息，以便西部承接地区构建循环经济产业链条。要保证其科学性和权威性，要与投资政策、土地政策、环保政策等形成合力，保证政策落到实处。

（五）通过考核管理全国产业转移

大量实践表明，国内产业转移的无序化很大程度归因于转出地与转入地地方政府错误的政绩意识。因此，中央有必要通过改变地方政府考核体系管理全国产业转移。而基于国家战略的统筹国内产业转移目标是一个系统的综合性的指标体系，包括产业效率、产业安全、产业可持续发展、区域经济协调发展、产业结构优化、产业升级、落后与过剩产能的处置、生态环保，等等。所以，新的地方政绩考核体系必须从这一指标体系入手，如引入绿色 GDP 指标、节能降耗指标等。特别值得一提的是，各类产业园区是产业转移的重要平台，一定要加大对产业园区管委会的考核，通过考核评估，建立符合国家产业政策的产业转移国家示范区。

二 以建设产业集群为抓手承接国内外产业转移

（一）高度重视产业集群战略，认真规划集群产业

西部地区地方政府部门必须认识产业集群作为一种独特的产业组织形式，可以有效促进地区优势产业的发展，是吸引东部产业转移的重要力量，在区域经济增长中起着重要作用。因此，必须认真学习产业集群发展相关理论，掌握产业集群发展的基本机理和方法，通过理论指导来选择集群产业，规划其发展。在产业选择上，应结合西部产业发展基础，将具有较多的技术上可分的价值增值环节的产业作为促进产业集群形成和发展的目标产业。因为某一产业越具有分工细化的可能，就越可能产生集群化发展的趋势，而且分工细化还能降低最低资本的要求，有利于小企业的发展，从而形成良好的产业集群氛围。另外，在西部，一些地区的比较优势行业集中在资源开发和资源加工领域，以资源产地或市场集散地发展这些优势产业，可以从很大程度上解决西部剩余劳动力过多的问题。因此，西部地区也可以在这些优势产业的基础上，通过倾斜的政策，引导这些产业以资料产地的城市为中心，形成具有西部特色的劳动密集型产业集群。

（二）制定产业集群政策，稳步实施集群创导计划

目前，很多发达国家在发展产业集群时都实施了集群创导计划①，取得了较好的效果，值得西部地区效仿。集群创导涉及集群企业、政府和

---

① 集群创导起源于 20 世纪八九十年代的一些发达国家，在处于经济转型时期的国家也有应用，现已成为许多国家制定经济政策、推动区域经济发展的一个关键要点，是一种新型的区域发展战略，它通过特定的政策机制为处于萌芽阶段的企业创造良好环境，带动地区经济发展，增强区域竞争力。

（或）研究机构，是有组织的活动，其目的在于推动地区内集群的成长和提高其竞争力。产业集群一经形成就需要多方力量的共同参与，在外部力量的帮助下，从而促进产业集群不断升级，形成可持续发展的能力，这也是集群创导计划的核心思想。集群创导工作是明显带有政府意志的系统工程，因此，必须具有前瞻性，而且尺度把握要谨慎。政府"有形之手"的着力点在于制定规则、塑造环境，并在初期提供强大的"第一推动力"，最终主要依靠市场机制和活力，政府主要作用转为"纠偏和补位"。在产业集群形成初期，西部地区政府可以通过出台产业集群政策、设立专项资金等"风向标"加速企业汇聚，促进集群形成。

（三）认真贯彻产业链招商的思路，引进集群产业链上的企业

将引资的重点放在与本地现有产业有前后向联系的产业上，促进外资与本地企业之间基于价值链的前后向联系。这不仅有利于产业集群的形成和发展，而且可以促进引进企业的技术溢出，从而有利于本地企业技术水平和技术创新能力的提高。从国内先进地区发展经验看，产业链招商是顺应产业转移趋势，主动承接产业转移，推动地区经济发展的有效手段。东部沿海地区紧紧抓住发达国家和地区产业转移的机遇，主动融入国际产业链，推进加工、科研和服务一体化、组团式发展，培育了一批耦合度高、竞争力强的产业集群。广州市抓住日本本田汽车成功落户后的品牌和整车生产优势，开展汽车产业链招商，使全球范围内与本田汽车有着数十年合作关系的 50 多家本田核心零部件配套企业，目前大部分落户广州或已有落户广州的计划。有"领带王国"之称的嵊州，利用本地生产领带企业众多的优势，主动招徕韩国等一批国外大的领带生产企业落户嵊州，引发世界领带业的大转移。目前，嵊州生产的领带占全国总产量的 80%，占世界总产量的 33%。因此，西部地区也应不失时机地通过产业链招商，承接东部产业转移。[①]

（四）认真规划产业园区，打造有效的产业集群平台

产业园区是产业集群的有效平台，西部地区应按照工业园区—产业功能区—产业集聚中心建设思路，规划建设基础设施完善、配套服务齐全的重点产业园区。引导布局分散的中小企业集中到统一规划的产业园区，优

---

① 何龙斌：《基于产业集群的西部地区承接东部产业转移研究》，《商业研究》2010 年第 8 期。

化企业之间的生产协作，促进企业共享基础设施和公共服务，加强产业配套，培育产业集群。同源企业、同类企业、关联度较强的项目要有计划地放在同一园区来发展，壮大园区的产业规模，打造专业园区、特色园区。围绕支柱产业、优势企业，结合国家产业政策，研究开发一批重点发展的项目，为产业链招商提供必要的项目储备。在工业园区建设上，要按照产业链必须要长、产品技术更新要快且升级空间要大，具有资源禀赋优势或现实产业基础良好和国际市场空间大的原则，确定选择列入重点培育的大产业区（工业园区），通过培育区域主导产业、龙头企业，延伸骨干企业产业链，促进产业集群发展。

（五）创新产业转移与集聚思路，探索飞地经济模式

西部地区地广人稀，企业分散，因此要创新产业转移与集聚思路。"飞地经济"是指在区域经济发展过程中形成的与原来区域在空间上相分离、内容上相互联系的地区。具体而言，就是在推进工业化和招商引资过程中，打破行政区划限制，把甲地招入的资金和项目放到行政上隶属乙地的工业园区，通过建立科学的利益分配机制，从而实现互利共赢的经济发展模式。要积极尝试以飞地经济模式承接产业转移。首先政府间要有效合作、科学规划，西部地区要以构建循环经济产业链，形成产业集群为目的选择性地承接产业转移。其次要发挥企业管理主体的作用，以企业集团为主开发和管理该模式。再次，西部要完善前提条件，夯实基础，形成良好的投资环境；要有"双赢"合作、利益共享、服务为主的观念，同时完善管理制度。最后，需要在宏观层面得到中央政府的政策支持。

（六）积极发展中介机构，创造产业集群"生态圈"

各类中介服务组织如咨询、会计、法律、培训、质量检测、专业市场、物流配送、科研机构等，是产业集群组织体系的重要组成部分，是集群形成的重要"生态圈"。它们主要为企业和集群的产生发展提供支持和服务，产业集群层次越高，对中介组织的要求也越高。因此，西部地区地方政府应积极加以扶持和培育中介机构，加强与中介机构之间的合作和交流，降低中介机构进入退出成本，增强区域竞争优势。

三 以促进产业结构调整为目的承接产业转移

针对西部地区产业结构调整存在的矛盾和问题，应结合"十二五"期间面临的新形势，提出以下西部地区承接产业转移的产业结构政策调整

方向及对策建议。[①]

（一）以承接产业转移推动第一产业的现代化

在工业反哺农业的大背景下，西部地区应注重通过承接发达国家和地区高科技农业的产业转移，促使西部地区传统农业向现代农业、高新技术产业转化和升级，推动第一产业加工高度化。西部地区特色农业产品比较多，所有这些产品都已经有很大的知名度，但仍需通过大力承接产业转移，引进国内外农业产业的龙头企业，带来先进的农业技术和农业产业化、规模化经营管理经验，促进西部地区农业技术创新，延伸农业产业链，提高附加值，优化农业结构，提高农业的加工度，推进农业的产业化经营，发挥农业的规模化综合经济效益，提升农业生产的技术含量，以品牌产品带动地方生产发展。西部地区还应以工业化理念和手段推进农业变革和升级，实施发展现代农业战略。确立"质量最优化、收益最大化"的生产目标，重点培育主导产业及地方特色产业，推进规模化、专业化生产。通过"公司＋基地＋农户""合作经济组织＋农户""市场＋农户"等机制，实现"前向一体化"或"后向一体化"生产，逐步形成农户依托企业发展的产业集群，带动农业专业化、规模化、高效化和产业化的种植和经营，大大提高农民的收入水平，解决城乡二元结构问题。此外，政府应大力推进城乡统筹发展，努力改善农村的环境，为农村提供丰富的生产要素、更宽松的土地流转政策和农业产业发展政策，以此吸引发达国家和地区的农业龙头企业和高科技农业来西部地区投资发展。

（二）以承接产业转移推动第二产业结构优化

在保持原有重工业基础上，大力加强轻工业的承接。西部地区总体来看，重工业高于轻工业，这是与其他发达国家产业发展历史相比所不同的地方，与我国实施的"赶超政策"密切相关，但是不能因此放松轻工业的发展，要坚持轻重工业协调发展。要调整轻重工业比例失调状况，加大对轻工业生产的支持与投入，因地制宜地大力发展轻工业，依托西部农业生产特点，重点发展棉纺织业、油料加工业、皮革加工业、肉食品加工业、粮食加工业、中药材加工业等产业，为重工业发展提供发展空间。为加快工业结构的升级，必须打破加工工业大量扩张，技术密集型工业发展

---

① 卢阳春：《"十二五"时期西部地区承接产业转移的产业结构政策调整实证研究》，《经济问题探索》2011年第10期。

缓慢的局面，促进重加工业特别是装备工业的发展，通过工业结构的适度重型化推动高加工度化阶段向技术集约化阶段的转变，提升工业结构的水平。还应在生物、新材料、新能源、电子信息、环保、现代中医药等高新技术产业取得突破，充分发挥高新技术开发区的孵化、辐射和带动作用，促进工业优化升级。

（三）以承接产业转移推动第三产业量和质的提升

针对西部地区第三产业发展不均衡、内部结构不合理情况，未来应在加快交通、通信及其他传统服务业的发展基础上，通过承接产业转移积极发展现代服务业，促进第三产业的优化升级。应重点加快现代服务业体系的构建：一是依托西部地区复杂的地貌和气候类型，悠久的历史和众多的民族，加快完善旅游基础设施建设，提高服务意识和质量，创造安全、舒适、环保的旅游环境，加快发展不同省区市各具特色的，将观光农业和生态旅游产业相结合的新型现代旅游业，提升西部地区第三产业的档次和比重。二是围绕建设西部物流中心、商贸中心、金融中心等，重点发展现代物流、金融业、信息服务业、工业设计、服务外包、商务服务业等生产性服务业；创新服务业态，提升商贸流通业的现代化水平；重点发展金融、保险、信息咨询等高层次现代服务业，促进第三产业结构整体素质的提升。三是坚持市场化、产业化和社会化方向，加快发展房地产、会展、金融、保险、信息等服务业，实现现代服务业与工业良性互动。四是围绕农业生产的产前、产中、产后服务，加快构建和完善以生产销售、科技、信息和金融服务为主体的农村服务业，不断完善农村综合服务体系。西部地区只有通过承接产业转移等渠道，努力实现第三产业总量稳定增长和结构趋于合理后，才能更好地吸纳就业、吸引投资，从而带动西部地区整个产业结构的优化和区域经济的协调发展。

（四）以承接产业转移推动产业集群的形成

发展西部地区应认真分析自身优势，科学制定产业发展规划，提高承接产业和现有产业的关联度；加快产业链培育，加快配套产业发展，创造更多条件承接发达国家和地区的产业链整体转移，争取通过承接关联度高、辐射力大、带动性强的龙头企业来促进承接一套产业链，以承接产业链转移推动形成产业集群，提高产业带动能力和对发达国家和地区产业转移的吸引力。通过超前规划西部产业园区，引导各大中型企业和其配套的中小型企业向优势区域集中，向工业园区集中，打造产业集群，大力推动形成和发展以成都、西安、重庆为中心的高科技产业集群、制造业集群；以兰州、克拉玛依为中心的石油化工集群；以昆明、贵阳为中心的烟酒产业集群；以西宁为中心的盐化工产业集群等，逐步缩小与发达地区的发展距离。

（五）以承接产业转移推动战略性新兴产业的培育和发展

因地制宜推动战略性新兴产业的培育和发展对于西部地区产业结构升级具有重要意义。目前，我国确定的战略性新兴产业有节能环保、新一代信息技术、生物、高端装备制造、新能源、新材料和新能源汽车七大领域。相对照下，西部地区可能发挥自身的资源要素禀赋优势，通过承接产业转移，引进先进技术，大力发展的战略性新兴产业领域主要可能有一些与自然资源有关的行业，比如新材料、新能源、生物、高端装备制造行业。在这些领域，西部地区有条件借助自然资源优势和现有的特色优势产业基础，通过争取国家政策倾斜和地方制定优惠政策，以丰富的自然资源和较低价的劳动力资源吸引发达国家和地区相关行业的龙头企业到西部地区投资，通过承接产业转移促进西部地区战略性新兴产业的培育和发展。

（六）以承接产业转移推动科技自主创新能力的增强

在西部地区承接产业转移过程中，必须从国家的全局出发，在对西部现有特色优势产业发展的基础上，通过有选择性地承接国内外发达地区的产业转移而发挥后发优势，在承接产业转移过程中处理好高新技术引进和吸收渗透与自主创新的关系，并以此吸引大量外部资金、先进技术等生产要素进入，使本身的各种资源要素更充分地利用起来，加快产业结构高级化进程；拉紧拉长产业链条，占据附加值更高的生产环节，实现产业结构的高级化，增强西部地区产业核心竞争力。要善于向承接来的产业学习，包括技术、管理、营销等，并充分利用陕西、甘肃、四川、贵州、重庆等军工企业和科研力量比较先进的优势，发挥后发优势，在引进和承接的基础上进行创新，逐步提升科技自主创新能力。选择合适的创新路径，在引进、消化、吸收、模仿的过程中进行技术积累基础上逐步完成自主技术创新体系的建立。最后借助国际产业转移的机会，多渠道地引进世界高技术和先进技术，并积极鼓励当地企业与外资支柱企业形成产业配套关系，在配套中通过技术学习，积累起自主的产业创新能力。

（七）以承接产业转移推动主导产业和优势产业的发展壮大

有行业选择性和倾向性地承接产业转移，推动西部地区主导产业和优势产业的发展壮大。杨先明（2008）的统计计算分析结果显示，电力热力的生产和供应业、石油加工和炼焦及核燃料加工业、交通运输等设备制造业、有色及黑色金属冶炼及压延加工业、化学原料及化学制品制造业、饮料食品烟草制造业、非金属矿物制造业、农副产品加工业、医药制造业、纺织服装及鞋帽制造业、煤炭及矿石开采和选洗业这十一个行业基本囊括了西部地区主导产业和优势产业，承接这些行业及产业链配套行业的相关产业转移，特别是承接具备高技术含量的企业对西部地区的投资，有利于加快西部地区的工业化进程，强化产业支撑，有利于带动和推动其他产业的发展，促进产业结构的合理化和高级化。

（八）以承接产业转移推动产业结构生态化水平的提升

西部地区生态环境脆弱，在承接产业转移时必须加强政策引导。在制定鼓励，支持资源和劳动密集型产业发展政策时，提高资源浪费、技术落后、环境不友好项目的准入标准，推动资源综合开发利用，积极承接在节能降耗方面表现突出的环保产业和循环经济产业，促进工业可持续发展，提高西部地区工业结构的生态化程度。对国家鼓励西部发展的风电、光伏发电等清洁能源项目的承接，应简化审批核准程序，交由项目所在地按国家已核准项目的特许权进行招标核准，以加快项目建设进度。在承接产业转移过程中注重兼顾国土资源和生态环境的保护、开发、利用，把承接产业转移与资源开发和生态保护三者有机结合，实现可持续发展，促进西部地区产业结构生态化发展。

四 以循环经济产业园区为平台承接产业转移

（一）高度重视战略规划

政府应按照科学发展观思想，以产业发展、资源利用和环境保护为目标，对西部以循环经济产业园区承接产业转移进行合理规划。中央政府应该通过相关法律法规要求西部地区必须以循环经济产业园区为平台承接产业转移，对产业园区要求通过能源的梯级利用和热电联产等途径优化园区总能源利用，最大限度地使用可再生能源。通过水资源的梯级利用、中水回用等手段，实现园区内用水的闭路循环。通过副产物和废弃物的综合利用实现污染物"零排放"。在规划循环经济产业园之前，首先，要考察该地区经济运行质量、产业发展阶段、产业发展特点及主导产业，然后要通过依据产业部门的关联程度确定建设何种模式的循环经济产业园区。其次，要通过资源消耗强度与污染物排放强度等指标考核入园企业的环境友好程度，在产业的资源环境支撑分析的基础上，对园区内企业之间的物质、能量、信息的循环流通进行系统科学的规划。①

（二）积极提供政策支持

循环经济的重要性在我国还没有被企业完全认识，发展循环经济需要投入大量资金而且回报周期较长，有一定的风险性和不稳定性，东部转移企业进入循环经济产业园区的动力往往不足。因此，政府在承接产业转移、发展循环经济产业园区的作用不可忽视，主要体现在一些政策支持上。一是财政支持，建议西部地方政府对循环经济产业园区内污染防治基础设施、资源能源综合利用、生态产业补链等项目优先审批立项，给予财政扶持和税收优惠，并在用地指标和排污指标方面适当倾斜。二是资金支持，建议设立支持循环经济产业园区发展专项资金，鼓励银行业金融机构要积极给予入园企业包括信用贷款在内的多元化信贷支持，支持符合条件的国家、省级循环经济试点园区、企业发行企业债券等直接融资工具，在境内外上市和再融资。三是科技支持，加大对循环经济产业园区的科技支持力度，鼓励转移来的园区内符合条件的企业申请高新技术企业，优先支持科技企业孵化器认定，在高新技术项目审批、技术交流与合作、成果转化与推广、人才引进与扶持等方面重点向国家生态工业示范园区倾斜。

（三）加强企业信任合作

企业间的信任与合作是循环经济产业园区稳定发展的重要保障。信任关系有助于维持园区组织结构的稳定，在园区系统面临市场或内部变化以及外部风险时，园区稳定的组织结构和成员企业间的信任必能增强园区的适应能力和抵御能力。信任关系有助于调动伙伴企业行动积极性，有利于企业之间按照循环经济原理开展合作，实现经济与生态效益的统一。当前，在循环经济产业园区实际运作过程中，日渐暴露出一些影响网络安全与稳定的不利因素，比如逆向选择、道德风险等。特别是对于东部转移到西部的企业，与西部地区当地企业存在管理模式、企业文化、企业伦理等多方面的差异，因此信任与合作需要一个过程。国外成功的经验表明，循环经济产业园内企业之间的合作与协调多是以市场经济为导向、以各自的经济利益为驱动力而形成的，企业生产的目的是要降低成本，追求最大的

---

① 何龙斌：《产业转移与西部地区循环经济产业园区建设》，《科技管理研究》2013 年第 10 期。

经济效益。通常一个厂家的废弃物或副产品被用作另一个厂家的原料时，如果其成本比另外购买新原料低，下游厂家自然会优先考虑使用这种替代物；反之，则会退出合作。因此，一方面，政府在循环经济产业园构建过程中，应该为企业搭建信息共享、沟通、合作的平台，建立有效的循环经济产业园园区企业合作制度，增进企业间的信任与合作。另一方面，政府有责任在循环经济产业园建设中发挥协调和指导作用，给予企业必要的资金支持和政策支持，以经济合理性提高企业间合作的可行性。

（四）突破循环技术"瓶颈"

技术是我国循环经济产业园建设的一个关键的约束因素，积极推进技术创新进程，有利于循环经济产业园建设的开展。目前，我国循环经济产业园建设还处于起步阶段，很多技术不成熟甚至欠缺，如规划技术、信息技术、网络技术、物流连接技术、能源综合利用技术、水重复利用技术等；而工业生态系统本身的脆弱性特点也使得必须对它进行持续的研究和提供有效的技术支持。我国很多循环经济产业园区囿于技术"瓶颈"难以发展，导致循环经济产业园有名无实，甚至有些园内企业经济效益低下，处于停产边缘。因此，发展循环经济必须突破技术"瓶颈"。首先，园内企业要主动投入研发资金，针对企业发展循环经济中的技术难点，积极与各类科研机构、高校进行技术合作、攻关，共同研究废弃物处理技术、再利用技术和环境污染物质治理控制等关键技术。其次，政府要通过一些激励措施，推动企业进行技术创新，鼓励骨干企业建立工程研究中心、企业技术中心，形成企业自身发展循环经济的技术支撑。最后，政府要加大对科技信息网络、科技、中介服务、高等院校及科研机构等平台建设的投入，增强科技创新持续发展能力。要通过典型示范和经验介绍等方式使企业了解到互相合作的收益，增加企业参加技术创新系统的积极性，促进创新系统的发展。

（五）加强基础设施建设

完善的基础设施是循环经济产业园发展的重要外部条件。与传统工业园区相比，循环经济产业园不仅有水、电、路、气、话等一些基础设施，还有一些实现循环经济的共享基础设施，如能量集成设施、水资源集成设施和物质集成设施。其中能量集成主要指集中供热、热电联产、余热余压利用等；水资源集成主要指水资源的逐级利用、冷却水循环利用、污水集中处理、中水回用等；物质集成主要指废弃物综合处理和再生利用。这些共享基础往往投资额巨大，导致其成为我国很多循环经济园区的短板。所以，西部地区政府要加强基础设施建设，大力支持基础设施项目融资，鼓励企业参与基础设施建设，保证工业共生系统的硬件完善。要通过统一规划和完善基础设施，集中建设工业污水处理厂、热电联供厂、工业固体废弃物焚烧炉、天然气管网等，在循环经济产业园区内实现物质资源循环利用、能量梯级利用以及污染物集中处理。

第三节　本章小结

本章从循环经济理念出发，提出了西部地区承接国内外产业转移的基本思路与对策。

西部地区承接国内外产业转移的基本思路是，要按照科学发展观要求，结合国家主体功能区规划，以循环经济理念为指导，抓住国内外产业转移的重大机遇，坚持市场导向与政府推动相结合，坚持突出特色、发挥优势与互利共赢相结合，坚持产业承接与可持续发展相结合，坚持承接产业转移与培育内生动力相结合，坚持产业承接与产业结构升级和布局优化相结合，以及坚持承接产业转移与促进就业增长相结合六大原则，积极承接劳动密集型产业、能源矿产开发和加工业、农产品加工业、装备制造业、现代服务业、高技术产业和加工贸易等。西部承接东部地区产业转移可以按四个层次渐进式展开，第一层次是成渝经济区、关中—天水经济区、环北部湾经济区三大重点经济区；第二层次是中心城市及其附近区域；第三层次是自然资源富集区；第四层次是沿边发展条件较好的口岸。其承接方式可以为产业集群式、单一产业链式和循环经济式。

为促进西部地区科学、合理、高效承接产业转移，提出对策建议如下：一是国家要统筹管理国内产业转移。应成立国家产业转移管理专职机构，尽快制定国家产业转移布局规划，尽早制定国内产业转移管理条例，定期出台国内产业转移指导目录，并且通过考核管理全国产业转移。二是以建设产业集群为抓手，促进西部地区承接国内外产业转移。要高度重视产业集群战略，认真规划集群产业；要制定产业集群政策，稳步实施集群创导计划；要认真贯彻产业链招商的思路，引进集群产业链上的企业；要认真规划产业园区，打造有效的产业集群平台；要创新产业转移与集聚思路，积极探索飞地经济模式；要积极发展中介机构，创造产业集群"生态圈"。三是以促进产业结构调整承接产业转移。以承接产业转移推动第一产业的现代化、第二产业结构优化、第三产业量和质的提升；以承接产业转移推动产业集群的形成，战略性新兴产业的培育和发展；以承接产业转移推动科技自主创新能力的增强，主导产业和优势产业的发展壮大和产业结构生态化水平的提升。四是以循环经济产业园区为平台承接产业转移，为此，要高度重视战略规划，积极提供政策支持，加强企业信任合作，突破循环技术"瓶颈"以及加强基础设施建设。

第十章　基于循环经济的西部地区
承接产业转移案例研究

循环经济产业园区是承接产业转移的重要平台。截至"十一五"期末，我国通过规划论证正在建设的国家生态工业示范园区数量达到 39 个，其中通过验收的国家生态工业示范园区有 12 个。[①] 这些示范园区对我国发展循环经济起到重要示范作用。但是它们绝大多数集中在东部发达地区，如 12 个通过验收的国家生态工业示范园区没有一个在西部地区，通过规划论证正在建设的国家生态工业示范园区中西部所占席位也屈指可数。本章将选择通过规划论证正在建设的国家生态工业示范园区——贵港生态工业园和包头国家生态工业（铝业）示范园区，结合承接国内产业转移进行实证研究。

第一节　贵港国家生态工业（制糖）示范园区

一　园区背景

贵港市位于广西壮族自治区东南部，属南亚热带季风气候区，气候温和，雨量充沛。由于大部分土地位于北回归线以南，太阳辐射较强，光热充足。贵港市以其优越的自然条件给甘蔗的种植和生长提供了良好的环境。全市现有蔗区 34.8 万亩，平均亩产 3.5—4.0 吨，是我国重要的甘蔗生产基地。充足的甘蔗资源成为贵港市的特色资源，同时也构成当地经济发展的重要基础。多年来，贵港以甘蔗种植业为基础，以制糖为先导，带动造纸业和酒精业，形成了以制糖工业为导向的产业经济。制糖工业及其

[①] 《2013—2017 年中国生态工业园循环经济发展模式与投资规划分析报告》，2013 年 7 月，华研中商研究院，报告编号：46358。

辐射带动的产业产值在全市 GDP 中约占 33.8%。此外，贵港市约 30% 的人口从事与制糖工业及其辐射带动的产业相关的活动。一旦贵港市的制糖工业有所波动，必将对贵港市的经济产生根本性影响，并直接影响 30% 人口的就业问题。

规划前，贵港市制糖企业有 5 家，即贵糖股份有限公司、贵港甘化股份有限公司、桂平糖厂、平南糖厂和西江糖厂。其中，贵糖股份总资产达 10 亿元，拥有 3000 多名员工，占地面积 1.5 平方公里，是我国最大的糖厂。在制糖工业成为贵港市支柱产业的同时，也是全市工业"三废"污染大户，贵港市制糖业面临着巨大困境。到 2000 年，我国制糖工业已经沦为环境污染严重、效益低下的"夕阳产业"。因此，如何解决制糖工业"三废"污染，不仅是制糖企业的事，也是当地政府经济工作的重点之一。

为了解决贵港制糖工业长期存在的严重结构性污染和区域性污染，实现经济发展与生态发展的"双赢"，经国家环保总局批准，贵港国家生态工业（制糖）示范园区项目立项建设。

二 园区简介

贵港国家生态工业（制糖）示范园区是国家环保总局于 2001 年 8 月批准设立的全国第一个循环经济试点园区，2011 年 5 月 31 日，经贵港市委、市政府批准成立贵港国家生态工业（制糖）示范园区管理委员会，2012 年 8 月被确认为自治区 A 类园区，是港北区工业发展的重要平台。

贵港生态工业园区总投资 36.5 亿元，由贵糖集团股份有限公司实施，将形成以蔗田、制糖、酒精、造纸、热电联产、环境综合处理六大系统为框架的生态链。其发展思路是将此产品产生的污染物作为其他产品生产的原料利用，形成企业产品间彼此相互依靠，互为上下游的工业生态链，实现资源利用最大化、污染排放最小化，促进企业经济发展与环境保护"双赢"，代表了我国 21 世纪工业文明和工业污染防治的发展方向。在国内外环保专家指导下，贵港国家工业（制糖）示范区的建设较好解决了制糖工业的污染问题，为全市经济持续发展创造了良好的环境。

园区总体规划面积为 30.53 平方公里，由三个产业区组成，包括贵糖产业区、西江产业区、热电循环经济产业区。园区主导产业定位为：以电子信息、节能环保新材料、糖纸循环、热电联产发展新能源为主导产业，配套发展物流业。目前，落户园区的项目（企业）共有 63 个（家）。其中，已竣工投产的项目有 22 个，总投资 57.2 亿元；在建的项目有 19 个，计划总投资 27.8 亿元，正在做前期工作待建的项目有 22 个，计划总投资 64 亿元。三大产业区如表 10-1 所示。

表 10-1　　　　　　　　　贵港生态工业园区三大产业区

产业区	位置与面积	产业定位	典型入驻企业
贵糖产业区	位于贵港市中心城区东南部，南至郁江边，总体规划面积 1.55 平方公里	发展制糖、食糖深加工、酒精、造纸等糖纸循环产业	广西贵糖（集团）有限公司、广西洁宝纸业投资有限责任公司、贵港红旗贸易有限公司等
西江产业区	位于贵港城区西侧，距中心城区约 4 公里，总体规划面积 18.09 平方公里	发展电子信息、节能环保新材料、物流等产业	黄浦江制衣（贵港）有限公司、广西雄达米业有限公司、广西贵港天福茶业有限公司、广西贵港市辉煌皮具有限公司等
热电循环经济产业区	位于贵港城区东侧，港北区武乐乡境内，距中心城区约 13 公里，总体规划面积 10.89 平方公里	发展热电联产发展新能源、纸制品产业	中国华电集团贵港发电有限公司、广西华劲集团、广西江豚钙业科技有限公司等

资料来源：贵港国家生态工业（制糖）示范园区网站（http://www.gbgyy.com/）。

三　园区生态共生关系与建设步骤

贵糖（集团）是全国制糖业的龙头企业，在前几年我国制糖业工业整体亏损和污染严重形势下，贵糖（集团）在经济效益和环境保护方面取得了显著进展，其中一条最重要的原因就是形成了以甘蔗为主要原料，以甘蔗制糖为核心的生态工业雏形。贵糖（集团）生态工业雏形主要由两条主链组成：（1）甘蔗—制糖—废糖蜜制酒精—酒精废液制复合肥；（2）甘蔗—制糖—蔗渣制浆造纸。每条生态链的上游生产过程产生的废弃物用作下游生产过程的原料。利用制糖过程产生的废糖蜜做原料生产酒精，酒精生产过程产生的酒精废液用来生产甘蔗专用复合肥，复合肥又用来肥田。至此，以甘蔗田种植甘蔗为起点，经过甘蔗—制糖—废糖蜜制酒精—酒精废液制复合肥—复合肥返回蔗田，形成一条闭环生态链。另外，制糖过程产生的蔗渣用来造纸，造纸过程产生的白泥作为生产水泥的原料。

贵港生态工业园区建设，可以分成 4 个步骤：盘活、优化、提升、扩张。盘活，就是盘活贵港市所辖区域内 5 家糖厂的资产，使所有的设备开动起来，让其尽力发挥功效；优化，就是优化糖产品结构和制糖副产品的集中处理、综合利用，利用有限的资源获得最大的效益；提升，就是用高科技和先进的环境保护理念增加产品的附加值，提高产品的科技含量，增加产品的盈利水平，从根本上提升产品竞争力，从而提升整个贵港制糖生态工业园区的竞争力；扩张，就是实现制糖生态工业园区资本的量的膨胀和质的飞跃，通过园区企业的资产重组，形成富有战斗力的"航母战斗群"，继而向园区外适度扩展。[①]

四 园区生态系统的构成

贵港国家生态工业（制糖）示范园区由蔗田系统、制糖系统、酒精系统、造纸系统、热电联产系统和环境综合处理系统六个系统（或称为单元）优化组成。通过优化组合，各系统间的输入和输出相互衔接，做到资源的最佳配置和废弃物的有效利用，将环境污染减少到最低水平，从而形成一个比较完整的工业和种植业相结合的生态系统以及高效、安全、稳定的制糖工业生态园区。如图 10 - 1 所示。

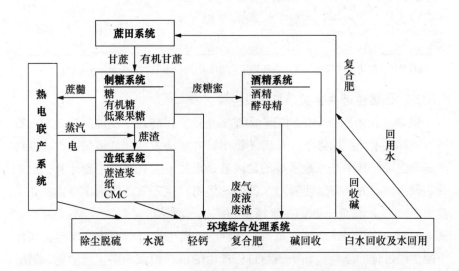

图 10 - 1 贵港生态工业园区系统构成

资料来源：毛玉如等：《生态工业园区的典型链网结构研究》，《科技进步与对策》2006 年第 2 期。

---

① 张坤：《循环经济理论与实践》，中国环境科学出版社 2003 年版。

（一）蔗田系统

生态甘蔗园是全部生态系统的发端，它输入肥料、水分、空气和阳光，输出高产、高糖、安全、稳定的甘蔗，保障园区制造系统有充足的原料供应。贵港生态甘蔗园建设是在 3.33 万公顷蔗田区实现良种和良法。同时，按有机甘蔗生产标准和要求建设 0.8 万公顷有机甘蔗园。1999 年开始实施，2002 年完成调整作物结构，蔗田灌溉设施配套，推广种植 0.33 万公顷早熟优良品种和 0.2 万公顷有机甘蔗田。2005 年生态甘蔗园建成，实现原料蔗总产量 360 万吨，其中有机甘蔗 80 万吨以上，年农业增收 1.76 亿元，企业增收 5.76 亿元，经济效益显著，并能保障生态园区的系统安全性和稳定性。

（二）制糖系统

制糖系统是整个生态工业园的主体。通过技改，实行废弃物的综合利用。在生产出普通精炼糖的同时，生产出高附加值的有机糖、低聚果糖等产品。有机糖技改工程在 2003/2004 年榨季试车投产。有机糖是环保产品，其生产对原料生产和产品加工、贸易过程有严格的环境要求，并能达到资源利用的最大化，污染排放最小化，所产生的废弃物均作互为利用的资源，对环境不会造成污染。低聚果糖生物工程在 2004 年 10 月试车投产。目前贵糖已经初步形成以制糖为中心，制酒、蔗渣造纸及"三废"资源化利用的甘蔗糖业生态链。2005 年完成制糖新工艺新技术综合改造工程，使现有碳酸法制糖工艺的滤泥排放量减少一半，并大幅减少滤泥中的有机物，增加碳酸钙含量，滤泥排出后可直接用于烧制水泥熟料，彻底消除滤泥对江河的污染。

（三）酒精系统

通过能源酒精工程和酵母精工程，有效利用甘蔗制糖副产品——废糖蜜，生产出能源酒精和高附加值的酵母精等产品。目前，贵糖集团股份有限公司已有年产酒精 1 万吨能力。能源酒精技改工程项目，近期以废糖蜜为原料年产能源酒精 20 万吨。远期考虑以丙糖（赤砂糖）和甘蔗混合汁及木薯为原料，达到 60 万—100 万吨的生产能力。2002 年 5 月已开始建设年产 1 万吨的能源酒精试验车间，2005 年建成年产 20 万吨的生产能力。糖蜜发酵过程中，产生的大量二氧化碳气体可以用于生产轻质碳酸钙，实现资源利用，避免温室气体大量排放。

（四）造纸系统

通过造纸工艺改造和扩建工程，充分利用甘蔗制糖的副产品——蔗渣，生产高质量的生活用纸及文化用纸和高附加值的 CMC（羧甲基纤维素钠）等产品。目前，贵糖集团股份有限公司利用蔗渣造纸的生产能力已达 8.5 万吨/年，实施的氧漂改造蔗渣制浆系统技改工程是对漂白蔗渣浆生产线进行技术改造，已于 2002 年 3 月完成，技改后用氯量减少30%—40%，较大幅度减少了漂白废水中的有机氯化物的严重污染，并消除车间氯气污染。生活用纸扩建工程，近期建设规模为年产 10 万吨的生活用纸，远期达到 50 万吨的目标。该工程 2005 年建成投产，工程吸纳周边小糖厂的废甘蔗渣，采用国际先进造纸新工艺，实现清洁生产，达到区域环境综合整治。

（五）热电联产系统

通过使用甘蔗制糖的副产品——蔗髓，替代部分燃料煤，热电联产，供应生产必需的电力和蒸汽，保障园区生产系统的动力供应。蔗髓热电联产技改工程是在贵糖原有的供热能力 345 吨/小时，发电能力 24 兆瓦基础上，把发电能力增加至 36000 千瓦，以满足生产发展需要。2002 年 1 月配套的 75 吨/小时蔗髓、煤粉双燃料锅炉投入运行，经济效益和环境效益较好，因利用蔗髓进行热电联产，实现了固体废弃物资源化利用，并且蔗髓燃烧过程不存在二氧化硫污染。

（六）环境综合处理系统

通过除尘脱硫、回用水工程以及其他综合利用项目，为园区制造系统提供环境服务，包括废气脱硫除尘，废水处理回收烧碱及纸纤维，废弃物再利用生产水泥、轻钙、复合肥等副产品，并提供回用水以节约水资源。2000 年前，贵糖在每年 12 月至次年 3 月的榨季生产期间，每小时从河流中抽取的水量为 5700 立方米，排水量为 5250 立方米/小时，在停榨的综合利用生产期间，抽取水量为 2550 立方米/小时，排水量为 2450 立方米/小时，重复使用率还比较低。根据生态园区建设的要求，水资源在园区内应做到清污分流，循环使用或重复多层次使用，从而提高水利用率，减少从河流里抽取的一次水量和排出园区的水量。2001 年开始实施的清污分流，清水回用节水工程，从根本上解决了制糖厂喷射冷凝器、热电厂发电机组、碱回收蒸发冷凝器以及酒精厂蒸馏冷凝水和发酵冷却水的回用问题，提高循环利用率。目前，已建成的造纸系统脉冲回收水综合利用网络系统，减少了废水的排放量 2000 吨/小时。利用酒精废液生产甘蔗专用复合肥工程的实施，实现了酒精废液的全部资源利用，既解决了酒精废液污染问题，又为种植甘蔗提供了必要的肥料。

上述六个系统关系紧密，通过副产物、废弃物和能量的相互交换和衔接，形成比较完整的闭合工业生态网络。"甘蔗—制糖—酒精—造纸—碱回收—水泥—碳酸钙—复合肥"这样一个多行业综合性的链网结构，使行业之间优势互补，达到资源的最佳配置，物质的循环流动，废弃物的有效利用，将环境污染减少到最低水平，大大加强了园区整体抵御市场风险的能力。

五　园区承接产业转移主要做法

园区管委会充分利用园区现有产业基础和特点，结合贵港国家生态工业园区产业集群发展战略，以糖纸循环经济、电子信息产业、能源、造纸、生物化工等 16 个产业集群为主攻方向，确定了"三点一线"（三点指广州、上海、杭州；一线指南广线）作为园区招商引资、承接产业转移的重点区域，通过引进一批投资规模大、经济效益好、科技含量高、社会牵动强的重大项目落户园区，提升园区产业档次。

以"一园三区"（贵糖产业区、西江产业区、热电循环经济产业区）为主体的生态工业园区，在招商引资、与地方优势资源对接、产业集群形成以及在改变干部群众传统观念上，起到带头作用。现在，贵港国家生态园区已形成以贵糖集团、贵港电厂为代表的制糖、食糖深加工、酒精、造纸产业链，培育糖纸产业集群和能源、造纸、生物化工等各类产业集群16 个。此外，生态工业园始终坚定不移地按照"项目集中园区、产业集群发展、资源集约利用、功能集成建设"的要求，抓好生态工业园区建设和项目建设。加快标准化厂房建设，搭好园区招商平台。该园区管委会以市场运作方式，大力推进工业园标准厂房开发建设。目前，西江产业区5 万平方米标准化厂房和 6 万平方米标准化厂房建设项目正在加快推进建设速度。大力发展计算机、电子元器件、通信器材、家用电器、办公自动化设备、LED 节能器件等新一代电子信息产品，提高园区内企业间的互利协作，增加物质、能量的循环利用，减少废弃物排放，降低生产成本，逐步构建电子信息产业生态工业链。①

---

① 黄荣欢：《把生态工业园建成经济发展的"聚宝盆"——访贵港国家生态工业（制糖）示范园管理委员会主任粟卓飞》，《贵港日报》2011 年 10 月 25 日第 4 版。

2012 年以来，贵港国家生态工业（制糖）示范园区改变四处出击招商形式，变"全面撒网"为"重点捕捞"，依据主导产业引项目，实现倍增效应和综合效应。截至 7 月底，园区开工建设项目 14 个，新引进 6 个超亿元项目，意向总投资 13.35 亿元。

一是瞄准重点区域"捕捞"。广东、福建是该园区招商的重点区域，该园区对这些区域有转移意向的造纸企业和新型建材制造业进行有针对性招商，并组织人员进驻高新技术和电子产品加工产业集中地招商。

二是盯紧重点产业"捕捞"。该园区在服装制造、电子信息、造纸和新型建材等重点产业开展招商，各产业招商组突出重点区域，排出主攻企业名单，开展形式多样的产业招商活动。在热电循环经济产业区，依托中国华电贵港发电厂作为能源来源，重点发展造纸和建材行业，配套建设资源综合利用及物流产业。2012 年，热电循环经济产业区以煤、电、造纸和新型建材一体化发展模式，打造完整的煤—电—造纸—新型建材循环经济产业链，招商实现了新突破，签约入园的企业有 3 家，计划总投资达 7.3 亿元。

三是抓住重大项目"捕捞"。把引进重大项目作为招商引资主攻方向；依托园区产业资源优势、区位优势、市场优势、劳动力资源优势，紧盯大企业开展有针对性招商活动。对大项目明确园区领导跟踪服务，集中精力，紧盯不放。广西华劲集团年产 30 万吨竹木混合浆、35 万吨纸及 12 万吨高级生活纸项目已签约入园，目前正在开展前期工作。

第二节　包头国家生态工业（铝业）示范园区

一　园区简介

包头国家生态工业（铝业）示范园区位于包头市东河区东部，北依大青山，南临黄河，距东河区市区 10 千米，规划总面积为 20 平方公里。2012 年 12 月经自治区政府批复同意，园区规划面积新扩 50 平方公里，达到 70 平方公里。

包头国家生态工业（铝业）示范园区是继经济技术开发区和高新技术开发区之后发展起来的第三代工业园区。园区主要依据循环经济和生态工业理论，以"铝电联营"为核心，铝业为龙头，电厂为基础，重点发展电力、电解铝、铝深加工、铝合金铸件和建材等相关产业。该系统通过产品、产成品和废弃物之间相互交换而形成工业生态链，可使园区资源得到最佳配置，废弃物得到有效回收利用，环境污染可以降到最低，经济效益得到大幅度提高，最终实现区域经济跨越式发展。2003年4月，国家环保总局正式批准包头国家生态工业（铝业）示范园区建设，包头国家生态工业（铝业）示范园区是全国第四家获正式批准建设的国家级的生态工业园区。

近年来，铝业园区坚持以循环经济和生态工业理论为指导，以"煤电铝一体化"为核心，铝业为龙头、电力为基础，重点发展电力、电解铝和铝的下游产业，通过引进技术含量高、附加值高的铝深加工项目，改变传统的冶金企业以出售原材料为主的产品结构，延伸产业链条、壮大产业规模、形成产业集群，使各企业间成本最低、污染最少、效益最好，既增加了产品的附加值，又实现了节能减排，使资源、环境和经济效益得到"和谐发展"。截至2013年年底，入园企业共计86户，实现工业总产值260亿元，销售收入268亿元，税收4.3亿元。未来，包头国家生态工业（铝业）示范园区将依托园区内核心企业——包头铝业集团的产业优势，发展成为高载能、高技术、低污染、环境优美、结构优化、布局合理、配套完善的生态工业园区，打造亚洲最大的铝合金生产基地，产业链网完善，最优化利用物质与能量交换，技术进步、可持续发展的新型生态工业园区，成为包头市经济跨越式发展的新亮点。

二　园区建设理念

生态工业园区是依据循环经济和工业生态学原理而设计建立的一种新型工业组织形态。创建生态工业园区是实现生态经济的有效且可行的途径。它通过模拟自然环境建设产业生态系统的"食物链"，形成互利共生网络，实现物流的"闭路循环"，达到物质能量的最大利用。

生态工业园区目标是尽量减少废弃物，将园区内一个工厂或企业产生的副产品用作另一个工厂的投入或原材料，通过废弃物交换，循环利用、清洁生产等手段，最终实现园区污染物的"零排放"。包头国家生态工业（铝业）示范园区以循环经济理念和生态工业理论为指导，以"铝电联营"为核心，铝业为龙头，电厂为基础，通过模拟自然界中的生态链（网）延伸铝、铝深加工业、铝合金铸造和建材等相关产业。园区的物料

循环，能量利用充分体现了生态工业的以下三个特点：[①]

（一）横向耦合

包头国家生态工业（铝业）示范园区中，主要有发电和铝两大产业系统。在发电系统中，延伸出粉煤灰制建材、居民供热、电厂蒸汽用于加气混凝土的高压蒸汽养护等产业系统。在铝系统中，主要有碳素、电解铝、铝的深加工、铝合金铸造、精铝等上、下游的产业系统，形成铝的产业链。两大系统之间通过废水（中水回用）和电力形成了横向耦合关系，使园区形成了以铝电联营系统为中心的网状结构。由于铝电之间形成的横向耦合，电厂有了自己稳定的用户，输电成本和电力损耗降低；包铝集团解决了电价过高的问题，为铝业的持续发展奠定了基础，从而实现了"双赢"。

（二）区域整合

园区的区域整合主要表现在区域经济整合和环境综合整治两个方面。

在区域经济发展方面，第一，通过园区建设，可以做大做强像包铝集团这样的传统龙头企业，为包头市经济发展注入活力；第二，利用电厂产生的废弃物（粉煤灰）制水泥和砌块，可以变废为宝；第三，随着园区的建设，将吸引东河区的部分高载能和铝的下游产品制造企业入园，可以促进东河地区的旧城改造，也有利于地方经济结构的调整。

在环境综合整治方面，第一，由于热电厂向东河区实施集中供热，可全部拆除东河区 10 吨/时及以下的采暖小锅炉，并替代包铝集团现有小型采暖锅炉，从而根本上改变东河旧城和包铝集团地区的冬季大气环境状况。第二，结合园区的建设，包铝集团也将更有能力对目前物耗大、能耗高、污染严重的自焙槽进行彻底改造，从而使当地已经恶化的大气环境质量得到根本改变。第三，按照生态工业的思路，园区的生活污水和部分工业废水经过集中污水处理厂处理后回用于电厂，作为冷却水使用，不仅可以大量节水，而且能降低区域的水环境污染。

（三）区域的柔性结构

在园区内，热电联产、铝电联营使得电厂具有稳定的热、电用户。同时，同种资源用来生产不同产品，多种铝制品可使园区产品能够适应市场变化，对市场需求以及外界环境的波动可以随时做出反应，及时调整生产

---

① 林云莲：《包头铝业生态工业园区建设的理念和启示》，《商场现代化》2006 年第 11 期。

结构。园区内的生态工业链形成网状结构，这种结构使园区产品的种类、生产规模等对资源供应、市场需求以及外界环境的随机波动具有较大的弹性，整体上抵御市场的风险能力大大加强，从而使园区表现出较强的柔韧性。包头国家生态（铝业）示范园区计划用 8 年左右时间，建成以"铝电联营"为核心、铝业为龙头、电厂为基础、电解铝、铜冶炼及铝、铜深加工为主线的具有高载能、高技术、低污染、环境优美为特征，横向耦合、区域整合、结构优化、布局合理、配套完整的生态工业园区，园区的建设将打造亚洲最大的有色金属和铝合金生产线基地，提供包头市东河区实现"退二进三（将东河区现有的第二产业全部从城区退至城市外围地区，取而代之的是在城区大力发展以商贸和服务业为主的第三产业）"战略的载体，形成包头市经济跨越式发展的新亮点，并为我国铝业和其他高载能、高污染产业的发展提供新的发展模式。

三　园区工业生态链构成

园区主要发展电力、电解铝、铝深加工、铝合金铸件、稀土高新产业和建材等相关产业。以铝电联营系统为核心，形成铝深加工系统、铝合金铸件系统、建材系统和稀土高新产业系统等子系统，建立产业系统中"生产者—消费者—分解者"的循环途径，寻求物质闭路循环、能量多级利用和废弃物产生的最小化，实现区域性社会、经济和环境的可持续发展。

目前，园区已初步形成煤—电—电解铝、铝的深加工产品；煤—电—粉煤灰—新型建材产业两条循环链，产业集群初具规模。园区依托铝产业优势和电力优势，现已形成铝和发电两大产业系统，在发电系统中，电厂实行"热电联产"，园区实现集中供热，可拆除全部"小锅炉"；电厂副产品粉煤灰可生产建材，电厂蒸汽用于加气混凝土的高压蒸汽养护等；园区生活污水和工业废水处理后可作为电厂的冷却水。在铝业系统中，主要有碳素、电解铝、铝深加工、铝合金铸造、精铝等上下游的产业系统，形成铝业产业链。电力和铝业在各自系统中进行物质循环和能量梯级利用，两大系统之间通过电力和废水（中水回用）形成互利共生的横向耦合关系，从而在园区构建起以"铝电联营"系统为中心的较为稳定的生态工业链网结构。如图 10-2 所示。

园区主要工业生态链和代谢过程如下：

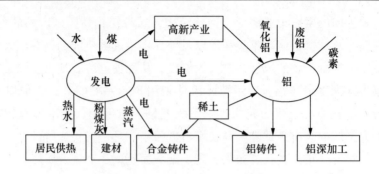

图 10 - 2　生态园区系统构成

资料来源：毛玉如等：《生态工业园区的典型链网结构研究》，《科技进步与对策》2006 年第2 期。

1. 煤—发电—电解铝—铝的深加工—铝的再生—铝的深加工

利用包头周边地区丰富的煤资源进行发电，电厂产生的电力用于电解铝的生产。以原铝为原料（原铝铝锭），进行铝的深加工，生产变形铝合金、铝合金铸件；变形铝合金进一步加工成铝型材、管材、线材、棒材和铝板、带、箔；箔材的下游产品有亲水箔、食品箔、包装箔；铸造铝合金用来生产铝铸件、铝合金轮毂、铝合金汽车零配件；电解铝液可进一步提纯，得到精铝，精铝中掺入其他合金元素，生产精铝合金，进一步深加工成光箔及其下游产品腐蚀箔、化成箔、铝电解电容器；废铝掺入原铝中，可以生产铝的合金，使废铝得以再用。铝产品使用过程中产生的废铝返回铝的深加工系统。

2. 煤—发电—粉煤灰—新型建材产业

电厂发电过程产生的粉煤灰，采用"两次掺入法"利用粉煤灰生产普通硅酸盐水泥，用粉煤灰代替黏土做生料，制作加气混凝土砌块和板材以及粉煤灰砖。利用粉煤灰制建材，不但能够全部消化园区电厂产出的粉煤灰，还可以消化其他电厂的粉煤灰。进一步开发和制造新的粉煤灰利用产品，如在建筑制品方面有高掺量粉煤灰烧结砖、粉煤灰小型空心砌块、粉煤灰陶粒、粉煤灰彩色地面砖等；在耐火保温制品方面有漂珠隔热耐火砖、粉煤灰矿棉、粉煤灰防火涂料等。

3. 煤—发电—代暖供热

电厂热电联产产生的热水、蒸汽，用于工业、农业和居民供暖和供汽。

4. 煤—发电—稀土铝合金生产

利用电能和包头市丰富的稀土材料，将稀土材料掺入铝中，生产稀土铝合金。

5. 煤—发电—稀土铝合金铸件生产—铝的再生—铝的深加工

利用电能和包头市丰富的稀土材料，将稀土材料掺入铝中，生产稀土铝铸件，铝铸件使用后产生的废弃物进行再生，回用于铝的深加工系统。

四　园区承接产业转移情况

自园区成立以来，注重延伸产业链条，促进经济良性发展。在包头生态工业（铝业）示范园区，包铝集团是最重要的龙头企业。近年来，包铝集团积极实施产品结构调整，合金产品比重逐年增加，拥有重熔用铝锭、A356 系列铸造铝合金锭、稀土电工圆铝杆、铝合金圆棒材、铝合金大扁锭、稀土铸造母线、99.9% 高级铝七大系列 40 多个规格的合金产品。在抓龙头产业的同时，积极承接产业转移，成效显著。目前，围绕"铝电联营"，承接的产业转移项目主要有：

（一）铝深加工企业

包铝集团、法国普基集团公司合资建设年产 1 万吨精铝项目，浙江横店集团东磁有限公司投资 15 亿元，年产 3000 平方米电解化成铝箔项目，香港力劲集团与包头铝业（集团）有限责任公司总投资额 1 亿元合资建设年产 100 万只汽车铝轮毂项目。同时，力劲集团计划 5 年内投资 50 亿元，打造全国最大的铝镁合金压铸工业基地，加深铝的深加工，延长铝产业循环链，该项目投资建成后，不仅为东河区带来可观的经济效益，也将带动汽车配件、电子通信产品、五金用品等相关产业在包头的快速发展。围绕包铝上游产品，园区引进了包头—阳轮毂有限公司投资 1000 万美元、生产 100 万只铝轮毂压铸生产线项目，这一项目将使包铝生产的 A356 合金铝用液态铝直接压铸成铝轮毂，省去了铝铸锭和重熔的环节，避免了中间烧损、耗能，在国内首次实现了合金——压铸的零工序生产。同时，还引进凯普松电子科技有限公司投资 6 亿元建设年产 1500 万平方米化成箔、8 万吨光箔项目；东联盛科技有限公司投资 3 亿元建设年产 1200 万平方米化成箔项目；广东省台山富诚铝业有限公司投资 6000 万美元，建设年产 250 万只铝合金轮毂项目；海门市三鑫电子有限责任公司投资 2 亿元建设年产 800 万平方米化成箔项目，这些项目的引进，进一步丰富了园区产业链条，使包头国家生态工业（铝业）示范园区从"电解铝—铝合金—

精铝—铝板—化成箔—铝的深加工"的产业链条逐步形成，促进了循环经济和生态工业的进一步发展。

（二）电力企业

总投资 26 亿元的包头东华热电有限公司 2 千瓦×30 万千瓦供热机组工程项目，由内蒙古电力集团有限责任公司、包铝集团公司总投资 52 亿元合作建设的东河电厂 2400 兆瓦发电机组项目。

（三）废弃物代谢补链项目

精正公司投资 1.88 亿元建设粉煤灰烧结陶粒项目，年消耗粉煤灰 80 万吨；欧艺陶瓷投资 1.5 亿元建设粉煤灰综合利用项目，年消耗煤灰 40 万吨。两家粉煤灰利用企业基本完全消化掉园区内的粉煤灰，解决了园区固体废弃物储存问题，补足了园区电力产业链中不能忽视的重要环节。

五　主要建设经验

一是做好前期规划。生态工业园区建设是一项长期复杂的系统工程，包头国家生态工业（铝业）示范园区建设规划集合了中国环境科学研究院诸多领域和产业的专家，通过深入调研，在对园区现状及存在问题深入分析基础上，发掘园区现有优势，解决存在问题，建立了总体发展目标，找准改善环境、发展生态工业和循环经济的突破口，指导思想清晰，措施可行，为园区下一步建设奠定了坚实基础。

二是政府高度重视支持。包头市、东河区两级政府坚持树立全面发展、协调发展、可持续发展的科学发展观，把发展循环经济作为推动经济发展的一项重要战略，高度重视、积极支持，制定和实施了必要的优惠政策，倾全力抓好园区各项建设项目实施与落实，使园区生态工业建设更加系统化、规范化，创造了有利于生态工业园区建设和发展的软硬环境，为园区建设和发展提供了强有力保障。

三是加大宣传力度。通过多种宣传渠道，引导入园企业把工业生态理念融入企业的"组织文化"和企业的内部激励系统，让企业领导阶层树立生态工业和循环经济的新概念、新思维。鼓励入园企业建立各种信息交流沟通渠道，充分借鉴国内、外生态工业建设经验。

四是推进清洁生产，完善产业链网。在发展经济的同时，园区始终坚持把环境保护摆在重要位置，将循环经济理念注入传统产业经济结构调整和产业转型中，以结构调整带动周边环境资源保护。用高新技术改造提升能源、冶金、建材等传统产业，在每一个生产环节都最大限度提高资源利用率，积极引入废铝回收、中水回用、粉煤灰综合利用等项目，降低污染，实现资源的合理开发和永续利用，使环境资源保护与经济发展实现"双赢"。目前，园区龙头企业包铝集团一期 390 台电解自焙槽已全部淘汰改为预焙槽，这些措施的实施使包头市东线 60 多平方千米氟污染地区全部达到国家标准。①

在引进项目时，严格按照构筑和完善园区内产业链和废弃物链要求，在园区主导体系——铝行业、电力行业及建设行业，建立完善的行业内部和行业间产品链和产业链，围绕铝产业，引进精铝、再生铝、铝轮毂等项目，在铝的深加工、精加工、废铝、铝渣回收利用方向上延伸了园区主要工业生态链（网），使园区核心企业包铝集团的核心竞争力得到进一步增强。同时，围绕电力企业引进粉煤灰综合利用、对园区能源支撑企业东华热电有限公司产生的粉煤灰进行综合利用，形成了利用中水、煤—发电—粉煤灰、蒸汽综合利用—新型建材产业循环链，促进了区域环境的综合治理，减少生产过程中的资源消耗、提高能源效率，降低水污染物、大气污染物和固体废弃物的产生和排放。

六　园区建设过程中存在的问题与对策

发展循环经济是对传统生产方式的一次重大变革，涉及经济管理，资源利用，生产方式等观念的转变，是一项多领域的系统工程，不可能一蹴而就。

一是急需建立生态工业技术支撑体系。园区内许多工业生态链和闭路循环系统的建立都需要经济合理的技术予以支撑。在经济方面，企业会将回收和利用副产品和废弃物发生的费用和购买新原料和简单处置废弃物发生的费用相比较。一旦后者的费用低于前者费用，企业就会选择购买新原料和简单处置废弃物。而且，目前入园企业使用其他企业的废弃物，如工业废渣、粉煤灰等，仍需要向废弃物生产者付费，使资源综合利用企业无利可图，严重挫伤其积极性。因此，在园区建设中，迫切需要借助现代高新科技，对一些关键的资源回收利用技术、生态无害化技术、循环物质性能稳定技术以及闭路循环技术进行攻关，提高这些生态技术的经济合理性。②

二是生态工业园区和循环经济是一种新的发展模式，政府现有的政策

---

① 国家环境保护总局科技标准司：《循环经济和生态工业规划汇编》，化学工业出版社 2004 年版。

② 罗宏等：《生态工业园区——理论与实证》，化学工业出版社 2004 年版。

与制度，不能满足和适应这种新的经济发展方式，园区目前仍缺乏有效促进循环经济的激励机制。因此，需要加强税收、财政激励机制、再生产业发展促进办法等多方面的政策支持，推动循环经济的发展。

三是现有法律、法规大部分针对末端控制，并以指令性控制为主，缺乏体现经济、环境、社会协调发展需求的循环经济法律、法规，需尽快研究制定科技开发、税费改革、投融资机制、鼓励绿色消费、废弃物回收再生等清洁生产配套政策，出台清洁生产促进法实施细则，对循环经济实施单独立法，并落实执法机构。

根据《园区建设规划》，包头国家生态工业（铝业）示范园区将继续以大力推动循环经济和生态工业为理论指导，用 8 年左右时间，建成以"铝电联营"为核心、铝业为龙头、电厂为基础、电解铝、铝深加工及其他有色金属冶炼为主线的具有高载能、高技术、低污染、环境优美为特征、横向耦合、区域整合、结构优化、布局合理、配套完整的生态工业园区，打造亚洲最大的有色金属和铝合金生产线基地，提供东河实现"退二进三"战略的载体，为我国铝业和其他高载能、高污染产业的发展提供新的发展模式。今后，园区将按照国家环保总局提出的具体要求，围绕园区资源、能源再生资源利用，重点开展以下工作：

一是继续全面落实《园区建设规划》。按照规划要求深入进行项目建设和园区建设，分步实现规划目标。

二是加强领导，建立适应循环经济建设的工作机制，逐步建立"以政府为主导，以企业为主体，公众积极参与"的管理体制和运行机制，建立各部门的协调体制，加强部门协调，发挥政府各职能部门作用，将建设规划的各项工作抓出实效。

三是进一步完善园区基础设施建设，高水平规划、高标准、高起点开发建设。重点是进一步开发现有存量土地，进行道路、管网等基础设施建设工程，加快园区跨越式发展。

四是继续做好已入园企业和重点项目服务工作。切实维护企业在包头国家生态工业（铝业）示范园区投资的合法权益，使入园企业尽快达产达效。

五是充分利用生态工业园区的特色，重点抓好招商引资工作，培植新的经济增长点。按照工业生态学原理，制定相应政策和措施，科学筛选和确定入园项目，在完善园区生态产业链网的大项目引进方面要有新突破，积极扶持科技含量高、市场前景广阔、具有带动作用、有助于延长园区产业链网的企业和项目。大力发展电解铝、铝深加工、稀土、电力、建材等行业产业，力争使园区的经济总量、建设规模有较大的发展。

六是加快高新技术和先进适用技术的研发，以科技为指导，利用各大高等院校、科研单位技术力量，协同攻关，集中力量重点解决污染治理、废弃物回收利用、清洁生产等循环经济发展的技术性问题。

第三节　本章小结

本章对西部地区两个著名的国家级生态产业园区进行了研究，它们对西部地区以循环经济理念承接产业转移具有示范意义。

贵港国家生态工业（制糖）示范园区是我国首个批准建设的国家级生态工业（制糖）示范园区。贵港国家生态工业（制糖）示范园区由蔗田系统、制糖系统、酒精系统、造纸系统、热电联产系统和环境综合处理系统6个系统（或称为单元）优化组成。上述系统关系紧密，通过副产物、废弃物和能量的相互交换和衔接，形成了比较完整的闭合工业生态网络。已经形成甘蔗—制糖—废糖蜜制酒精—酒精废液制复合肥、甘蔗—制糖—蔗渣制浆造纸两条循环链。包头国家生态工业（铝业）示范园区是继经济技术开发区和高新技术开发区之后发展起来的第三代工业园区。园区以"铝电联营"为核心，铝业为龙头，电厂为基础，通过模拟自然界中的生态链（网）延伸铝、铝深加工业、铝合金铸造和建材等相关产业，已经形成煤—电—电解铝、铝的深加工产品，煤—电—粉煤灰—新型建材产业两条循环链。园区物料循环及能量利用的主要特点为横向耦合、区域整合以及区域的柔性结构。

两大生态工业园区自成立以来取得了良好经济效益和生态效益，其成功之处在于将产业转移和循环经济进行了有机结合，是通过承接产业转移发展循环经济的成功典范。总结两大生态工业园区的成功经验，共同之处表现为：一是重视规划，提前规划、设计了循环经济产业链、生态链；二是重视招商，通过承接产业转移落实、补充了循环经济产业链，形成园区生态共生关系；三是重视内外部环境建设，让园区企业留得住，让产业之间经济真正循环起来。

附录　基于循环经济的陕南承接国内产业转移对策研究

随着第四次国际产业转移浪潮和我国东部地区产业结构升级进程的加快，我国中西部地区迎来了承接产业转移的良好机遇。然而，由于资本的趋利性，在利润保障与生态环境保护发生矛盾时，转移产业往往选择前者。2007年7月，国家环保总局对11省区126个工业园区进行检查，结果发现，竟然有110个工业园区存在环境违法问题，占检查总数的87%。在产业转移浪潮中形成的工业园区，有些正在变成"污染园区"或已经变成了"污染园区"。[①] 可见，承接产业转移需要解决的最大问题是发展与生态的问题。

20世纪90年代兴起的生态经济学是一门研究可持续发展能力的科学，其目的主要是探讨产业及其产品与自然环境之间的相互作用，旨在倡导一种全新的、一体化的循环观念，即经济系统和环境系统、经济系统内各组成部分之间是相互依存、不可分割的。同时生态经济学认为，物质的总体循环应贯穿于从原材料开采到产品生产、包装、使用以及废料最终处理的过程。无疑，从生态经济学视角出发，以循环经济的理念与方法为指导，研究产业转移与承接问题是解决发展与生态矛盾的可行思路。

本课题所研究的陕南地区，包括汉中、安康、商洛三市，既是我国集中连片的西部贫困地区，又是国家南水北调中线工程的水源涵养区，更要从循环经济的视角出发，妥善处理经济发展与环境保护的关系，积极承接产业转移，走新型工业化路子，实现经济突破发展。

[①] 《环保总局检查126个工业园区发现110个环境违法》，中国政府网（http://www.gov.cn/jrzg/2007-08/02/content_704550.htm）2007年8月2日。

一　陕南承接国内外产业转移的意义

（一）西部地区承接沿海地区产业转移的意义

1. 承接产业转移是实现西部经济跨越式发展的重要机遇

从历史角度看，全球产业转移的四波浪潮：欧美日等发达国家—亚洲"四小龙"—中国沿海地区—中国中西部地区，每一次产业转移都成就了承接地的经济神话。当前，随着经济全球化进一步加快，国际国内生产要素加速流动，特别是我国东部地区集中了全国80%左右的加工工业，受劳动力、环境承载能力、土地等因素制约，以加工制造业为主的新一轮产业转移正在加速。据统计，到2010年，仅粤、沪、浙、闽4省市需要转移出去的产业产值就达1.4万亿元。① 2009年，国家对加工贸易政策进行了重大调整，对东、中西部地区实行差别政策，沿海地区加快产业转移已是大势所趋。因此，积极主动承接沿海地区产业转移，是西部地区实现经济跨越式发展的一次重要机遇。

2. 承接产业转移有利于西部产业结构调整和升级

结构主义者认为，经济增长是产业结构转变的一个方面，产业结构的变化应适应需求结构的变化，资本和劳动从生产率较低的部门向生产率较高的部门转移能够加速经济增长。中西部地区生产力不发达，经济发展缓慢，主要是由于经济结构存在严重的不合理性。从事农业劳动的人员比例高于全国平均水平，中西部的三次产业结构仍表现为以传统农业劳动为主的显著特征，工业内部轻重工业比例不协调，仍以重化工业为主。因此，中西部产业结构调整任务十分艰巨。东部向西部的产业转移无疑为西部的产业结构调整和升级创造了契机。目前，东部向西部转移的产业一般是具有一定科技含量的劳动密集型产业、初级加工工业和资源型产业，能吸收西部大量农村劳动力，改善三次产业的结构比例。通过有针对性的产业转移，主动吸纳轻加工产业，直接进入规模生产，有利于及早地解决中西部轻重工业的比例失调问题。同时，东部通过利用西部产业资源优势，主动向西部转移具有优势和强关联效应的产业，与西部地区原有的冶金、化工和机械产业相结合，有助于西部地区形成新的主导产业和支柱产业。

3. 承接产业转移有利于提高西部产业技术水平

由于历史原因，中西部地区科技综合实力相对较弱，尤其是科技成果

---

① 樊纲等：《东部产业转移的趋势与湖北产业承接的机遇研究》，《湖北日报》（特刊）2009年10月10日。

转化能力较低。中西部的科技进步平均水平和科技进步贡献率均低于全国平均水平，差距还有加大趋势。中西部地区要合理开发利用自然资源，振兴和发展地区经济，必须紧紧依靠科学技术。东部向中西部转移产业一般具有相当的科技含量，与中西部占较大份额的传统产业相比，能够提高中西部产业的科技总水平。在国家产业政策扶持下的转移产业一般含有较先进的科学技术，如军工、机械等行业，能够减少东部和中西部的技术级差。同时在产业转移投资过程中，由于存在技术溢出效应，东部能给中西部培养更多的人力资源，为提高中西部未来接纳科技产业准备更为扎实的人力资本条件。

4. 承接产业转移有助于解决西部地区农民工就业

目前，中国沿海地区越来越多的农民工因失业返乡，据人力资源和社会保障部与国家统计局、农业部等单位会商预测，受金融危机影响，有2000 万农民工处于失业状态。很多农民工因失业从东部沿海地区大批返乡，他们中很多人预期中还是要回到东部找工作。但是，在经济危机条件下，再回到东部找工作可能不像以前那么容易，可以肯定有一部分农民工还会找不到工作。而对于他们，国家社会保障的覆盖、统计和监控是不到位的。他们就业如果出现问题，会带来一定的民生问题、社会问题。如果现在开始加快产业转移，即使时间可能有些迟，但是从大方向上，会和劳动力移动方向一致，对于解决农民工就业会起到很显著的效果，同时也会降低他们离家打工的社会成本。

（二）基于循环经济的陕南地区承接国内外产业转移的意义

1. 积极承接东部地区产业转移是实现陕南经济突破发展的现实选择

如表1 所示，陕南三市面积占全省近34%，人口占22.4%，2012 年的GDP 总量仅占全省的11.6%，地方财政收入仅占全省的6.8%，城镇居民可支配收入比全省平均低2000 元左右，农村居民人均纯收入低500多元。工业化是现代化的基础，但陕南区域经济却整体上以农业经济为主，第二产业在全省第二产业中的比重很小，规模以上工业总产值1565.33 亿元，仅占全省的9.2%，特别是大中型工业企业增加值仅占全省的3.0%。第二产业增加值占当地生产总值的比重也仅为37.2%，比全省平均水平低16.5 个百分点，比关中、陕北低10.4 个和37.1 个百分点。① 工业基础薄弱，工业化程度不高，工业对经济发展的贡献率低，拉动力不强，是导致陕南发展滞后并和全省差距拉大的重要原因。尽管陕南目前发展相对滞后，但突破发展的希望和潜力还在工业。陕南生物、矿产、水能资源丰富，为发展工业提供良好的物质基础；装备制造、有色冶金产业在全省有一定影响，已成为突破发展的重要支柱；近年来生物医药、现代农业、水电开发、生态旅游等特色产业发展迅猛，绿色产业基地已经初具规模，成为突破发展的后续动力。借鉴区域产业发展理论和经验，从陕南发展实际出发，陕南要发展，必须靠工业和第二产业带动，陕南突破发展的希望和潜力就在于加快工业化进程，迅速提高工业化水平。因此，积极承接东部地区产业转移，加快陕南工业化进程，是实现陕南突破发展的现实选择。

表1　　　　　　　　　2012 年陕南、关中、陕北主要经济指标对比

指　　　标	陕　南	关　中	陕　北	全省
年底常住人口（万人）	839.39	2358.20	555.50	3753.09
生产总值（亿元）	1674.79	8808.62	3940.90	14424.31
地方一般预算收入（亿元）	73.24	611.94	388.32	1073.50
农林牧渔业总产值（亿元）	554.60	1376.26	379.41	2310.27
规模以上工业总产值（亿元）	1565.33	10522.55	4777.74	16865.62
社会消费品零售总额（亿元）	474.82	3477.98	430.95	4383.75
人均生产总值（元）	19952.47	37353.15	70943.29	38433.16

2. 以循环经济理论指导陕南承接产业转移是保证国家南水北调的科学选择

南水北调工程是优化配置我国水资源、解决北方地区缺水问题的重大战略措施，也是关系我国在 21 世纪经济社会可持续发展的重大基础性工程。南水北调中线工程是南水北调工程的重要组成部分，其水源之一的汉江是长江最大支流，流域年均径流量 566 亿立方米，水资源总量 582 亿立方米，与黄河水资源量相近，中线调水的 70%，大约 256 亿立方米的水来自陕西境内的汉江、丹江及其支流。这一水源区基本覆盖陕南三市。

---

① 根据 2012 年《陕西统计年鉴》整理计算。

因此，陕南地区的环境保护直接影响南水北调的水质与水量。但是，多年以来，由于陕南局部区域人口的增加和市政建设的滞后，致使汉、丹江水质恶化，直接影响并威胁着丹江口水库的水质。丹江口水库目前主要污染物为有机物，主要污染源为生活污水、农业污水、工业废水、地表径流污染和地下水污染。据 2004 年《陕西省长江流域排污口调查报告》的统计数据，每年进入汉、丹江的污（废）水总计 1.08×10^8 吨，COD 约 1.61×10^4 吨，污（废）水未经有效处理而排入河道是造成汉、丹江水系水质污染的主要原因之一。由 2001—2007 年《陕西省环境质量状况公告》所给出的汉、丹江水体最主要的污染物为 NH_3—N 和石油类的结论，亦证实近年来受沿江城市污（废）水排放的影响，导致汉、丹江水质下降的实际情况。而从生态经济学角度出发，遵循"减量化、再使用、再循环"原则，是一种"资源—产品—再生资源"的经济模式，可以克服传统经济的"高投入、低产出、高污染"后果，从根本上消解长期以来环境与发展之间的尖锐冲突。①

3. 以循环经济模式承接产业转移是实现陕南可持续性发展的根本出路

陕南地区的经济结构主要以第一产业为主，工业所占的比重较小。经济增长方式落后是制约陕南地区经济发展的主要原因，到 2010 年年末，经济结构不合理，陕南第一、第二、第三产业的比重为 25.8∶36.8∶37.4，第一产业比重过大，第二产业发展滞后，第三产业发展不足，区域域经济还处于工业化初期，经济发展仍是以原材料及初级产品开发为主，缺乏按照循环经济原则要求建立起来的完善的产业链条，资源的使用远远做不到减量化、再利用、再循环，经济增长仍是在低层次、低水平上的增长。这种高投入、高消耗和较低的劳动力成本的"粗放型增长"方式，造成对资源的浪费和环境的破坏。陕南虽然矿产资源丰富，但是随着经济的发展，面临对资源的开采力度越来越大，矿产资源的消耗力度大于经济增长的速度。陕南的水资源丰富，但是主要集中于水源涵养地，不能实现大规模开发，并且近年来水污染也比较严重，再者有限的土地资源数量和质量都在不断下降，如果再这样以资源、能源的高消耗和低产出来支撑区域经济发展已很不现实。因此，必须大力发展循环经济，提高资源利用效率，实现资源的再生利用和循环利用，从根本上缓解资源节约和经济发展的矛

---

① 郑粉莉：《关于我国南水北调中线工程陕西省区水源地保护的建议》，《水土保持通报》2007 年第 3 期。

盾，实现陕南经济突破发展。

二　当前我国区际产业转移的特点与问题

（一）我国区际产业转移的特点[①]

1. 向有一定配套能力的地区转移

在我国沿海地区，传统产业经过多年发展，已经形成规模较大、配套齐全的产业集群，而产业集聚效应使得在产业链上的有限区域内，各种生产要素的流动更加快速方便，对企业生产环节的配套支持、成本的降低都起到很大作用。因此，中西部那些能为沿海地区转出产业提供良好协作配套能力的地区，成为产业转移的首选地。此如，从 2005 年开始建设，目前已拥有龙头和配套企业 30 余家，员工 1.8 万余人的江西省上高县鞋业产业基地，目前就引来包括全球最大的制鞋企业——台湾宝成国际集团在内的一些沿海制鞋企业。再如，山东如意集团收购原重庆海康纺织集团，并计划投入超过 40 亿元人民币的巨资在重庆万州区建设 100 万锭紧密纺生产基地，广东顺德的五家纺织服装企业签约进驻安徽阜阳"中国中部纺织工业城"，都是基于当地的纺织产业配套能力有一定的基础。

2. 以劳动密集型产业转移为主

据统计，目前，沿海地区向内地转移的产业多集中在纺织、服装、电子元器件、玩具、陶瓷、家具等劳动密集型产业。其原因是东部沿海地区经过 30 多年改革开放与经济高速发展，劳动力、土地、能源与原材料等要素成本有了较大幅度的上升，多数产业尤其是劳动密集型产业的边际收益下降，产业生存发展的压力日益增大。比如劳动力资源，在广东就算开出 2000 元/月的工资也很难招到工人，但在安徽阜阳，劳动力比较充裕而且付出人均 800 元/月的工资即可；土地费用方面，在阜阳的"中国中部纺织工业城"内一亩只要 2 万元左右，在沿海地区的温州却高达 150 万—200 万元，花在土地上的钱在中西部可以连土地、厂房、设备都买齐。因此，降低要素成本成为东部劳动密集型产业向内陆中西部地区转移主要动力。

3. 省内转移或就近转移较多

由于东部各省区地域宽阔且自身发展不平衡，同一省区不同地区之间经济发展水平差异很大，近些年东部发达省份为了促进本省地区协调发展，大多出台了一系列政策措施，鼓励本省劳动密集型产业及资本向本省

---

① 何龙斌：《我国区际产业转移的特点、问题与对策》，《经济纵横》2009 年第 9 期。

区内不发达地区转移，客观上造成对东西部省区间产业转移的拦截。

4. 受制于资源与环境约束的被动转移

经过近30年的出口导向型工业化进程后，珠江三角洲、长江三角洲等地由于发展初期重视经济发展，忽视环境保护，使得资源消耗过度，地表水体、空气等普遍受到严重污染，上海、苏州、广州、深圳、东莞等城市已经面临突出的水质型缺水问题。在这种背景下，沿海地区不得不将一些受制于资源与环境约束的产业转移出去，而一些中西部落后地区对自身环境容量认识不清，对污染后果认识不足，部分地区甚至有意识地以"环保洼地"作为招商引资的卖点，使得这些产业得以顺利转移。据媒体报道，截至2007年10月底，无锡市已关停582家化工企业，31家"五小"和"三高"企业。其中，228家属于违法违规企业被依法强制关闭，其余的是工艺落后、污染大、安全保障差的企业。[①] 但这些被关停企业却意外成了外地招商引资的"香饽饽"。来自东北、四川、江西等地的招商团队，日夜驻扎在太湖边，招揽被关停企业。一些乡镇和工业园区甚至给出"零地价"的承诺。

（二）我国区际产业转移存在的问题

1. 中西部地区产业配套能力差制约了产业转移的推进

我国中西部地区很多地方仍处于工业化初级阶段，很多产业部门未得到有效发展，产业配套能力严重不足，从而限制了沿海产业的转移。而衡量一个地区产业配套能力的一个重要指标就是产业集群度。据《中国产业集群发展报告（2007—2008）》，从数量上看，目前我国的产业集群主要分布于东南沿海地区，中西部地区尚处于培育期。若以当前在我国产业集群中占重要比重的制造业为衡量依据，我国东、中、西部地区的产业集群数量比例约为79：12：9，可见东部地区远远高于西部地区。从规模上看，东部沿海地区产业集群规模也远大于西部地区，这些集群企业的产品在全国市场占有率一般在20%—30%，高者占50%以上。[②] 而西部欠发达已经形成的产业集群大部分还处在初级阶段，规模偏小。由于缺乏配套能力，个别地区甚至出现转移不成功又回去的尴尬局面。

①　姚玉洁等：《东部一些污染项目西进觅"生路"》，《经济参考》2008年1月23日第4版。

②　何龙斌：《西部地区产业集群发展落后的主观因素与对策》，《渭南师范学院学报》2011年第5期。

2. 物流成本高成为制约中西部承接产业转移的"瓶颈"

有学者研究表明，沿海迁往内地的企业所生产的产品物流成本占总成本不足 5% 时，才能通过其他要素成本的降低加以弥补。而一旦大于这个比例，则增加的物流成本会抵消其他要素成本低的优势，从而影响企业向内地挺进。中西部省区虽然具备土地供给和土地价格、厂房和租金价格、劳动力供给以及原材料、能源四方面优势，但作为加工贸易生产性服务链上重要环节的物流服务却是制约中西部承接产业转移的"瓶颈"和"软肋"。中西部一些地区高昂的物流成本不仅抵消，甚至远高出节省的劳动力成本。如成都到上海的物流成本，竟然与上海到美国西海岸等同，一个标准集装箱从上海运到菲律宾仅需 30 美元，而从成都通过公路运到上海需要 1000 美元。①

3. 沿海的省内产业转移政策不利于国内产业转移的最优化

目前，沿海许多省份担心"肥水流入外人田"，以防止形成转移地的"产业空洞化"为由，阻止本省产业外迁，其后果可能不但不利于这些企业发展，还会影响沿海地区的产业升级，破坏全国性产业布局优化。因为中西部也有一些发达地区，它们比起沿海一些山区地市而言有很多优势，是沿海一些企业外迁的首选地。首先，这些地方省市都将发展经济当成头等大事来抓，思路大胆，有许多敢为天下先的做法，而且基础配套财政投入非常大。其次，区位优势明显。如西安、武汉等省会城市，交通发达，不但可以向周边辐射，还便于全国市场的布局。这些城市高校云集，人才储备充足。因此，沿海地区与其边守边退，不如变"长痛"为"短痛"，一步到位，以壮士断腕的气概"腾笼换鸟"，为承接新的国际产业转移打下坚实基础，转移出相对落后的产业，换来具有未来竞争力的产业，实现产业升级，占据产业链高端位置。

4. 环境与资源问题成为产业转移的难题

改革开放 30 多年来，我国通过承接以亚洲"四小龙"为主的国际产业转移，实现了经济飞速发展，人民生活水平大大提高，但中国在成为"世界工厂"的同时，也承接了环境污染转移，环境问题正日益成为制约中国可持续发展的主要因素。多年来积累的环境污染和生态恶化已经到了相当严重的程度，主要污染物排放量超过环境承载能力，水、大气、土壤

---

① 李鹏：《物流成本转移绕不过去的坎》，《国际商报》2009 年 5 月 1 日第 4 版。

等污染日益严重，固体废弃物、汽车尾气、持久性有机物等污染持续增加。全国流经城市的河段普遍遭到污染，1/5 的城市空气污染严重，1/3 的国土面积受到酸雨影响，污水排放量中有一半是工业污水。中国 1 亿美元 GDP 所消耗的能源是 12.03 万吨标准煤，大约是日本 1 亿美元 GDP 所消耗能源的 7.20 倍、德国的 5.62 倍、美国的 3.52 倍、印度的 1.18 倍、世界平均水平的 3.28 倍。[①] 西方工业化历史的发展过程造成的环境问题，使西方国家经历了几乎一个世纪的治理过程。因此，环境与资源问题成为我国产业转移中的难题，必须处理好二者的关系。

三　陕南三市承接国内产业转移现状与产业转移承接力评价

（一）陕南三市承接国内产业转移现状

近年来，陕南三市围绕医药、矿产、生物、旅游、特色产业，面向全国，特别是面向珠三角、长三角、环渤海国内三大区域重点加大了招商引资工作力度。纵向看，陕南三市与过去相比，引资工作取得了一定成效。但是横向看，不管从到位资金看，还是从投资领域看，陕南地区承接东部地区产业转移与其他地区均有比较明显的差距。

1. 在省内与兄弟地区的比较

根据陕西省商务厅统计数据，如表 2 所示，2007 年，陕西省引进外省市区投资总到位资金达 646.93 亿元。其中，关中地区 568.3 亿元，占到位资金的 87%；陕北地区 65.5 亿元，占到位资金的 11%；而陕南地区 12.4 亿元，仅占到位资金的 2%。在全省 11 市区中，陕南三市的到位资金排名分别为安康第 8 名、汉中第 9 名，商洛第 11 名，居倒数第 1 名、第 2 名和第 4 名。[②]

表 2　　　　　　　2007 年外省区市在陕 11 市区投资合同项目汇总　　　单位：万元

地区	合同项目数	总投资额	引资额	当年到位资金	当年履约率	到位资金排名
西安	425	16155660	15614368	4013756.1	89%	1
咸阳	137	2235737	2228437	674120	78%	2
榆林	29	3560297	3216229	594248	87%	3

① 《世界发展报告》（2002），http：//devdata. worldbank. org/data - query/SMResult. asp

② 陕西省商务厅网站，http：//www. sxdofcom. gov. cn/newstyle/pub _ newsshow. asp？ id = 29018230&chid = 100359。

续表

地区	合同项目数	总投资额	引资额	当年到位资金	当年履约率	到位资金排名
宝鸡	223	2143503	2102615	558811.9	89%	4
渭南	133	2014460	1875716	283642	85%	5
杨凌	69	530000	460000	122000	79%	6
延安	24	111557	111367	61808	100%	7
安康	54	232578	227778	51425	91%	8
汉中	64	385959	385759	41286	96%	9
铜川	49	265711.5	245711.5	35974.5	76%	10
商洛	32	132440	130870	32295	94%	11

2. 与省外毗邻地区比较

陕南三市利用外省资金不仅与本省兄弟地区有很大差距，与省外毗邻地区差距同样不小。这里将陕南三市招商引资状况与区位、地理、气候等条件非常相似的毗邻地区四川达州和广元做一比较。根据上述各地政府网站公布的数据，如表3所示，2009年，汉中、安康、商洛三市的到位引资额远低于四川达州和广元。三地人均引进资金只有达州的59.7%，广元的46.8%。

表3　　　　　陕南三地引进资金与省外毗邻地区的比较（2009年）

序号	地区	总人口（万人）	面积（万平方公里）	GDP（亿元）	到位资金（亿元）	人均GDP（元）	人均引资额（元）
1	汉中	380	2.70	408	67.55	10736	1777
2	安康	265	2.35	272	59.39	10264	2241
3	商洛	239	1.92	211	57.46	8828	2404
4	广元	310	1.63	270	137.99	8709	4451
5	达州	640	1.66	682	223.68	10656	3495

资料来源：根据各地政府网站公布数据整理。

（二）基于层次分析法（AHP）的陕南三市产业转移承接力评价

产业承接在产业转移过程中发挥着至关重要的作用。承接产业转移的能力，即产业转移承接力（简称产业承接力，下同），是实施产业承接的前提与基础。产业转移承接力是一个复杂的系统，包含产业吸引力、产业选择力、产业支撑力和产业发展力四个子系统，分别发挥基础、保证、关键和核心的功能。如何评价、培育和不断提升一个国家或地区的产业承接力，迫切需要研究。在此，对陕南三市产业转移承接力进行了研究。[①]

1. 评价指标体系

按照科学性、系统性、独立性、层次性、可操作性和可比性的原则，通过严格分析和筛选影响产业转移承接效果的各种因素，并参考已有研究成果，建立了以下产业转移承接力评价指标体系，如表4所示。

表4　　　　　　　　　产业转移承接力评价指标体系

目标层	准则层 B		
	一级指标	二级指标	三级指标
产业转移承接力评价 A	产业吸引力（B_1）	市场吸引力（C_1）	社会消费零售额人均收入、城市规模等
		积聚吸引力（C_2）	工业产值、三产比重、大中型企业数、产业集群数等
		政策吸引力（C_3）	税收、土地政策等
	产业选择力（B_2）	信息搜集处理力（C_4）	信息渠道、信息人才等
		科研论证力（C_5）	专家、咨询机构、高等院校数等
	产业支撑力（B_3）	载体支撑力（C_6）	园区、开发区规模与数量、管理水平等
		环境支撑力（C_7）	政府服务效率、基础设施、主要生产要素成本等
	产业发展力（B_4）	技术创新力（C_8）	科研投入资金、专利数等
		市场开拓力（C_9）	销售范围、知名品牌数量等

在上述评价体系中，定量指标参考陕南三市2008年各市国民经济和社会发展统计公报，主要数据以公报公布的数据为准，个别指标数据以打分法给出。并据上述指标体系，建立层析分析结构图。

2. 各层指标权重的确定

依据层次结构图，参考借鉴已有研究成果，建立了相应的判断矩阵。计算结果如表5所示：

---

① 何龙斌：《西部欠发达地区产业转移承接力的评价与培育——以陕南三市为例》，《延安大学学报》（社会科学版）2010年第5期。

表5 判断矩阵各指标因素的权重

B_i	产业吸引力	产业选择力	产业支撑力	产业发展力	W_i
产业吸引力	1	5/1	2/1	4/1	0.4959
产业选择力	1/5	1	1/3	1/2	0.0858
产业支撑力	1/2	3/1	1	3/1	0.2887
产业发展力	1/4	2/1	1/3	1	0.1296

上述判断矩阵的一致性指标为：

CR = CI/RI = 0.0263

因为 CR = 0.0263 < 0.10，所以判断矩阵具有可以接受的一致性。同理，根据上述各准则层 B 相对目标层 A 的权重，确定子准则层 C 相对于目标层 A 的权重，计算结果 C_1 到 C_9 的权重分别为 0.0790、0.2920、0.1249、0.0286、0.0572、0.1925、0.0962、0.0324、0.0972。

3. 指标数据的标准化处理及评价模型

由于综合评价体系包含的指标很多，各个指标单位不同，而且有的数据差距较大，这样就要求在进行综合评价值计算之前，首先要对所收集的数据进行无量纲化处理，否则无法对其进行综合评价。对数据进行无量纲化处理的方法有很多种，本文利用标准化处理公式 $Z_i = (X_i - X_{min})/(X_{max} - X_{min})$ 对收集的原始数据进行标准化。

在评价各个城市产业转移承接力综合得分时，本文采用的模型是：

$$Z = \sum W_i \times \eta_{ij}$$

式中，Z 为各市各因素最后综合评价得分值；W_i 为各个指标因素权重；η_{ij} 为标准化后的数据值。

4. 评价结果与分析

根据上述评价过程，得出陕南三市产业转移承接力综合评价得分，为便于比较，给出本省西安、宝鸡和毗邻地区达州、广元的得分，如表6所示。

从表5可以看出，按照综合得分排序，陕南三市位居后三名，且商洛在三市中最强，汉中居中，安康最弱。三市综合得分与最高的西安市相比，差距十几倍以上，与宝鸡、达州也有相当的差距。各地产业转移承接力综合评价与前面的产业承接现状完全相符。从产业承接力的各个分力得分来看，陕南三市基本没有优势分力，四个分力得分都只有西安的5%—

6%，可见，提升陕南产业承接力必须从四个分力方面同时着手。

表6　　　　　　陕南三市与其他地市产业转移承接力综合评价比较

地区	产业吸引力	产业选择力	产业支撑力	产业发展力	综合评价得分	排名
西安	0.4959	0.0858	0.2887	0.1296	1.0000	1
宝鸡	0.1436	0.0138	0.0832	0.0389	0.2759	2
达州	0.0545	0.0011	0.0407	0.0259	0.1222	3
广元	0.0179	0.0054	0.0494	0.0178	0.0905	4
商洛	0.0307	0.0081	0.0297	0.0074	0.0759	5
汉中	0.0439	0.0014	0.0017	0.0211	0.0681	6
安康	0.0012	0.0055	0.0192	0.0049	0.0308	7

四　陕南承接东部地区产业转移的 SWOT 分析

"十一五"以来，陕南三市经济增长逐年加快，全社会固定资产投资逐年加大，使其已经具有承接东部产业转移的基础条件。目前，西汉、西康、西安—陕豫界、商州—漫川关等多条高速公路以及安康—武汉、安康—重庆铁路复线建成通车，交通"瓶颈"明显缓解；安康—陕川界高速、西—蓝—商高速二线正在加快建设；西康、西合复线、西汉蓉快速客运通道等铁路工程建设加快推进；丹江口水库及上游地区水土保持综合治理工程，以天然林、长江防护林、自然保护区为重点的生态环境建设有序开展；城市基础设施建设力度加大，一批污水、垃圾处理项目积极推进；城市骨架拉大、功能提升，汉中"一江两岸"、安康"一桥两路"、商洛江滨大道等景观核心区初步形成，为陕南承接产业转移，实现突破发展提供了重要保证。

（一）承接优势（strengths）

1. 水能及生物资源丰富

陕南汉江、丹江和嘉陵江流域水能总蕴藏量占全省总量的 55.9%，是全省水力资源最为富集和最优良的水电梯级开发地区。拥有黄姜、杜仲、绞股蓝等各类中药材资源 3000 余种，是我国重要的天然药库、"中药材之乡"。茶叶主产区分布在大巴山和汉丹江两岸的丘陵和低山区，是西北地区最大的茶叶生产基地。养蚕种桑传统悠久，是我国东桑西移的主要接续地。板栗、核桃、食用菌等具有大规模种植条件，魔芋为全国四大种植区域之一。同时，陕南还是陕西省水稻和油菜的主产区。

2. 有一定的商务成本优势

首先是劳动力资源丰富，而且成本较低，在岗职工平均工资相当于东部地区的60%。拥有各类职业学校10所，在校生6万余人，能够保障产业转移的用工需求，解决东部沿海地区的"民工荒"难题。其次是受政策和区位影响，土地资源成本相对较低。最后是水资源、能源供应较为充足，具备为产业转移提供各种要素保障的条件。

3. 旅游资源丰富

陕南历史文化悠久，特别是两汉、三国古迹遗存多，是文化旅游胜地。同时，陕南也是我国自然生态旅游资源最丰富、特色最突出的地区。现有各类生态旅游区69处，总面积4328.31平方千米，占陕南山地总面积的6.19%，占陕南中高山地总面积的9.23%，旅游产业框架已基本形成。

4. 优质矿产资源富集

陕南秦巴山区是我国重要的成矿带，已发现矿产83种，以有色金属、贵金属、黑色金属和非金属矿产为主，铁、钒、钛、银、锑、铼、镁、重晶石、毒重石等20种矿藏探明储量全省最多，金红石、钾长石储量亚洲第一，汉中的勉（县）略（阳）宁（强）、商洛的山（阳）镇（安）柞（水）和安康的旬（阳）汉（阴）宁（陕）及南部钛磁铁矿多金属带，是省内已探明资源中最重要的多金属矿产资源富集区，为发展有色、钢铁、黄金、化工、建材及非金属矿产加工奠定了基础。

5. 气候条件优越

陕南位于我国南北分界线以南，属亚热带气候。这里四季分明，雨量充沛，无霜期长，年平均气温15度左右。因此，虽然位于中国西部，但却拥有与江南同样的秀色，是一处得南北之利、兼南北之美的风水宝地，是地球上同纬度生态条件最好的地方。

（二）承接劣势（weaknesses）

1. 工业化水平低，大型企业少

2012年，陕南三市第二产业在GDP中的比重为36.8%，比全省平均低19.3个百分点。支撑经济发展的大中型企业少，规模以上工业企业增加值占全省的5.52%，仅有7户企业年销售收入达到20亿元以上，15户达到10亿元以上，与关中和陕北地区相比差距很大。

2. 生态环境保护压力大，受限制产业多

陕南地区产业发展所依托的生物和矿产资源，大多数分布在重点生态保护区、限制开发区和南水北调中线工程水源涵养区，资源开发与环境保护的矛盾大。而从目前沿海地区实际转移的企业来看，资源消耗型、能源消耗型、环境消耗型的"三高"企业是转移冲动最强烈的企业。东部沿海地区为推动本地产业升级，在区域产业政策的选择上，最先限制和淘汰的就是这类企业。而这些多数又是陕南地区为保证环境而限制的产业。

3. 区位条件差，物流成本高

陕南地区虽然位于我国版图的心脏位置，但与西安、重庆、成都、武汉等大型城市距离远，而且处于秦岭、巴山崇山峻岭之间，山大沟深，地形复杂，交通条件差且运输距离长，不仅无污染的农产品难以运出去，制约了农民增收；而且大大增加了工业企业的运输成本，使产品失去价格竞争优势，给陕南地区招商引资造成很大困难。

4. 产业配套和集聚能力较差，缺乏产业集群

目前，东部企业转移的一个重要特点就是向有一定产业集群的地区转移。而陕南地区工业化进程仍处于由初级向中级阶段转化的过程中，很多产业部门还未得到有效发展，产业配套能力严重不足，从而限制了这些产业的转移。在目前的这种情况下，即便某些企业转移过来，但由于中间产品外购成本过高，缺乏关联企业与之相配套，势必影响其进一步发展。

5. 思想观念落后，投资软环境差

陕西人观念保守，而以陕南为最。其不仅与沿海比，陕南思想解放程度不够，缺乏敢为人先、开拓创新的精神。即使与中部地区和毗邻的四川、重庆相比，陕南思想观念也落后很多。由于思想观念落后，导致陕南地区投资软环境也差。许多地方政府部门对外地企业"吃、拿、卡、要"，重招商不重视服务，政策朝令夕改，不能营造"安商、亲商、富商"的良好氛围，使引来的企业还想走。

（三）机会（opportunities）

1. 面临国家产业调整支持东部产业转移的重大机遇

2006 年 12 月，国务院常务会议审议并原则通过《西部大开发"十一五"规划》。会议强调，要发挥各地区比较优势，鼓励东部地区向中西部地区进行产业转移，在更大范围内实现资源优化配置，形成互惠互利格局，促进东中西地区良性互动。2009 年 3 月 5 日，《政府工作报告》提出

"抓紧研究制定中西部地区承接产业转移的具体政策"，这表明，国家正在从政策层面上科学、规范引导产业转移。而东部地区经过 30 多年的原始积累，技术密集型和资金密集型产业近年来也得到了快速发展，在经济发展中的份额越来越大，从而使原来依靠低素质人力资源、发展低加工度、低附加值和劳动密集型产业的生存空间越来越小，比较利益越来越低。因此，在利益和市场的驱动下，一些传统的劳动密集型产业为了寻求生存空间被迫向中西部转移。

2. 面临"关中—天水经济区"及"成渝经济区"建设的拉动机遇

2009 年 6 月，国务院把关中—天水经济区纳入西部开发三大重点经济区（成渝经济区、关中—天水经济区、环北部湾经济区）之一，规划范围包括陕西省西安、咸阳、宝鸡、铜川、渭南、杨凌、商洛部分县和甘肃省天水所辖行政区域，直接辐射区域包括陕西南部的汉中、安康。而另一重点经济区——成渝经济区离陕南地区也不远，两大经济区对陕南地区形成两翼包围之势，将带动整个大西北包括陕南的发展。

3. 陕西对陕南突破发展的政策支持

《陕西省国民经济和社会发展第十一个五年规划纲要》提出，"关中要充分发挥科技和制造业优势，以建设国家重要的先进制造业基地为重点，率先发展。陕北要充分发挥资源优势，以建设国家重要的能源化工基地为重点，跨越发展。陕南要充分发挥自然环境优美、生物资源和水资源丰富的优势，以建设绿色产业基地为重点，突破发展。"陕南的突破发展不仅关系陕南 850 万人民的福祉，而且关系全省经济社会协调发展和全面建设小康社会的大局。因此，必将而且已经出台了一些支持政策。

4. 国家对南水北调水源区的生态补偿

南水北调中线工程是解决我国北方地区水资源严重短缺问题的重大战略性工程。自国家把汉、丹江作为南水北调中线工程水源地后，陕南便承担起保护水源地水质安全和水源涵养的重大责任。保护是需要付出巨大代价的，国家需要给予一定的资源保护补偿费和政策支持。

（四）威胁（threats）

1. 面临沿海欠发达地区和中部地区的竞争

由于东部各省区地域宽阔且自身发展不平衡，同一省区不同区之间经济发展水平差异很大，近些年东部发达省份为了促进本省地区协调发展大多出台了一系列政策措施，鼓励本省劳动密集型产业及资本向本省区内不发达地区转移，客观上造成对东西部省区间产业转移的拦截。例如，江苏省虽然 GDP 早已突破一万亿元、人均超过万元，但苏南、苏中、苏北地区人均 GDP 之比却大致为 5∶3∶1，存在明显地区差距，因此苏南的劳动密集型产业大多数转移到了本省苏中、苏北地区。2005 年 3 月，广东省政府制定出台了《关于我省山区及东西两翼与珠江三角洲联手推进产业转移的意见》，全省 14 个山区及东西两翼地级市中，有 8 个市已建立产业转移工业园，承接深圳、广州等地的产业转移。其他如浙江、福建等东部省区内部也都同样存在此类拦截转移的情况。

2. 面临海外发展中国家的竞争

东部沿海地区"候鸟型"的加工贸易企业，更看重的是综合成本的竞争优势，对向边远的中西部省区转移缺乏积极性。在东部沿海地区劳动密集型产业内部，大量从港澳台地区转移过来的加工贸易型企业，基本是缺乏自主技术、品牌和国际销售网络的代工型产业，特别是"三来一补"型的企业，不过是跨国公司众多分厂或生产车间之一。之所以在我国沿海地区投资设厂，主要目的是利用当地低廉的劳动力及土地，完成最终产品生产的某个加工环节。因此，它不仅要求当地的劳动力和土地的价格足够低廉，而且要求生产地距离空港、海港尽量近，原料进口及产品出口的交通运输条件高度便捷。中西部地区虽然拥有资源、劳动力、能源等方面的比较优势，但在其综合成本中，超长的交通运输成本成为它们不得不重点考虑的因素。目前，已有趋向表明，这些企业已开始转向劳动力、土地等要素成本更加低廉的越南等东南亚国家和地区。因此，中西部地区在承接产业转移中，还存在来自海外其他发展中国家的挑战。

3. 面临兄弟地区和毗邻地区的竞争

陕南地区承接东部产业转移除了面临与国外发展中国家、中部地区及沿海欠发达地区外，还有一个强大的竞争对手就是本省兄弟地区和外省毗邻地区。而这一对手或由于承接优势明显，或由于起步早、力度大，已经与陕南形成了较大差距。而招商引资中存在的"马太效应"决定了与这些地区，特别是与毗邻地区的竞争将会非常激烈。

4. 陕南三地在全国知名度低

陕南三地虽然地处中国版图中心，但远离省会城市，且多年来，由于经济落后无力借用媒体宣传，导致在全国知名度很低。即使三地中知名度较高的汉中市，也有很多外省人不知道其地理位置和气候条件，相当一些人以为汉中在四川或湖北，当说其在陕西时，很多人会联想到西部沙漠和黄土高原。

五　陕南发展循环经济的现状与问题

（一）陕南发展循环经济现状

1. 循环经济指标逐步向好

衡量循环经济的指标比较多，本书从单位 GDP 能耗、单位 GDP 水耗、空气质量等指标分析，看出陕南循环经济发展取得了一定成绩。①

（1）单位 GDP 能耗。2005 年，汉中、安康、商洛的单位 GDP 能耗分别为 1.800、1.379、1.079 标煤/万元，而到 2010 年，三地分别为 1.440、1.103、0.896 标煤/万元，分别下降 20.01%、20.31% 和 17.00%。

（2）单位 GDP 水耗。2004 年，汉中、安康、商洛的单位 GDP 水耗分别为 230.79、117.15、9.40 吨/万元，而到 2011 年，三地分别为 37.84、30.08、7.01 吨/万元，分别下降 83.35%、74.32% 和 25.42%。

（3）工业固体废弃物综合利用率。2008 年，汉中、安康、商洛的工业固体废弃物综合利用率分别为 38.03%、91.40%、5.43%，而到 2011 年，三地分别为 48.51%、92.68%、14.33%，分别上升了 27.55%、1.40% 和 163.90%。

（4）空气质量。2012 年上半年，全省 10 市 1 区城市环境空气质量综合污染指数在 0.84—2.57 之间，平均为 1.94，同比下降 0.06。10 市 1 区可吸入颗粒物上半年平均浓度范围为 0.034—0.118 毫米/立方米，平均浓度为 0.091 毫米/立方米，同比下降 0.004 毫米/立方米。其中，安康市达到国家空气质量一级年均值标准（0.04 毫米/立方米）。宝鸡市、汉中市、商洛市和延安市达到国家空气质量二级年均值标准（0.10 毫米/立方米）；其他城市达到国家空气质量三级年均值标准（0.15 毫米/立方米）。

2. 循环经济理念引起重视

2004 年国家提出用循环经济理念指导我国"十一五"经济发展后，国家相继出台了一系列皆在保护环境、促进循环经济发展的产业调控措施，迅速在陕南得到贯彻落实。

"十一五"以来，汉中市政府高度重视主要污染物总量减排工作，以

---

① 何龙斌：《汉中市循环经济发展综合评价与对策》，《环境保护与循环经济》2011 年第 3 期。

科学测算、合理分配为基础，以层层落实责任为依托，以结构调整、工程治理和加大环境监管为主要手段，以存量削减为重点，综合推进循环经济发展。市政府制定了《关于控制排污总量落实主要污染物减排的实施意见》、《环保目标责任考核管理办法》、《主要污染物减排统计、监测和考核办法》和《关于分解落实"十一五"环境保护主要目标任务的通知》等文件，每年制定印发年度工作方案，将减排和环境质量指标纳入对县区党委政府的年度综合考核，层层分解落实到县区政府、有关部门和减排重点企事业单位，落实到工程措施和项目上。2009 年编制了《汉中循环经济产业集聚区建设规划》。

2008 年，安康确定产业强市发展战略，市委、市政府认真审视自身资源禀赋和发展基础，科学分析铁路、高速公路建设带来的区域大交通格局的重大变化，结合省上对陕南发展的总体要求，加速构建循环经济产业体系，积极推进新型工业化，以循环经济理念编制了《安康新型材料产业发展规划》，谋划了四大体系、九大循环产业链条、55 个新型材料项目。2009 年，根据省下达的《陕南循环经济产业发展规划》，编制了《安康市循环经济产业发展规划》，并在安康市"十二五"规划明确提出"以发展循环经济为方向、打造优势特色产业体系"作为产业发展之本。

商洛市委市政府高度重视低碳经济发展，以科学发展观为指导，以循环经济为主线，强化"生态立市、产业兴市、工业强市"三大战略，作出了《关于大力发展循环经济的决定》，出台了《陕南循环经济产业发展规划商洛市实施意见》，先后编制了《商丹循环工业经济园区产业项目建设规划》、《商洛市现代材料工业基地建设规划》、《关中—天水经济区商洛区域发展规划》、《商洛市循环经济试点实施方案》、《商洛市尾矿资源综合利用示范基地建设规划》等重要规划，提出了创建全国循环经济示范城市和打造全国尾矿资源综合利用示范基地的目标。

3. 产业循环链条初步形成

近年来，陕南引入循环经济理念，在产业链延伸和废弃物综合利用等方面进行了积极的探索和实践，取得了较好的成效。目前，在矿产资源的深加工和资源综合利用、农业资源和废弃资源综合利用、生物医药产业链延伸等方面产业循环链初步形成。

一是矿产资源的深加工和资源综合利用产业链初步形成。在企业内部资源综合利用方面，旬阳县五联宏发矿业有限公司利用铅锌尾矿渣生产优质水泥，旬阳县鑫源建材有限责任公司以铅锌矿尾渣为主要原料烧制节能砖；勉县的汉钢集团从炼焦产生的煤气中，提取出粗苯、硫氨等原料供给化工厂生产化肥，剩下的净煤气则通过两条管道输出：一条用于带钢生产，另一条用于发电，年发电1.3亿度；商洛市陕西锌业有限公司已建成10万吨电解锌项目和配套100吨烟气制酸项目，该公司炼锌厂从废矿渣中提炼出镉、铜、铅、铟、金、银、钴、铁等有价贵金属，同时生产出硫酸等产品，实现了废渣、废气全利用，废水接近"零排放"。不仅在企业内建立了循环产业链，不同企业之间产业链也初步形成。汉中锌业综合回收项目对金银等有价金属综合回收和废渣无害化处理，并对锌冶炼产生的二氧化硫进行回收利用，制成硫酸销售给县内的远东化肥等企业。商洛建立的循环经济工业园区，通过不同企业或工艺流程间的横向耦合及资源共享建立起工业生态链。在该园区内，商州化工有限责任公司、商洛市广达化工有限责任公司和商洛市鸿源化工有限公司，采用"资源—产品—再生资源"的运行模式，鸿源公司生产的硫酸产品作为商州化工的原料，商州化工的产品无水氟化氢又是广达化工的原料，通过3个企业间的配套合作，形成循环产业链，逐步实现了同产业间的配套生产。

二是农业资源综合利用产业链初步形成。陕南已建成一批以"绿色粮油"和"猪、药、茶、菜"为特色的有机农业基地，针对农业废弃资源的综合利用也进行了积极探索。勉县大众建材公司利用农作物秸秆和锯末做原料制作复合门和复合瓦，公司全年可利用废弃秸秆2000余万吨，实现年销售收入3000万元。勉县循环经济产业园组建油籽深加工研究中心，开发出高档米糠油、稻壳代燃煤节能技术等循环经济产业项目。目前米糠油生产线已建成投产，年可提炼高档米糠油900余吨；稻壳代燃煤节能技术项目已进入试生产，据测算该项目年可节约标煤5000多吨。

三是生物医药产业链初步形成。以中药材深加工为主的生物医药产业链方面，旬阳县恒源生物化工有限公司研究出物理方法分离皂试、纤维和淀粉的工艺技术，实现了黄姜工业化清洁生产，并开发出黄姜淀粉系列食品；陕南生物化工企业研发出绞股蓝系列产品生产新工艺、高纯度中药材提取技术和高效环保型生物防锈颜料生产技术等一批工业高新技术和先进生产工艺，大幅度提高了产业的技术水平和经济效益。

4. 产业园区建设已经启动

目前，陕南有 2 个省级产业园区、3 大循环经济集聚区和 15 个县域特色工业园区。2 个省级产业园中，汉中经济技术开发区基础设施建设和产业发展已有一定基础，安康生物产业园区已基本完成了主干路网、电力、给排水、通风等基础设施配套建设。陕南 3 大循环经济集聚区是在汉中盆地、月河谷地和商丹盆地集中布局建设汉中、安康、商洛三大循环经济产业核心聚集区。

汉中循环经济产业核心聚集区以"城固—南郑—汉台—勉县"为主体，打造装备制造、有色冶金、新型材料、油气石化、生物医药和绿色农业六大基地。到 2010 年，产业集聚区初具规模，集聚区总产值达到 384.15 亿元，实现利税总额 45.72 亿元；单位生产总值能耗降低 4.86%，控制在 1.47 吨标准煤/万元以内。到 2015 年，循环经济产业集聚区建设任务全面完成，集聚区总产值达到 2284.89 亿元，实现利税总额 461.92 亿元；单位生产总值能耗控制在 1.17 吨标准煤/万元以内，集聚区循环经济指标全部达到要求。到 2020 年，循环经济产业集聚区形成规模，区域可持续发展能力明显增强，形成"人文、产业、生态"和谐发展格局。

安康循环经济产业核心聚集区将形成以月河川道为主体，以旬阳、平利为两翼的一体两翼的空间布局，重点建设新型材料、清洁能源、富硒食品、生物制药、丝绸纺织五大基地。截至 2011 年，安康 11 个工业集中区完成基础设施投资 27.5 亿元，入园企业 620 户，新增投资千万元以上入园企业 60 户以上，工业产值占全市 45% 左右。

商洛循环经济产业核心聚集区则以商丹循环工业经济园区为龙头，以新型材料产业为重点，以绿色产业、生态旅游为补充，形成产业互动、关联配套、循环发展格局。商丹循环工业园区是本省第一家省级循环经济工业园区，以比亚迪股份有限公司为龙头，重点布局 12 条产业链 100 个项目。2011 年，园区完成工业总产值达 70.64 亿元，同比增长 55%，占全市工业总产值的 29%。

另外，15 个县域特色工业园区业已启动，主要发展矿产材料、生物加工、装备制造、水电火电以及石油天然气化工等十一大优势特色产业，发展资源深加工产业，延伸产业链，促进资源综合利用。

5. 循环经济效应初步显现

近年来，陕南通过发展循环经济生态环境进一步改善，取得了明显的经济效应和社会效应。

2002 年，汉中市被国家确定为生态建设示范试点市。近年来，又先后被评为中国优秀旅游城市，中国最佳历史文化魅力城市和世界特色魅力城市。全市森林覆盖率已达到 58.18%，是全国平均水平的 3 倍，生态优势在省内乃至西北地区名列前茅。镇巴、留坝、勉县、宁强 4 个县分别被评为全国和省级绿化模范县。

2010 年，安康市被全国绿化委命名为"全国绿化模范城市"，在《南方人物周刊》开展的全国宜居小城评比中荣膺"中国最宜居的十大小城"美誉。城市绿地面积达 1.64 万亩，绿地率 33.6%，绿化覆盖面积 1.88 万亩，绿化覆盖率达 38.64%。宁陕、旬阳两县已通过国家生态示范区验收，建成国家级生态乡镇 3 个、生态村 3 个；省级生态镇 6 个、生态村 7 个；市级生态乡镇 71 个、生态村 54 个。

2010 年，商洛在获得"省级园林城市"称号，2013 年，商州区正式被命名为第七批"国家级生态示范区"称号。2008 年底，商洛城市绿化覆盖率、绿地率、人均公共绿地三大指标分别达到 39.5%、34.5% 和 8.5 平方米，新增绿地面积 163 万平方米，绿化总面积 517.5 万平方米，初步形成了依山傍水、独具商洛特色的园林城市格局。

6. 循环产业招商渐入佳境

陕南总体是吃财政饭，政府拿不出更多的资金搞建设。发展产业，建设园区，做大基地，需要大量的投资。这就要靠开放合作、招商引资，把国际、国内大企业、大项目引进来，通过承接产业转移带动产业链优化升级和产业整体水平提高。近年来，陕南以优质资源和市场前景为吸引，通过组织叩门招商、以商招商和产业链招商，创新合作开发模式，拓宽资金、技术、人才引进和承接产业转移的渠道，取得了较好效果。

汉中每年组织大量的招商引资活动，年引资到位 100 亿元左右，利用外资 3000 万美元左右。一批大企业陆续落户发展，不仅带来了大量资金、信息和技术，而且带来了先进人才和管理理念，大企业、大集团引领快速发展的效益日益凸显。

安康目前吸引了延长、陕煤、有色、陕重汽和华电、宝钢、雨润、广核等 18 家全国 500 强企业投资，招商引资增幅全省领先，发展内生动力显著增强。白河硫铁矿资源丰富，但多年来都不敢开发，怕影响汉江水质。事实上，过去受技术限制，在开发中确实造成了严重的污染，不得不停止开发。近年来，它们盯着产业链的高端——金属镍冶炼做文章，引进江西江锂科技有限公司，在高新区建设金属镍冶炼厂，1 万吨镍消化 40 万吨硫酸，白河的硫铁矿也有了用武之地，一个年产 10 万吨金属镍、1 万多吨钴铜等贵金属、年销售收入过 300 亿元的产业链就此落户安康，开工建设。

商洛通过依托循环工业园区和优势产业链招商，使比亚迪、陕煤、有色、中金、北京普能等大企业入驻商丹园区。马来西亚客商也在商洛设立了首家外商独资投资性公司。五年招商引资到位资金 230 多亿元，其中 2010 年到位资金突破 100 亿元。

（二）陕南发展循环经济存在的主要问题

1. 思想认识有待提高，社会大循环仍未启动

尽管确立了循环经济发展理念，但循环经济和低碳经济发展尚未深入社会各个领域，少数地方和部门对循环、低碳经济的紧迫性和重要性认识不够，将循环经济简单化为废弃物综合利用，将低碳经济简单化为降低煤的使用，重经济增长、轻环境保护的思想依然存在，社会大循环仍未启动。再加上目前清洁生产、资源节约和综合利用等工作仍由政府牵头推行，没有引入经济、技术等市场化概念，对企业的吸引力不足，只在少数企业自主开展相关工作。由于企业自主参与意识不强，利用大量消耗资源、能源和劳动力取得效益的经济增长方式仍没有得到实质性的改变。

2. 缺乏金融体系支持，发展循环经济的资金不足

循环经济的产业化需要高资金投入，高投入是循环经济产业发展的基本特征和重要条件。按照发展循环经济的国际惯例，企业发展循环经济的先期投资总额一般要高于非循环经济 10% 左右，对能耗高、污染大的投资项目，企业增加的环保投资比例更高。循环经济技术比传统技术复杂得多，往往涉及多个科学领域，对设备、原材料的要求更高，对技术更新速度要求更快，企业设备更新和折旧速度大大加快，因此需要的资金也大大高于传统产业。而陕南三地地方财政力量薄弱，许多企业资金实力不足，又缺乏金融体系的支持，影响了循环经济的发展。

3. 资源型产业占主导地位，工业结构不合理

目前，陕南工业仍以资源型产业为主。汉中的前三大产业为有色冶金、装备制造、能源化工，安康的前三大产业为新型材料、富硒食品、清洁能源，商洛的前三大产业为现代材料、现代医药、绿色食品。以汉中为

例,汉中工业产值排名前五名分别是汉中钢铁集团、八一锌业公司、中航陕飞公司、略阳钢铁厂、汉中卷烟厂。可见,工业仍然是以有色冶金、机械制造、建筑材料为主体的传统格局,而高新技术企业、生态产业、环保产业尚处在起步阶段。这种资源消耗型产业占主导地位的工业结构,加剧了水、电、煤等资源消耗的紧张态势,使日益尖锐的资源矛盾和环境治理压力更加突出,使经济的可持续发展受到影响。

4. 循环经济基础研究不够,技术开发能力有待加强

陕南工业企业技术设备普遍比较落后,仅有15%的关键技术设备达到和接近国际先进水平;资源节约综合利用和环保产业技术水平也比较落后的,大多数环保产品落后发达国家20年左右,总体水平相当于国际20世纪80年代的水平,技术装备水平亟待提高。同时,一些产业循环经济的发展需要成熟的污染治理技术、清洁生产技术、废弃物利用技术和生态工业链接技术作为支撑,目前有些技术还处于研究和实验阶段,尚未得到普遍推广。

5. 部分循环经济工业园区有名无实,系统没有真正循环起来

尽管陕南规划了很多循环经济产业园区,也取得了一定成就,但部分循环经济工业园区有名无实,系统没有真正循环起来。如根据《汉中循环经济产业集聚区发展规划》,汉中市规划设立了以装备制造、冶金、生物医药等为主的循环经济产业园区,到2015年,循环经济产业集聚区建设目标任务全面完成,"六基地一中心"(装备制造、有色冶金、新型材料、油气石化、生物医药和绿色农业六大基地和旅游中心)循环经济产业发展模式实现良性运转。如为了重点发展钢、铁、锌、镍、钛冶炼,特设立了勉县循环经济冶金园、略阳县循环经济工业园、宁强县循环经济产业园等园区。规划出台以后,各园区到目前为止大多已经完成挂牌圈地。但由于相应组织机构还没有完全建立运作起来,循环技术与基础设施没有跟上,循环产业链上相关企业没有入驻园区,园内企业关联度低,各自为政,导致循环经济工业园区有名无实,系统没有真正循环起来。

6. 配套政策有待完善,缺乏考核评价机制

虽然从陕西省到陕南三地都出台了一系列大力发展循环经济的政策决定,但由于受国家大政策的限制,对鼓励类项目如优先解决土地问题等一些优惠政策难以落实,一些企业发展循环经济的积极性不高。特别是推动循环经济发展的统计、考核、评价工作还相对滞后,缺少相应的体系和机

制，使基层政府部门和企业对循环经济重视不够。

六 基于循环经济的陕南承接东部地区产业转移模式

承接产业转移为陕南发展循环经济提供了一次重要机遇。从循环经济角度出发，陕南承接产业转移要以减量化、再利用、资源化为原则，以项目为载体，园区为平台，形成产业链为目的，逐步构建循环经济产业体系。①

(一) 项目选择

项目是循环经济产业发展的核心，实现发展目标的载体和抓手。陕南承接产业转移对产业项目的选择，要坚持"两符合、三依托"，策划和实施重大产业化项目。

1. 两符合

一是符合国家产业政策。严格执行国家《产业结构调整指导目录》和水泥、钢铁、铅锌、电石、铁合金等行业准入条件，鼓励和支持发展先进生产能力，限制和淘汰落后生产能力，防止盲目投资和低水平重复建设。单纯开采资源、严重污染环境、破坏生态的项目，一律不得批准建设。二是符合循环经济发展规划。按照循环经济产业链要求和省、市循环经济产业发展规划，优化核心聚集区布局，统筹各工业园区上下游产业项目及关联项目，通过"补链"工程，引导和吸纳企业、项目以及各种生产要素向聚集区、园区集聚，完善产业链条，培育循环经济产业集群。

2. 三依托

一是依托优质矿产资源，发展新型材料产业项目；二是依托丰富的生物资源，发展生物医药、特色农产品加工项目；三是依托优美的青山绿水，发展生态旅游产业项目。同时，围绕优势的加工能力，发展专、精、特、新产品项目；围绕扩大消费、增加就业，发展现代物流和生产性服务业项目。要从产业关联和主导产业的延伸中生成项目，从加强基础设施建设中生成项目，从对外开放、招商引资中生成项目。

今后在三大核心聚集区策划和实施 100 个重大产业化项目，重点加快陕飞航空产业园、江锌硫铁矿综合利用、比亚迪太阳能电池等十大工程建设作为规划落实的标志。

---

① 陕西省发改委：《陕南循环经济产业发展规划（2009—2020年）》2010年1月14日。

（二）园区建设

陕南应重点围绕三大循环经济集聚区建设产业园区。主要循环产业园区如表7所示。① 对于园区建设，要有计划、有步骤地对规划的聚集区、工业

表7   陕南循环经济产业园

所属区域	名称	所在地	主导产业
汉中循环经济集聚区	汉中现代材料	定军山镇、勉阳镇、黄沙镇、金泉镇、镇川乡三地交界	钢铁、锌冶炼等，材料加工
	汉中生物制造产业园	勉县、汉台、城固、洋县108国道沿线	粮油、生猪、蔬果、水产、茶等加工制造和生物能源开发
	汉中现代中药产业园	汉中经济开发区为主体	天麻、山茱萸、附子、元胡、丹参等加工生产中间提取物、饮片、中药制剂
	汉中装备制造产业园	汉中经济开发区、汉台区的铺镇和褒河镇、城固县的柳林镇	数控机床及刀具，飞机机载设备及配件，仪器仪表、传感器等
安康循环经济集聚区	旬阳生态工业园	城关镇和吕河镇	烟、锌、贡锑、水泥等，中药和食品
	汉滨生物能源和绿色食品产业园	汉滨、汉阴等地	魔芋、茶叶、矿泉水、豆制品等绿色富硒食品和白酒，生物和秸秆发电等
	安康生物医药产业园	汉滨城区、五里镇等	绞股蓝、黄姜、丹参、天花粉、金银花、五味子等加工生产，饮片中药制剂
	月河现代材料产业园	汉阴城关、石泉城关等	铅、锌、钛、铝、重晶石加工和建材
	安康丝绸工业园	汉滨区和石泉古堰	缫丝、丝绸、制衣
	电能产业园	石泉、汉滨、蜀河、旬河等	水电和火电
商丹循环经济集聚区	商州沙河子产业园	沙河子镇	硅材料、氟化工、锌冶炼、电力
	丹凤留仙坪工业园	留仙坪	硅酸岩化工和建材
	丹凤绿色食品工业园	县城	葡萄酒、医药、食品

① 根据汉中、安康、商洛三市相关规划、文件整理。

园区进行以产业循环为目标的生态化改造和建设。各市、县新设立的工业园区，要按循环、生态要求高起点规划建设。整合、改造现有园区，逐步达到循环、生态要求，使园区成为发展新型工业的集中区、吸引投资创业的集聚区、机制改革的先导区和循环经济的示范区。对于进入聚集区和工业园区的企业和项目，既要符合土地、环保、能源、水资源利用的要求，又要符合废弃物综合利用、完善生态产业链的要求，逐步建立企业间、产业间物资、能源互换或转换的供求关系，形成循环利用的格局。加快聚集区、工业园区公共基础设施建设，实现污水、垃圾、废弃物集中处理，水、热、气集中供应，信息、技术及各类服务共享，强化园区污染预防和生产全过程控制，解决区域性、结构性环境污染问题。加大聚集区、工业园区结构调整和产业升级力度，发展绿色经济和低碳经济，创造以低碳为特征的新的经济增长点。遏制盲目投资、低水平重复建设，限制高耗能、高排放产业发展。

（三）产业链条

根据陕南生物、矿产、旅游资源丰富的特点，发挥现有基础、功能区划、发展潜力等优势，重点围绕有色、钢铁、装备、能源、生物制药、非金属材料、油气化工、绿色食品、蚕桑丝绸、旅游等优势产业，通过承接产业转移、产业聚集，实现产业链条延伸、补链，构建产业体系，打造十大循环经济主导产业链。

（1）有色产业链。重点发展有色金属材料采选、冶炼新技术、新工艺，加强复合材料开发以及废弃物循环利用。

（2）钢铁产业链。重点加强商洛大西沟、汉中勉略宁、安康南部钛磁铁矿多金属带等铁矿石开发，打造钢铁生产基地，开展废气、废渣利用等。

（3）装备产业链。发展中型运输机、支线飞机生产及零部件、机载设备制造，建设数控、精密机床制造基地，扩大微型汽车、专用汽车及汽车零部件生产。

（4）能源产业链。加快汉丹江、嘉陵江水电梯级开发；发展太阳能、生物质能等新能源；建设煤电循环产业链；谋划核电清洁能源产业。

（5）生物制药产业链。重点发展黄姜、杜仲、丹参、天麻、葛根、绞股蓝等中药材的提取、饮片、保健品和生物制药生产。

（6）非金属新材料产业链。重点建设氟化工、钾长石、硫酸、重金石、毒重石、石墨、白云石、新型干法水泥产业链；发展石材加工和粉煤灰综合利用建材产品生产等。

（7）油气化工产业链。加快推进镇巴油气田勘探开发，建设石油、天然气开采、炼制及油气化工项目，形成油气化工产业链。

（8）绿色食品产业链。重点发展粮、酒、烟草、核桃、板栗加工；发展菜油、核桃油、米糠炼油和富硒矿泉水、功能饮料；建设茶叶、油茶基地；发展生猪生产及肉类产品加工；发展魔芋、菌类产品深加工等。

（9）蚕桑丝绸产业链。发展缫丝、丝绸、制衣工业，构建蚕桑养殖、缫丝、印染、绢纺、制衣生产体系，建成西北最大的丝绸产业基地。

（10）旅游产业链。突出"千里秦岭、千里汉江"和"两汉三国文化"，加强标志性精品景区和旅游基础设施建设，建设集历史文化、休闲度假、生态旅游为一体，特色鲜明、布局合理、功能完善、协调发展的陕南旅游产业体系。

七　基于循环经济的陕南承接东部产业转移思路与对策

为有效承接东部产业转移，陕南地区必须把握国内产业转移新趋势，结合陕南发展的阶段特征和优势以及在全国经济发展中的地位，从生态经济学视角制定承接思路。要以发展循环经济为主线，优势资源为依托，引资、引智为核心，沿海三个重点地区（长三角、珠三角、环渤海）为重点，产业链构建为抓手，循环经济积聚区为载体，实现对东部产业转移的有效承接，推动陕南经济突破式发展。重点承接现代中药材、绿色食品、生态旅游、水资源利用、优势矿产开发，打造绿色生态产业基地。其中，汉中市要重点承接冶金机械、食品加工、现代中药材、特色旅游产业，重点发展装备制造、钢铁和绿色食品加工等产业集群，实现突破发展。安康市要重点承接绿色能源、现代药业、生态旅游、特色农业（茶叶、丝绸、烟叶等）、优势矿产、商服及物流产业，突出培育以"药水游"三大产业为主的绿色生态产业。商洛市要重点承接绿色农产品加工、生态旅游、优势矿产开发、现代中药产业，重点建设现代新型材料工业基地和农副产品物流中心。

（一）主要原则

（1）产业转移与环境保护相结合。以循环经济为指引，以提高资源生产率和减少废弃物排放为目标，吸引科技含量高、经济效益好、资源消耗低、环境污染少的东部企业。切实保护生态环境，建设资源节约、环境友好型新陕南，确保一江清水供北京。

（2）市场导向与政府推动相结合。遵循客观经济规律，发挥市场机制的决定性作用和企业的主体作用，同时加强政府引导，优化引资环境，完善公共服务，强化生态规划导向，整合社会资源，协调各方利益，创造良好的体制与政策环境。

（3）全面推进与突出重点兼顾。既要从经济社会各个方面统筹资源，系统推进，加快陕南承接产业转移步伐，又要注意突出重点区域、重点产业、重点项目和重点企业，找准承接转移产业的关键领域和环节，围绕循环产业链条构建，着力突破。

（4）资源整合与优化利用兼顾。在承接产业转移过程中，要兼顾各方利益，统筹资源开发，加强资源整合，形成竞争合力。鼓励大企业依托品牌、技术、资源等优势，整合上、下游产业链，逐步形成集聚发展、群体竞争的产业体系。

（二）对策建议

1. 中央及省级政府层面

（1）加大南水北调中线工程对陕南的生态补偿力度。来自权威部门的数据表明，南水北调的经济效益是每年平均 300 多亿元，其中工业城市用水的经济效益大约 277 亿元，农业灌溉经济效益大约是 20 亿元，防洪效益大约近 5 亿元。这些巨额利益均来自陕南的利益牺牲。以汉中为例，汉中市矿产资源丰富，勉、略、宁三县被李四光先生誉为"中国的乌拉尔"，金、铁、锰、钒、镍、钛、石膏、石棉等 18 种矿储居全国全省前列。为保护汉江水源，当地政府不得不控制矿产开发和冶炼企业的发展，资源优势不能转化为经济优势；汉中黄姜皂素加工企业原有 60 多家，利税达 2 亿多元。为了保护汉江水质，目前皂素加工企业几乎全部关闭。全市曾有造纸企业 38 家，年利税 5 亿多元，现已全部关闭。为了保护森林、涵养水源、防止对水源污染，汉中截至 2009 年累计投入水土保持资金 3.5 亿元，天然林保护工程资金 11.4 亿元，退耕还林 252 万亩，城市污水处理厂投资 2.15 亿元，城市垃圾处理场投资 1.242 亿元，还先后建成了医疗废弃物处理中心和危险废弃物处理中心。先后治理水土流失面积 8749 平方公里，全市森林覆盖率达到 63%，植被覆盖率达到 80%，水源涵养能力显著增强。①

---

① 康传义等：《呵护一江清水带来的发展延滞》，《陕西日报》2008 年 10 月 14 日第 4 版。

以循环经济方式承接产业转移需要投入比传统经济方式更多的资金。陕南作为国家连片特困地区，缺少发展资金，而南水北调中线工程对陕南经济发展的限制更使其资金雪上加霜。因此，建议对因水源保护造成的地方财政减收增支给予补充，稳步实施国家生态效益补偿制度，建立生态补偿政策体系。

财政转移支付是生态补偿最直接的手段，也是最容易实施的手段。建议在财政转移支付中增加生态环境影响因子权重分析，增加对生态脆弱和生态保护重点地区的支持力度，按照平等的公共服务原则，增加财政转移支付，主要体现在以下几个方面：①建立封禁区群众生产生活补贴机制，搞好生态移民。应坚持退耕还林还草对农民的粮食补贴和种苗补贴政策，帮助群众解决饮水问题，保证饮水安全；帮助群众因地制宜地开展农副业生产，有计划地安排其外出打工等，使农民生产有收益，生活有保障。②由国家列出专项资金，扶持汉、丹江流域产业结构调整，主要用于水源区提高治污标准后工矿企业治污补助、关闭企业债务以及人员安置。③对水源区地方政府给予财政转移支付补助，弥补因水源保护而带来的地方财政损失。

（2）给予陕南国家级生态建设示范区政策。陕南是一个特殊区域。首先是我国集中连片的贫困地区之一，人均 GDP 远远落后于全国和全省水平，与关中和陕北的差距越拉越大。陕南一没有关中那样国家级的工业基础，二没有陕北那样国家级的资源条件，三受国家南水北调中线工程制约，单靠自己的力量很难有大的突破，必须借助国家的力量，才能真正实现突破发展。陕南还是南水北调中线工程的主要水源地。中线工程从丹江口水库调水，调的是秦巴山区汉江流域的水。其水源地涵盖我省安康、汉中、商洛全部和湖北十堰、河南南阳的部分地区。也就是说，中线工程库区虽然在十堰和南阳，但水源地主要在陕南。由于东线水污染严重，中线水就成为京津冀饮用水的主要补充来源。但是，南水北调中线工程会对陕南经济发展形成极大制约。因为发展经济，特别是工业会造成污染。为涵养和保护水源，陕南必须搞好生态环境建设，限制大规模的资源开发。

保护好中线水源是水源地经济发展的前提，为此，陕南只能发展绿色产业。所谓绿色产业，是指对人无害或少害，符合可持续发展要求的产业。"绿色"是一种形象说法，其产业对象并不局限于绿色植物。对陕南来说，只要不污染水，第一、第二、第三产业都可以成为绿色产业。但绿色产业技术标准严，科技含量多，生产成本高，产业投资大，作为集中连片的贫困地区，单靠自己的力量，很难使绿色产业在陕南大规模突破发展。

陕南虽然没有国家级的工业基础和资源条件，但却有国家级的调水工程和制约因素。① 陕西要善于变挑战为机遇，把南水北调中线工程对陕南经济发展的制约，转化为促使陕南绿色产业突破发展的实现条件，抓住国家机关和北京市要喝干净的汉江水，争取将陕南建成全国第一个国家级绿色产业示范基地。建设国家绿色产业示范基地，一可以保证南水北调中线工程水源持续清洁，二可以使陕南绿色产业突破发展，三可以为全国绿色产业的发展做出示范，从根本上解决南水北调与陕南经济发展的矛盾问题。

建设陕南绿色产业示范基地，可以借鉴杨凌示范区经验，采取部省共建、京（津）陕共建方式，加强国家和地方、用水地与水源地之间的互动合作。另外，利用国家级牌子，面向全国以致全球大规模招商，将致力于绿色产业的资本、技术、人才和管理聚集到全国第一个国家级绿色产业示范基地来。陕南人民为南水北调做出了巨大贡献和牺牲，陕西有理由争取国家在政策支持、财政转移、水价返还、生态补偿等方面给陕南以相应的支持和补偿。有了国家级绿色产业示范基地的牌子、政策和财力支持，陕南绿色产业就能实现突破发展。

为此，省上应当立即组织人力，落实牵头领导和牵头单位，借鉴杨凌示范区、关中"一线两带"和陕北能源化工基地申报经验，尽快拿出陕南国家绿色产业示范基地方案，联合国务院有关部门和城市，向国务院报告。由于南水北调中线工程关乎国家机关和京、津饮水安全，建设国家级陕南绿色产业示范基地，应该能够得到国务院批准。这样，陕南和关中、陕北一样都有了国家级产业基地，就可以实现三大区域协调发展。

（3）加大陕南循环经济资金支持。发展循环经济需要大量的资金，而作为贫困地区和南水北调中线工程水源涵养地的陕南却缺少资金，陕南3 市 28 个县，其中 90% 以上是国定（或省级）贫困县。和陕北的富裕相比，陕南各县的财力异常薄弱——大多属于低水平维持运转的吃饭财政，

---

① 张宝通：《十二五：陕西统筹城乡区域发展大思路》2010 年 6 月 1 日，http：//www. sxcec. org/newshow. asp？id＝3024.

仅能保证县乡机关事业单位人员工资及时足额发放和基层政权的正常运转。因此，从国家层面要加大资金支持力度，否则可能形成陕南发展悖论。

一是各类投资向陕南倾斜。进一步加大基础设施、产业引导、技术改造、资源综合利用、服务业和中小企业发展等方面专项资金向陕南的倾斜力度，在同等条件下对陕南循环产业发展项目优先支持、重点安排。加大财政投入向陕南民生工程、基础设施、生态环境、社会事业等领域的倾斜力度，提高对公路、铁路、民航、水利等建设项目投资补助标准和资本金注入比例。对陕南重点项目前期工作给予预算内资金支持。

二是加强和改进金融服务。对陕南符合循环经济聚集区条件的企业，在股票、企业债券、短期融资券和中期票据发行等方面给予支持。重点支持需要节能降耗减排资金的支柱企业上市融资。对聚集区基础设施、公共技术服务平台、公共网络信息服务平台的建设和运营加大信贷支持力度。创新融资方式，围绕特色优势产业，积极发展创业投资和股权投资，扩大社会融资规模。加快中小企业信用担保体系建设，新设立的陕南融资性担保公司资本金可低于全省标准30%。尝试设立陕南发展银行，规范发展小额贷款公司和村镇银行，缓解中小企业融资难问题。

三是设立陕南循环经济发展专项资金。由中央财政预算安排，专项用于支持陕南循环经济重点工程和项目的实施、循环经济技术和产品的示范与推广、循环经济基础能力建设等。

（4）支持陕南交通体系建设。陕南要承接产业转移，加快陕南发展，必须改善交通条件，加强与先进地区合作，尤其要加强与关中地区、成渝地区合作，自觉接受关中、成渝地区的辐射，带动陕南突破发展。

历史上的"蜀道难"，主要难在陕南和川北，难在秦岭和巴山的阻隔。陕南要突破，交通要先行。在省委、省政府的高度重视和大力支持下，"十一五"陕南成为全省交通建设的主战场，实施了高强度的投入，五年高速公路建设累计投入资金720多亿元，先后建成西安—汉中、宁强—棋盘关、西安—安康、西安—商州、安康—汉中等高速公路900公里，实现了陕南三市与西安高速联通，打通了陕西通往中东部发达省市和西南地区的4条高速通道。高速公路投资总额接近全省的50%，新增通车里程占全省的43%。同时，新建、改建农村公路4万多公里，为全省农村公路建设总量的50%。可以说，"十一五"是新中国成立以来陕南交通建设最鼎盛、最辉煌、最有成就的时期。

在公路建设加大力度的同时，铁路建设热火朝天，安康—重庆、安康—武汉铁路复线建成投运，神木—安康铁路全线贯通，西成客运专线开工建设。新增铁路营业里程256公里。机场建设项目有力推进，汉中机场项目已经获批，安康机场项目也在采取超常规措施加快推进。截至2010年年底，陕南三市公路总里程增加至4.7万公里，约占全省公路总里程的32%，路网密度提高至67公里/百平方公里。在公路总里程中，高速公路1003公里，约占全省的30%，一、二级公路1302公里。陕南三市的整体交通发展水平已走出了明显落后的洼地。

与发达地区相比，陕南交通条件仍有一定差距。如省际断头路仍然存在，县级、乡村公路等级低、路况差。因此，要围绕建立贯通省内外的大通道、大枢纽，加快建设一批高速公路、铁路、机场和航运项目，构建适度超前、功能配套、安全高效的现代化交通体系。积极推动陕南高铁建设，加快建设国家高速公路十天线汉中至陕甘界，打通运输主通道。要结合国家公路网规划调整，全力推进建设宝鸡至汉中、汉中至巴中、安康至平利等高速公路。要提升区域内干线公路技术等级，提高通行能力。加快通县二级公路建设。通过升等改造现有干线公路，建设高速公路连接线等，解决陕南县通二级以上公路问题。

2. 地方政府和企业层面

（1）解放思想，加大招商引资力度。首先，增强广大干部群众危机感和紧迫感，激发内生动力。要教育和引导广大干部群众自觉贯彻落实科学发展观，进一步解放思想，认识与兄弟地区、毗邻地区的巨大差距，坚决克服稍富即安、安于现状的小农意识，克服发展仅凭国家投资、项目单靠上级支持的计划经济思维模式，克服招商引资口号大于行动、形式多于内容的漂浮作风。其次，组织干部群众学习国家相关产业政策，尽快建立一套便于操作的承接转移机制和较为完善的承接产业转移的政策体系。同时，有意识选派青年干部到沿海市县开发区学习、考察、挂职，把培养锻炼干部与驻点招商有机结合起来，实行常年驻点招商。最后，要严格考核，加强对招商引资工作的督促检查。要定期对招商引资项目实施进度、跟踪服务情况进行检查、考核和通报，年终列为年度目标责任考核的一项重要内容严格进行奖惩。总体来看，陕南地区在承接产业转移的硬环境上不占优势，因此要想在引资上与其他地区竞争，必须通过打造优于其他地区的软环境来进行弥补。陕南地区应率先树立"创全国建设服务型政府典范"理念，打造成真正的服务型政府。整顿机关作风，去除内地浓厚的官本位思想，充实政府网站内容，建立"一厅式"服务中心，真正尊重创业者，吸引投资者。

（2）提前做好生态规划，从源头杜绝生态污染。首先要做好承接转移的产业规划。陕南要根据本地生态资源及环境保护状况，立足本地资源优势、生态空间、发展潜力选择转移产业，使转移产业契合本地生态资源环境。其次要将环境影响评估置于生态决策的前端，阻隔新污染源的产生。最后要制定严格的环境标准，提高环境准入门槛，充分考虑资源、环境的承载能力，通过环境影响评估防止高能耗、高排放、高污染产业进入。鉴于陕南的生物资源优势和调水工程制约因素，陕南地区应该重点承接食品加工制造业、中药产业和生物质能源工业，把陕南建设成我国重要的有机食品生产基地、西部现代中药产业基地和西部重要的生物能源基地。

（3）提前布局产业承接。陕南发展基础较差，经济实力较弱，要加快陕南发展必须加强与先进地区的合作，尤其要加强与关中地区、成渝地区的合作，自觉接受先进地区的辐射，让其带动陕南突破发展。为此，陕南地区应该认真研究国务院关于西部开发"关中—天水"及"成渝"两大重点经济区的有关规划和政策，提前做好准备，加大与两大经济区之间的交通基础建设力度，规划相关产业发展战略，接受其经济辐射和拉动作用。

（4）加大生态性招商宣传力度，以生态环境吸引投资。陕南三地在全国知名度低，必须加大宣传力度。在宣传上应该突出"绿"字，突出生态性招商，突出生态旅游业、观光农业优势。要借鉴云南的成功经验，将陕南打造成人人向往的西北最佳、最大的休闲度假旅游中心。让投资者喜欢并愿意长期定居，将陕南建成追求高端生活品质人群的第二居所，以此吸引周边大城市的资金投入和建设。陕南三地政府应借助国家对南水北调水源区生态补偿的机遇，争取国家对水源区进行多元补偿。如争取借助中央电视台等强势媒体对陕南三地的优美环境进行宣传，以此代替部分生态补偿资金。从某种程度上讲，陕南地区吸引不到资金的一个重要因素就是知名度低，在当前全国各地都在CCTV上大做广告的背景下，再不宣传自己，只会更被动，更尴尬。

（5）争取成为国家级绿色产业示范区，获得国家优惠招商政策。陕南虽然没有国家级的工业基础和资源条件，却有国家级的调水工程。陕西要善于变挑战为机遇，把南水北调中线工程对陕南经济发展的制约转化为促使陕南绿色产业突破发展的实现条件，抓住国家南水北调战略机遇，争取将陕南建成全国第一个国家级绿色产业示范基地，以政策生态补偿代替资金生态补偿。利用"国家级"牌子和优惠政策，面向全国以至全球大规模招商，将致力于绿色产业的资本、技术、人才和管理聚集到全国第一个国家级绿色产业示范基地来。有了国家级绿色产业示范基地的牌子、政策和财力支持，陕南绿色产业就能实现突破发展。

（6）构建和谐生态产业园区，发展循环经济。工业园区是承接产业转移的主要载体，建设循环经济产业园是陕南承接东部产业转移的最佳模式。工业园区实行集中供电、供热、供气和环境污染治理，可以提升节能减排水平。各种项目集中进园，可以改变过去污染项目遍地开花的无序发展状态，有利于统一治污，集中监管，降低治理成本，提高污染防治和环境监管效能。重点要做好园区的选点和功能分区。由于相同或相关联的产业对基础设施和其他设施的需求，具有相同性或相似性。把相同或相连的产业统一在同一园区，有利于资源共享和企业间的产业链接，有利于实现规模经济和推进园区工业的集群化发展和可持续发展。陕南具有优势的装备制造产业、新型材料加工产业、石油天然气化工产业（镇巴）都必须按循环经济产业园模式发展。

（7）建立和完善技术承接机制，为产业转移提供生态技术支撑。政府必须建立和完善生态技术承接机制，充分发挥科技部门在产业转移、园区建设过程中的作用，以相关产业共性的节能减排技术、循环利用技术、污染防治技术、生态保护技术为研究攻关方向，为承接产业转移提供生态技术保障和支撑。具体来说，就是实施科技重大专项，围绕产业转移中重大的生态技术问题，优先安排项目，优先落实资金，优先配备研究人员，为承接产业转移提供强有力的生态技术支持；鼓励相关企业承接科技课题，提高企业生态技术研究能力；走"消化吸收再创新"之路，在引进重大生态技术的同时，注重对引进技术的消化吸收，最终走出一条具有自己特色的生态技术承接之路。

（8）注重培育生态性产业集群，建设产业配套体系。新一轮产业转移大都是以产业链条为纽带的整体配套转移。陕南地区应借鉴东部地区以及国外成功经验，制定区域经济发展的产业集群策略，提升产业配套能力。要围绕陕南三大主导产业、十大循环经济主导产业链和绿色产业基地定位，按照循环经济原理打造产业链；要列出产业配套"清单"，有针对性地引进缺失链条、补强薄弱链条、提升关键链条；要走专业化、规模化道路，以细分产业链中的某一环节或某一产品为主攻方向，通过内联外引促进形成一批大中小企业相互配套，关联度大、带动力强、辐射面广、集约化高的优势产业集群，促使承接产业转移和产业发展良性互动，提升陕南产业的综合实力。

（9）创新承接模式，发展"飞地经济"。"飞地经济"可以打破不同地区经济、文化、体制等因素差异对要素跨区域流动的阻滞。陕南土地资源稀缺，以飞地经济模式承接产业转移意义重大。为此，一要努力做好飞地经济园区规划，严把生态"门槛"，把好项目关口，真正让符合陕南循环经济主导产业建设要求、规模大、效益好、贡献高的项目有序转移。二在县域内、县区间、区域外三种飞地经济合作方式进行创新，尽快形成"基础共建、产业共育、利益共享、环境共治"的合作优势，支持鼓励飞地项目到"三园一区"集中安置、规模发展，构筑发展新动力。三对"借鸡生蛋"、"筑巢引凤"和"净地托管"飞地经济建设与管理模式进行创新，积极探索新的管理模式，引进先进的市场化的公司管理体制。四是在招引项目上狠下功夫，坚持产业同谋、项目同引、园区同建、企业同福、政策同用、利益同享、实施抱团招商，通过创新，实现由点对点的企业转移转变为区对区的产业转移，由单纯的资金承接转变为管理与项目的复合承接。

（10）落实环境责任，强化环境问责。陕南在承接东部产业转移过程中，一定要将环境指标纳入官员考核制度，以此改变官员的观念和行为。要建立环境问责制度，明确相关人员的环境责任，同时实行环境责任跟踪制度。另外，从企业层面考虑，要倡导企业清洁生产，强化引进企业的社会责任，让企业管理人员明白，企业在创造利润谋求自身发展的同时，还必须维护生态环境，让生产企业承担起产品从摇篮到坟墓的环境责任。

参考文献

[1] [德] A. 韦伯：《工业区位论》，李刚剑译，商务印书馆 1997 年版。

[2] [日] 小岛清：《对外贸易论》，周宝康译，南开大学出版社 1987 年版。

[3] [英] 阿瑟·刘易斯：《国际经济秩序的演变》，乔依德译，商务印书馆 1984 年版。

[4] 白小明：《我国产业区域转移粘性问题研究》，《北方论丛》2007 年第 1 期。

[5] 车维汉：《"雁行形态"理论研究评述》，《世界经济与政治论坛》2004 年第 3 期。

[6] 陈德敏：《循环经济的核心内涵是资源循环利用》，《中国人口·资源与环境》2004 年第 14 期。

[7] 陈刚、张解放：《区际产业转移的效应分析及相应政策建议》，《华东经济管理》2001 年第 2 期。

[8] 陈计旺：《影响东部地区产业转移的主要因素分析》，《生产力研究》2007 年第 5 期。

[9] 陈家泽：《梯度推移和发展极——增长点理论研究》，《经济研究》1987 年第 3 期。

[10] 陈力勇：《自主工业化：西部承接产业转移的路径选择》，《理论导刊》2009 年第 5 期。

[11] 成艾华：《西部地区承接产业转移的路径选择》，《重庆工商大学学报》（社会科学版）2011 年第 6 期。

[12] 戴宏伟：《产业转移研究有关争议及评论》，《中国经济问题》2008 年第 3 期。

[13] 戴佩华：《基于关系嵌入的东部产业转移区域选择研究》，《经济问题》2011 年第 1 期。

[14] 董建蓉、李文生：《论我国西部地区承接东部产业转移的有利条件》，《经济体制改革》2011 年第 5 期。

[15] 段宁：《清洁生产、生态工业和循环经济》，《环境科学研究》2001 年第 6 期。

[16] 冯良：《关于推进循环经济的几点思考》，《节能与环保》2002 年第 9 期。

[17] 冯之浚：《循环经济导论》，人民出版社 2004 年版。

[18] 傅帅雄、张可云、张文彬：《污染型行业布局及减排技术对中国污染转移的影响研究》，《河北经贸大学学报》2011 年第 9 期。

[19] 傅允生：《东部沿海地区产业转移趋势——基于浙江的考察》，《经济学家》2011 年第 10 期。

[20] 关爱萍：《中国区际产业转移技术溢出及吸收能力门槛效应研究——基于西部地区省际面板数据的实证分析》，《软科学》2014 年第 2 期。

[21] 关凤峻：《自然资源对我国经济发展贡献的定量分析》，《资源科学》2004 年第 4 期。

[22] 郭凡生：《评国内技术的梯度转移规律——与何钟秀、夏禹龙老师商榷》，《科学学与科学技术管理》1984 年第 12 期。

[23] 郭凡生：《新技术革命与经济不发达地区的基本对策》，《科学管理研究》1984 年第 9 期。

[24] 郭克莎：《对中国外贸战略与贸易政策的评论》，《国际经济评论》2003 年第 5 期。

[25] 郭克莎：《中国工业发展战略及政策的选择》，《中国社会科学》2004 年第 1 期。

[26] 国家环境保护总局科技标准司：《循环经济和生态工业规划汇编》，化学工业出版社 2004 年版.

[27] 何龙斌：《国内污染密集型产业区际转移路径及引申——基于 2000—2011 年相关工业产品产量面板数据》，《经济学家》2013 年第 6 期。

[28] 何龙斌：《区际产业转移的要素变化与现实表征》，《改革》2012 年第 8 期。

[29] 何龙斌：《西部欠发达地区产业转移承接力的评价与培育——以陕

南三市为例》，《延安大学学报》（社会科学版）2010 年第 5 期。

[30] 何钟秀：《论国内技术的梯度转移》，《科研管理》1983 年第 1 期。

[31] 贺曲夫、刘友金：《我国东中西部地区间产业转移的特征与趋势——基于2000—2010 年统计数据的实证分析》，《经济地理》2012 年第 12 期。

[32] 洪银兴：《从比较优势到竞争优势——兼论国际贸易的比较利益理论的缺陷》，《经济研究》1997 年第 6 期。

[33] 胡汉昌、郭熙保：《后发优势战略与比较优势战略》，《江汉论坛》2002 年第 9 期。

[34] 黄福才、李爽、魏敏：《梯度推移粘性形成机理研究》，《中央财经大学学报》2007 年第 9 期。

[35] 黄荣欢：《把生态工业园建成经济发展的"聚宝盆"——访贵港国家生态工业（制糖）示范园管理委员会主任粟卓飞》，《贵港日报》2011 年 10 月 25 日。

[36] 黄新建、甘永辉：《工业园区循环经济发展研究》，中国社会科学出版社 2009 年版。

[37] 黄钟仪：《产业转移：东部的趋势及西部的选择——以重庆为例》，《经济问题》2009 年第 7 期。

[38] 蒋清海：《也谈国内的"梯度理论"》，《开发研究》1988 年第 5 期。

[39] 解振华：《关于循环经济理论与政策的几点思考》，《环境保护》2004 年第 4 期。

[40] 景跃军、陈英姿：《中韩两国污染产业对环境影响的比较研究》，《吉林大学社会科学学报》2008 年第 1 期。

[41] 李国平、赵永超：《梯度理论综述》，《人文地理》2008 年第 1 期。

[42] 李小平、卢现祥：《国际贸易、污染产业转移和中国工业 CO_2 排放》，《经济研究》2010 年第 1 期。

[43] 李兆前、齐建国、吴贵生：《从 3R 到 5R：现代循环经济基本原则的重构》，《数量经济技术经济研究》2008 年第 1 期。

[44] 梁欣然：《区域资源禀赋与经济发展差异的相关性研究》，《经济问题探索》2007 年第 10 期。

[45] 林毅夫、蔡昉、李周：《中国的奇迹：发展战略与经济改革》（增订版），上海人民出版社 1999 年版。

[46] 林云莲：《包头铝业生态工业园区建设的理念和启示》，《商场现代化》2006 年第 11 期。

[47] 刘金钵：《我国纺织业产业集群研究》，《纺织学报》2004 年第 5 期。

[48] 刘力群：《重工倾斜政策的再认识——兼论赶超战略》，《战略与管理》1994 年第 6 期。

[49] 刘艳：《论东部产业集群对西部开发的影响——对传统"梯度转移"理论的一种质疑》，《经济问题探索》2004 年第 1 期。

[50] 陆大道：《中国区域发展的理论与实践》，科学出版社 2003 年版。

[51] 陆钟武：《关于循环经济几个问题的分析研究》，《环境科学研究》2003 年第 5 期。

[52] 罗宏、孟伟、冉圣宏：《生态工业园区——理论与实证》，化学工业出版社 2004 年版。

[53] 罗钰：《四川省承接东部产业转移的对策措施研究》，《经济体制改革》2010 年第 2 期。

[54] 罗哲：《西部地区承接产业转移的能力分析与规模测度》，《甘肃社会科学》2012 年第 6 期。

[55] 马凯：《大力推进循环经济发展》，《中国投资》2004 年第 11 期。

[56] 聂华林、赵超：《我国区际产业转移对西部产业发展的影响》，《兰州大学学报》2000 年第 5 期。

[57] 彭文斌、吴伟平、李志敏：《环境规制视角下污染产业转移的实证研究》，《湖南科技大学学报》（社会科学版）2011 年第 5 期。

[58] 齐玮娜、张明林：《工业园区在中部地区承接产业转移中的作用机制与发展对策》，《商业时代》2010 年第 33 期。

[59] 邱鹏：《西部地区资源环境承载力评价研究》，《软科学》2009 年第 6 期。

[60] 曲格平：《发展循环经济是 21 世纪的大趋势》，《机电产品开发与创新》2001 年第 6 期。

[61] 曲格平：《循环经济与环境保护》，《光明日报》2000 年 11 月 20 日第 3 版。

[62] 任金玲：《我国东部发达地区产业转移的区位选择及启示》，《江苏商论》2011 年第 2 期。

[63] 孙加韬:《中国海洋战略性新兴产业发展对策探讨》,《商业时代》2010 年第 33 期。

[64] 孙世民、展宝卫:《产业转移承接力的形成机理与动力机制》,《改革》2007 年第 10 期。

[65] 孙忠英:《构建循环经济生态工业园的思路和对策》,《特区经济》2009 年第 6 期。

[66] 万永坤:《西部欠发达地区产业转移承接效应的实证分析》,《兰州大学学报》(社会科学版) 2011 年第 3 期。

[67] 汪晓文、刘欢欢:《中国西部印证"污染避难所假说"》,《中国社会科学院研究生院学报》2009 年第 6 期。

[68] 王青云、李金华:《关于循环经济的理论辨析》,《中国软科学》2004 年第 7 期。

[69] 王询、张为杰:《环境规制、产业结构与中国工业污染的区域差异——基于东、中、西部 Panel Data 的经验研究》,《财经问题研究》2011 年第 11 期。

[70] 王允贵:《中国加入 WTO 后的贸易战略与经济发展》,《管理世界》2001 年第 3 期。

[71] 王至元、曾新群:《论中国工业布局的区位开发战略——兼评梯度理论》,《经济研究》1988 年第 1 期。

[72] 魏后凯:《产业转移的发展趋势及其对竞争力的影响》,《福建论坛》(经济社会版) 2003 年第 4 期。

[73] 魏敏、李国平:《基于区位引力场下的区域梯度推移粘性分析》,《科研管理》2005 年第 6 期。

[74] 魏玮、毕超:《环境规制、区际产业转移与污染避难所效应——基于省级面板 Poisson 模型的实证分析》,《山西财经大学学报》2011 年第 8 期。

[75] 吴季松:《循环经济综论》,新华出版社 2006 年版。

[76] 吴绍中:《循环经济是经济发展的新增长点》,《社会科学》1995 年第 10 期。

[77] 夏友富、沈晓川:《梯度理论——东部重心论与沿海地区经济发展战略的思考》,《对外经济贸易大学学报》1989 年第 1 期。

[78] 夏友富:《外商投资中国污染密集产业现状、后果及其对策研究》,

《管理世界》1999 年第 3 期。

[79] 夏禹龙、刘吉、冯之浚、张念椿：《梯度理论和区域经济》，《科学学与科学技术管理》1983 年第 2 期。

[80] 肖忠海：《我国循环经济理论与实践综述》，《安徽农业科学》2009 年第 34 期。

[81] 谢丽霜：《产业梯度转移滞缓原因及西部对策研究》，《中央民族大学学报》（哲学社会科学版）2005 年第 5 期。

[82] 谢丽霜：《西部地区承接东部产业转移的环境风险及防范对策》，《商业研究》2009 年第 1 期。

[83] 徐艳飞、和瑞芳、丁文君：《西部地区承接产业转移空间分布研究》，《资源开发与市场》2010 年第 2 期。

[84] 杨蓓蓓：《环境管制约束下我国污染产业空间转移问题研究》，《时代经贸》2011 年第 16 期。

[85] 杨帆：《比较优势的动态性与中国加入 WTO 的政策导向》，《管理世界》2001 年第 6 期。

[86] 杨继瑞、刘希、杨林：《四川承接产业转移的比较优势解析》，《四川省情》2008 年第 10 期。

[87] 尹秀娟：《青海在西部地区承接产业转移的现状与滞后性分析》，《青海师范大学学报》（哲学社会科学版）2009 年第 2 期。

[88] 元振海：《甘肃省承接产业转移的生态环境效应评价》，硕士学位论文，兰州大学，2010 年。

[89] 袁剑雄、敖华：《我国西部地区资源开发与区域产业发展问题思考》，《西藏发展论坛》2008 年第 5 期。

[90] 曾凡银、郭羽诞：《绿色壁垒与污染产业转移成因及对策研究》，《财经研究》2004 年第 4 期。

[91] 张爱文、陈俊芳：《循环经济与传统经济理论比较研究》，《经济问题》2004 年第 10 期。

[92] 张继焦：《中国东部与中西部之间的产业转移:影响因素分析》，《贵州社会科学》2011 年第 1 期。

[93] 张菊梅、安娜：《污染产业转移成因及政府规制探讨》，《科技进步与对策》2008 年第 11 期。

[94] 张坤：《循环经济理论与实践》，中国环境科学出版社 2003 年版。

[95] 张卫华、赵铭军:《指标无量纲化方法对综合评价结果可靠性的影响及其实证分析》,《统计与信息论坛》2005 年第 3 期。

[96] 张兴、龚双红:《试论发展产业园区循环经济的困惑与对策》,《广东技术师范学院学报》2008 年第 5 期。

[97] 张燕:《环境管制视角下污染产业转移的实证分析——以江苏省为例》,《当代财经》2009 年第 1 期。

[98] 张真、戴星冀:《环境经济学》,复旦大学出版社 2007 年版。

[99] 张志辉:《我国对外贸易与污染产业转移的实证分析》,《国际贸易问题》2006 年第 12 期。

[100] 赵家荣:《加快循环经济发展落实科学发展观》,《宏观经济管理》2004 年第 8 期。

[101] 赵立祥:《日本的循环型经济与社会》,科学出版社 2007 年版。

[102] 赵细康:《环境保护与产业竞争力》,社会科学文献出版社 2003 年版。

[103] 赵玉焕:《国际投资中污染产业转移的实证分析》,《对外经济贸易大学学报》2006 年第 3 期。

[104] 郑耀群:《西部承接东部地区产业转移的实证分析——以陕西省为例》,《统计与信息论坛》2012 年第 5 期。

[105] 中华环保联合会:《中国工业园区环境问题调查报告》,《中国化工报》2011 年 10 月 24 日第 8 版。

[106] 周炼石:《评梯度推移理论与政策在中国的实践》,《上海经济研究》1996 年第 5 期。

[107] 朱坚真:《我国东部向中部地区产业转移的态势、问题与建议》,《江南大学学报》(人文社会科学版)2009 年第 6 期。

[108] 诸大建:《可持续发展呼唤循环经济》,《科技导报》1998 年第 9 期。

[109] 诸大建:《循环经济:上海跨世纪发展途径》,《上海经济研究》1995 年第 10 期。

[110] 诸大建:《循环经济的崛起与上海的应对思路》,《社会科学》1995 年第 10 期。

[111] 诸大建:《循环经济与上海可持续发展》,《上海环境科学》1998 年第 10 期。

[112] 庄晋财、吴碧波：《西部地区产业链整合的承接产业转移模式研究》，《求索》2008 年第 10 期。

[113] 左大培：《中国对外贸易战略选择》，《战略与管理》2000 年第 4 期。

[114] 左铁墉：《关于循环经济的思考》，《资源节约与环保》2006 年第 22 期。

[115] Alfred Marshall, *Principle of Economics*, London: Nabu Press, 1920.

[116] Baumol, W. J. and W. Oates, *The Theory of Environmental Policy*, Cambridge, England, Cambridge University Press, 1988.

[117] Chiu, A. S. , Geng, Y. , "On the Industrial Ecology Potential in Asian developing Countries", *Journal of Cleaner Produetion*, No. 12, 2004, p. 1037.

[118] Cole, M. A. and J. R. Elliott, "Do Environmental Regulations Cost Jobs? An Industry – level Analysis of the UK. B. E. ", *Journal of Economic Analysis and Policy*, No. 7, 2007, p. 176.

[119] Commoner, B. , *The Closing Circle: Nature Man and Technology*, New York: Random House Inc. , 1971.

[120] Copeland, B. R. and Taylor, S. , "North – South Trade and the Environment", *Quarterly Journal of Economics*, No. 10, 1994, p. 755.

[121] Daly, H. E. , "Toward some Operational Principles of Sustainable Development", *Ecological Economics*, Vol. 2, No. 1, 1990.

[122] Deese, R. S. , "The Artifact of Nature Spaceship Earth and the Dawn of Global Environment – alism", *Endeavour*, Vol. 33, No. 2, 2009.

[123] Desrochers, P. , "Industrial Symbiosis: the Case for Market Coordination", *Journal of Cleaner Production*, Vol. 12, No. 8, 2004.

[124] Dunning, J. H. , " Trade Location of Economic Activities and the MNE: A Search for an Eclectic Approach", *Journal of International Business Studies*, Vol. 26, No. 3, 1977.

[125] Jaffe, A. , S. Peterson, "Environmental Regulation and the Competitiveness of US Manufacturing: What does the Evidence tell us", *Journal of Economic Literature*, No. 33, 1995, p. 132.

[126] Kojima, K. , "Reorganizational of North – South Trade: Japan's For-

eign Economic Policy for the 1970's", *Hitotsubashi Journal of Economics*, Vol. 13, No. 2, 1973.

[127] Korhonen, J. and Snakin, J. P. , "Analyzing the evolution of industrial ecosystems: Concepts and application", *Ecological Economics*, Vol. 52, No. 2, 2005.

[128] Long, N. and H. Siebert, "Institutional Competition Versus Exante Harmonization", *Journal of Institutional and Theoretical Economics*, Vol. 147, No. 3, 1991.

[129] Mani, M. and "Wheeler, D. , In Search of Pollution Havens: Dirty Industry Migration in the World Economy", *Washimgton D. C.*: *World Bank Working Paper*, No. 16, 1997.

[130] Paul Krugman, "Increasing Returns and Economic Geography", *Journal of Political Economy*, Vol. 99, No. 3, 1991.

[131] Pearce, W. and Turner, K. , *Economics of Natural Resources and the Environment*, Baltimore: Johns Hopkins University Press, 1989.

[132] Poeschl, M. , Ward, S. and Owende, P. , "Prospects for expanded utilization of Biogas in Germany", *Renewable and Sustainable Energy Reviews*, Vol. 14, No. 7, 2010.

[133] Roberts, B. H. , "The Application of Industrial Ecology Principles and Planning Guide Lines for the Development of eco – industrial Park: An Australian ease Study", *Journal of Cleaner Production*, Vol. 12, No. 8, 2004.

[134] Siebert, H. , "Environmental Quality and the Gains from Trade", *Kyklos*, No. 30, 1977, p. 657.

[135] Thompson, J. H. , "Some Theoretical Considerations for Manufacturing Geography", *Economic Geography*, No. 42, 1966, p. 356.

[136] Tobey, J. , "The Effects of Domestic Environmental Policies on Patterns of World Trade: An Empirical Test", *Kyklos*, No. 43, 1990, p. 191.

[137] Vernon, R. , "International Investment and International Trades in the Product Cycle", *The Quarterly Journal of Economics*, Vol. 80, No. 2, 1966.

[138] W. Arthur Lewis, *The Theory of Economic Growth*, London: George Allen and Unwin Ltd. , 1955.

[139] Walter, I. and Ugelow, J. , "Environmental Policies in Developing Countries", *Ambio*, Vol. 8, No. 2, 1979.